Andrea und Peter Schinck
TAUCHWISSEN

Andrea und Peter Schinck

TAUCHWISSEN

Daten und Fakten

für Praxis und Prüfung

Inhalt

Tauchphysik 7
   Luft 7
   Wasser 8
   Druck 12
   Gase unter Druck 13
   Gase und Wärme 17

Tauchmedizin 21
   Physiologie 21
   Psychologie 30

Verletzungen und Tauchunfälle 33
   Ursachen für Tauchunfälle 33
   Phasen des Drucks, in denen es zu Verletzungen kommen kann 33
   Barotraumen – Verletzungen durch Veränderungen des Umgebungsdrucks . . 34
   Arterielle Gasembolie (AGE) 42
   Erkrankungen und Vergiftungen durch Atemgase und deren Bestandteile . . . 44
   Dekompressionskrankheit (DCI) 52
   Temperaturschäden 66
   Karotis-Sinus-Syndrom 69
   Quetschungen und Prellungen 70
   Verletzungen durch Fauna und Flora im Wasser 70
   Seekrankheit 78
   Bewusstlosigkeit 79
   Ertrinken 79
   Schwindel 80
   Krämpfe 80
   Schock 81
   Herz-Lungen-Wiederbelebung 82

Tauchausrüstung 85
   Die ABC-Ausrüstung 85
   Die Tauchmaske 85
   Der Schnorchel 88
   Die Flossen 89
   Füßlinge 91
   SCUBA 92
   Atemregler 92
   Tauchgeräte 98
   Flaschenventile 103
   Instrumente 104
   Tarierjackets 109
   Gewichtssysteme 111
   Tauchanzüge 112

Kopfhauben und Handschuhe 115
Kompressoren 116
Zusatzausrüstung 117

Tauchpraxis 121
Umweltschutz 121
Planung und Vorbereitung eines Tauchgangs 123
Kommunikation unter Wasser 129
Gruppeneinteilung und Führung 131
Tauchtabellen 132
Berechnung des Atemgasverbrauchs 136
Zusammenbauen und Überprüfen des Tauchgeräts 138
Der Einstieg 146
Der Tauchgang 148
Die Faktoren der Tarierung 149
Navigation beim Tauchgang 152
Notfallmanagement während des Tauchgangs 155
Besondere Tauchbedingungen 160
Stillstand ist Rückschritt 172
Medikamente und Tauchen 177
Pflege der Tauchausrüstung nach dem Urlaub 178
Überprüfung des theoretischen Wissens 179
Empfohlene Praxisübungen 185

Weiterbildung und Spezialkurse 191
Fortbildungsmöglichkeiten 191
Die Spezialkurse 191
Orientierung unter Wasser 192
Tauchmedizin Praxis 195
Tauchsicherheit und Tauchrettung 196
Gruppenführung 198
Nachttauchen 200
Strömungstauchen 202
Trockentauchen 204
Eistauchen 205
Meeresbiologie 206
Ozeanologie 207
Süßwasserbiologie 209
Gewässeruntersuchung 210
Tauchen in Meereshöhlen 211
Wracktauchen 212
CMAS-Nitrox-Bronze, Nitrox User NRC Level 2 214
Unterwasserfotografie 216
Unterwasservideo 218
Tauchen mit Kreislaufgeräten 220
Apnoetauchen 220

Register 221

Tauchphysik

Physikalische Maßeinheiten und Größen

Größe	Formelzeichen	Maßeinheit
Fläche	A	m^2
Volumen	V	m^3
Masse	m	kg
Dichte	r	kg/dm^3
Druck	p	Pa (Pascal), bar
Kraft	F	N (Newton)
Temperatur absolut	T	K (Kelvin)

Luft

Bestandteile

Luft ist ein geruchs- und geschmackloses Gasgemisch, bestehend aus:
- etwa 21 % Sauerstoff,
- 78 % Stickstoff,
- ca. 1 % an Edelgasen.

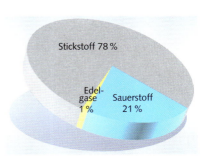

Zusammensetzung der Atemluft

Eigenschaften

Gestalt und Volumen
Wie alle Gase ist Luft ohne bestimmte Gestalt, Luft hat kein bestimmtes Volumen und füllt jeden angebotenen Raum aus. Darüber hinaus lässt sich die Luft fast beliebig komprimieren.

Tauchphysik

Löslichkeit
Unter Druck löst sich Gas in Flüssigkeit (siehe Seite 16, Gesetz von Henry).

Dichte
Die Dichte (r) innerhalb einer Luftsäule nimmt ab, je höher man steigt.

Gewicht
Das messbare Gewicht (Masse) eines Liters Luft (1 dm^3) beträgt bei 0 Grad Celsius ca.1,293 g. Dieses Gewicht der mitgeführten Gasmenge im Tauchgerät muss bei der Berechnung von Auf- und Abtrieb (siehe Gesetz des Archimedes, Seite 18) berücksichtigt werden. Der Gewichtsunterschied von dem vollen und dem fast leeren Tauchgerät wird besonders deutlich bei der Verwendung von Aluminiumflaschen. Bei einem mit 200 bar gefüllten 12-l-Aluminiumtauchgerät beträgt der Abtrieb am Anfang des Tauchgangs ca. 1 kg. Bei halbem Flaschendruck (ca. 100 bar) wird das Tauchgerät durch den Gewichtsverlust der abgeatmeten Luft neutral.

Wasser

Die Oberfläche der Erde ist zu 70 % mit Wasser bedeckt, davon sind:
- 97 % Salzwasser,
- 3 % Süßwasser.

Bestandteile

Wasser ist eine flüssige Verbindung von zwei Wasserstoffmolekülen und einem Sauerstoffmolekül, die chemische Formel lautet H_2O.

Eigenschaften

Dichte
Wasser zeigt im Vergleich zu anderen Flüssigkeiten ein von der Norm abweichendes Verhalten. Die Dichte einer Flüssigkeit nimmt in der Regel immer weiter zu, je geringer die Temperatur wird. Wasser erreicht seine größte Dichte und sein größtes Gewicht jedoch bei 4 Grad Celsius.
- 1 l bzw. 1 dm^3 Süßwasser wiegt bei 4 Grad Celsius ca. 1 kg.
- 1 l bzw. 1 dm^3 Salzwasser wiegt wegen seines Salzgehaltes bei 4 Grad Celsius ca. 1,025 kg.

Wird Wasser weiter abgekühlt oder erwärmt, nimmt die Dichte jeweils wieder ab, es wird leichter. Bei 0 Grad Celsius wird Süßwasser zu Eis. 1 l Eis (1 dm^3) wiegt ca. 0,92 kg. Aufgrund des spezifisch leichteren Gewichtes schwimmt Eis auf der Wasseroberfläche. 4 Grad kaltes Wasser sinkt nach unten zum Grund, das wärmere und leichtere Oberflächenwasser liegt auf dem schweren kalten Wasser in der Tiefe. Die Trennlinie zwischen kaltem und warmem Wasser wird als Sprungschicht bezeichnet, weil sich die Wassertemperatur an dieser Stelle sprungartig ändert.

Wasser 9

Das spezifisch leichtere Oberflächenwasser liegt auf dem schweren Wasser in der Tiefe.

- Bei 100 Grad Celsius entsteht auf Meereshöhe Wasserdampf.
- Die Dichte von Wasser ist etwa 800-mal höher als die von Luft.
- Innerhalb einer Wassersäule bleibt die Dichte im Unterschied zu einer Luftsäule immer gleich.
- Bedingt durch die hohe Dichte liegen die Wassermoleküle sehr nahe zusammen, was sich bei der Übertragung von Wärme, Schall und Licht im Wasser bemerkbar macht.

Wärmeleitfähigkeit
Wasser leitet Wärme fast 25-mal schneller als Luft. Die Wärmeübertragung findet über Konduktion (Wärmeleitung) und Konvektion (Wärmeströmung) statt.
Konduktion: Wird ein Molekül erwärmt, schwingt es schneller als die umgebenden kalten Moleküle. Die Schwingungen der schnelleren Moleküle werden auf die langsamen übertragen.
Konvektion: Die als Wärme in den Molekülen gespeicherte Energie wird in Bewegungsenergie der einzelnen Moleküle umgesetzt. Wasser wird am Körper erwärmt, es wird spezifisch leichter und steigt nach oben. Kaltes Wasser strömt nach und entzieht dem Körper weitere Wärme.

Wärmeverlust beim Tauchen

Tauchphysik

Schall
Schallquellen, die sich über Wasser befinden, können unter Wasser nicht wahrgenommen werden, da 99,9 % des Schalls von der Wasseroberfläche reflektiert werden. Befindet sich die Schallquelle jedoch im Wasser, wird der Schall durch die hohe Molekulardichte des Wassers wesentlich schneller übertragen als in Luft.
• Die Schallübertragung erfolgt ca. 4,5-mal schneller als in Luft.
• Die Schallgeschwindigkeit unter Wasser liegt bei ca. 1450 m/s.

Richtung und Entfernung einer Schallquelle werden aus dem minimalen Zeitunterschied errechnet, mit dem der Schall an den Ohren eintrifft. Durch die wesentlich höhere Schallgeschwindigkeit unter Wasser ist der Zeitunterschied so minimal, dass die Richtung einer Schallquelle nur noch sehr schwer bestimmt werden kann. Der Schall scheint aus allen Richtungen zu kommen.

Licht
Licht bewegt sich durch Wasser fast 30 % langsamer als durch Luft.
Das Licht wird beim Eintritt ins Wasser gebrochen, gestreut und reflektiert.

Brechung: Durch die Lichtbrechung können die menschlichen Augen ohne Tauchmaske Gegenstände unter Wasser nur verschwommen erkennen.

Reflexion: Einfallswinkel = Reflektionswinkel. Je senkrechter eine Lichtquelle ins Wasser eintrifft, umso mehr Lichtstrahlen werden bis in die Tiefe wahrgenommen. Die besten Tauchbedingungen herrschen deshalb meist um die Mittagszeit bei Sonnenschein.

Streuung: Durch helle Partikel im Wasser, die Licht reflektieren, wird das Licht gestreut. Dieser Effekt wird beim Fotografieren durch vorgeschaltete Streuscheiben am Blitzgerät absichtlich erzeugt, um das Licht »weicher« zu machen.

Absorption: Da Schmutzpartikel Lichtstrahlen absorbieren, sind die Sichtverhältnisse in von Schlamm aufgewirbelten Gewässern nicht gut.

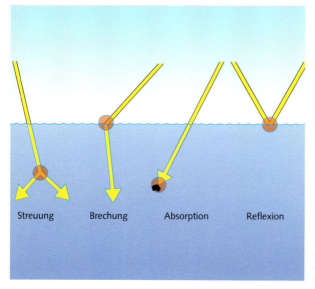

Licht unterliegt beim Eintritt in Wasser verschiedenen Faktoren.

Wasser

Farben
Farben werden absorbiert: zuerst Rot, dann Orange, Gelb, Grün und Blau.

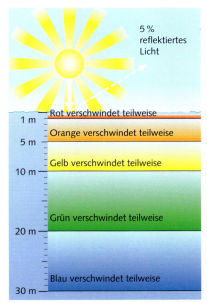

Die Absorption der verschiedenen Farben ist abhängig von der Tiefe.

Sehen unter Wasser
Um unter Wasser klar sehen zu können, benötigen wir zwischen Augen und Wasser einen durch eine Glasscheibe abgeschlossenen luftgefüllten Raum. Fällt Licht durch die Glasscheibe, wird es gebrochen (Faktor 1,33) und im luftgefüllten Raum beschleunigt. Alle Gegenstände erscheinen durch die Lichtbrechung unter Wasser ca. 25 % näher und ca. 33 % vergrößert.
Die Sicht unter Wasser ist vom Grad des Lichteinfalls und von der Menge der Schwebstoffe abhängig. Am besten ist sie meist mittags, wenn die Sonne senkrecht über dem Gewässer steht und nur wenige Lichtstrahlen von der Wasseroberfläche reflektiert werden.

Sehen unter Wasser

Druck

Jeder Gegenstand verfügt über ein spezifisches Gewicht und eine Masse. Diese Gewichtskraft drückt auf die Fläche, auf der dieser Gegenstand aufliegt.
Der Druck ist der Quotient aus der Kraft eines Gegenstandes (F) und der Fläche (A).

$$\text{Druck (p)} = \frac{\text{Kraft (F)}}{\text{Fläche (A)}}$$

Je geringer die Fläche, umso höher der Druck bei gleichem Gewicht.
Die Gewichtskraft wird in Newton (N) gemessen, wobei für den Taucher gilt: 10 N = 1 bar. Beim Tauchen wird Druck mit der Maßeinheit bar angegeben.

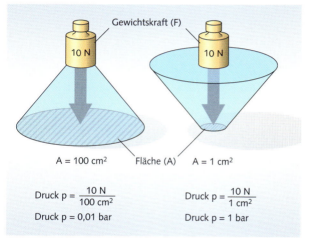

Der Druck ist der Quotient aus Kraft und Fläche.

Luftdruck

Die Lufthülle, die die Erde umgibt, drückt mit ihrem Gewicht auf die Erdoberfläche. Der Druck dieser etwa 10 km dicken Luftschicht beträgt auf Meereshöhe 1,013 bar pro cm^2. Beim Bergsteigen oder Fliegen nimmt dieser Druck um ca. 0,1 bar pro aufgestiegene 1000 Höhenmeter ab. In 5000 m Höhe besteht so nur noch ca. die Hälfte des ursprünglichen Luftdrucks, etwa 0,5 bar.

Wasserdruck

Denselben Druck wie die vorher genannte Luftsäule von ca. 10 km Höhe übt eine 10 m hohe Wassersäule pro cm^2 auf eine Oberfläche aus = 1 bar. Der Wasserdruck nimmt pro 10 m Tiefe um ein weiteres bar zu.

Umgebungsdruck (Gesamtdruck, absoluter Druck)

Der Druck, der sich aus dem auf der Wasseroberfläche lastenden Luftdruck (auf Meereshöhe 1 bar) und des in der Tiefe herrschenden Wasserdrucks ergibt, wird als Umgebungsdruck, Gesamtdruck oder absoluter Druck bezeichnet. Der Druck verdoppelt sich beim Abstieg von 0 auf 10 m Wassertiefe von 1 bar auf 2 bar. Um eine weitere Verdoppelung des Druckes zu erreichen, müsste anschließend von 10 m (2 bar) auf 30 m (4 bar) abgetaucht werden, also die doppelte Strecke (20 m).

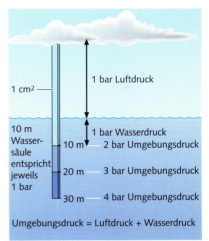

Berechnung des Umgebungsdrucks

Gase unter Druck

Das Gesetz von Dalton

Der Gesamtdruck eines Gasgemisches errechnet sich aus der Summe der Teildrücke, der in diesem Gasgemisch vorkommenden Gase entsprechend ihrem Volumenanteil. Der Gesamtdruck des Gasgemisches Luft (p_{Ges}) errechnet sich aus dem Partialdruck von Sauerstoff (pO_2), Stickstoff (pN_2) und dem der restlichen Bestandteile (p_{Rest}).

$p_{Ges} = pO_2 + pN_2 + p_{Rest}$

p_{Ges} = **Gesamtdruck**
pO_2 = **Partialdruck von Sauerstoff**
pN_2 = **Partialdruck von Stickstoff**
p_{Rest} = **Partialdruck der Restgase**

14   Tauchphysik

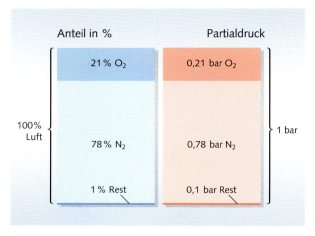

Partialdruck der Luft

Der Partialdruck eines Gases wird errechnet, indem der prozentuale Anteil dieses Gases im Gasgemisch mit dem Umgebungsdruck multipliziert wird, in dem sich dieses Gasgemisch befindet.

Verschiedene Gase können, abhängig von ihrem Partialdruck, narkotisierend oder sogar giftig auf den menschlichen Körper wirken. Zu diesen Gasen gehören Kohlenmonoxyd, Kohlendioxyd, Stickstoff und sogar der für uns lebensnotwendige Sauerstoff. Unterschieden wird hierbei zwischen dem Atmen einer erhöhten Konzentration und dem Effekt dieses Gases bei gleich bleibender Konzentration in der Tiefe. Bei Atemluft beträgt der Sauerstoffpartialdruck in 30 m Tiefe nur 0,84 bar, während in gleicher Tiefe und bei Verwendung des Atemgemisches Nitrox 40 der absolut zulässige Sauerstoffpartialdruck von 1,6 bar bereits erreicht ist.

Selbst geringste Verunreinigungen der Atemluft stellen eine erhebliche Gefahr für den Taucher dar (siehe Erkrankungen und Vergiftungen durch Atemgasbestandteile, Seite 44 ff.). Missachtet der Betreiber einer Kompressorfüllanlage die geltenden Vorschriften und Herstellerhinweise hinsichtlich Aufstellung und Betrieb, kann es zu diesen Verunreinigungen kommen. Wird z. B. ein Tauchgerät in der Nähe einer verkehrsreichen Straße gefüllt, können Gase wie Kohlendioxyd und/oder Kohlenmonoxyd in erhöhter Konzentration angesaugt werden.

Das Ansteigen des Partialdrucks erfolgt proportional zum Umgebungsdruck.

	Atemluft				**Beispiel Nitrox 40**			
	1 bar	2 bar	3 bar	4 bar	1 bar	2 bar	3 bar	4 bar
Partialdruck Sauerstoff	0,21	0,42	0,63	0,84	0,40	0,80	1,20	1,60
Partialdruck Stickstoff	0,78	1,56	2,34	3,12	0,59	1,18	1,77	2,36
Edelgase	0,01	0,02	0,03	0,04	0,01	0,02	0,03	0,04

Das Gesetz von Boyle-Mariotte

Für eine abgeschlossene Gasmenge bei konstanter Temperatur gilt, dass der Druck im umgekehrten Verhältnis zum Volumen steht. Die Dichte in dieser Gasmenge verhält sich direkt proportional zum Druck.
Das Produkt aus Druck und Volumen ist konstant.

p × V = konstant

Wird der Druck einer abgeschlossenen Gasmenge bei gleich bleibender Temperatur erhöht, erhöht sich die Dichte im gleichen Maße, das Volumen verringert sich.
Wird der Druck verringert, verringert sich die Dichte in gleichem Maße, das Volumen erhöht sich.

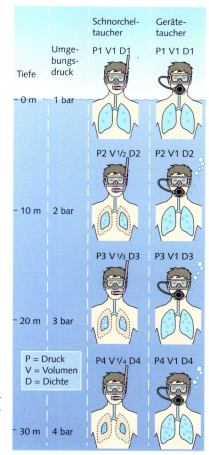

Während die Luftmenge in der Lunge des Schnorchlers beim Abstieg immer weiter komprimiert wird, bleibt das Volumen beim Gerätetaucher gleich groß.

Beispiel: Ein Schnorcheltaucher mit einem ursprünglichen Lungenvolumen von 6 l an der Wasseroberfläche (Meereshöhe) taucht auf 20 m Tiefe ab.

Anfangsdruck p_1 × Anfangsvolumen V_1 = Enddruck p_2 × Endvolumen V_2
Anfangsdruck (p_1 = 1 bar) × Anfangsvolumen (V_1 = 6 l) = Enddruck (p_2 = 3 bar) × Endvolumen (V_2 = ?)

$$V_2 = \frac{p_1 \times V_1}{p_2} = \frac{1 \text{ bar} \times 6 \text{ l}}{3 \text{ bar}} = 2 \text{ l}$$

Die Lunge des Schnorcheltauchers hat in 20 m Tiefe (3 bar) noch 2 l Volumen, die Dichte der Luft in der Lunge ist dreimal so hoch wie an der Wasseroberfläche.

Das Gesetz von Henry

Es erklärt, warum der Mensch unter normalen atmosphärischen Bedingungen keinen Stickstoff aufnimmt. Eine Stickstoffaufnahme und -abgabe geschieht nur bei Änderungen des für den Menschen normalen Umgebungsdrucks, z. B. beim Tauchen, Fliegen oder Bergsteigen.
Bei einer konstanten Temperatur verhält sich die in einer Flüssigkeit gelöste Gasmenge proportional zum Partialdruck des Gases.
Wird der Druck eines Gases, das sich über einer Flüssigkeit befindet, bei konstanter Temperatur erhöht, löst sich dieses Gas in der Flüssigkeit, bis sich der gleiche Anteil des Gases in und über der Flüssigkeit befindet.
Sättigung = Diffusion eines Gases in eine Flüssigkeit
Wird der Druck über der Flüssigkeit reduziert, tritt das physikalisch gelöste Gas wieder aus der Flüssigkeit.
Entsättigung = Diffusion eines Gases aus einer Flüssigkeit

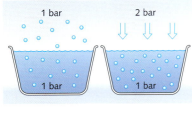

Bei gleichem Druck befinden sich ebenso viele Gasmoleküle in der Flüssigkeit wie in der Gasmenge. Wird der Druck erhöht, werden Gasmoleküle in der Flüssigkeit gelöst, bis ein Ausgleich erreicht ist.

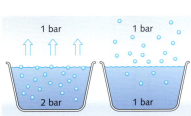

Wird der Druck über der Flüssigkeit wieder reduziert, treten die gelösten Gasmoleküle aus der Flüssigkeit aus.

Gase und Wärme

Das Gesetz von Gay-Lussac

Bei konstantem Volumen (V) einer Gasmenge verändert sich der Druck (p) in direkter Beziehung zur absoluten Temperatur (T).

Anfangsdruck p_1 : Anfangstemperatur T_1 = Enddruck p_2 : Endtemperatur T_2

- **Steigt** die absolute Temperatur, **steigt** der Druck dieser abgeschlossenen Gasmenge.
- **Sinkt** die absolute Temperatur, **sinkt** der Druck dieser abgeschlossenen Gasmenge.

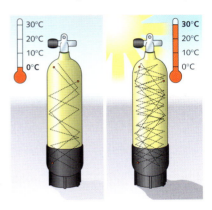

Bei Temperaturanstieg bewegen sich die Moleküle schneller, dadurch steigt der Druck im Tauchgerät.

Die absolute Temperatur wird in Grad Kelvin (K) gemessen und errechnet, indem zur Temperatur in Grad Celsius der Wert 273 addiert wird.

Beispiel: Ein Tauchgerät, das nach dem Füllen 220 bar Fülldruck bei einer Temperatur von 40 Grad Celsius aufweist, kühlt auf 20 Grad Celsius ab. Welchen Druck zeigt das Druckmessgerät nach dem Abkühlen an?

Schritt 1: Umrechnung der Werte von Grad Celsius in Grad Kelvin
  40 Grad Celsius + 273 = 313 Grad Kelvin
  20 Grad Celsius + 273 = 293 Grad Kelvin

Schritt 2: $p_1 : T_1 = p_2 : T_2$

$$p_2 = \frac{T_2 \times p_1}{T_1}$$

$$p_2 = \frac{293 \text{ Grad Kelvin} \times 220 \text{ bar}}{313 \text{ Grad Kelvin}} = 205 \text{ bar}$$

Das Druckmessgerät zeigt nach dem Abkühlen des Tauchgeräts noch 205 bar an.

18 Tauchphysik

Das Prinzip des Archimedes

Wenn ein Gegenstand ganz oder teilweise in eine Flüssigkeit eintaucht, verliert er so viel an Gewichtskraft (N), wie die von ihm verdrängte Flüssigkeitsmenge wiegt.
- Ist die Gewichtskraft der verdrängten Flüssigkeit größer als das Gewicht des Gegenstandes, schwimmt dieser. Er ist positiv tariert und hat Auftrieb.
- Ist die Gewichtskraft der verdrängten Flüssigkeit gleich groß wie das Gewicht des Gegenstandes, schwebt dieser. Er befindet sich im hydrostatischen Gleichgewicht.
- Ist die Gewichtskraft der verdrängten Flüssigkeit kleiner als das Gewicht des Gegenstandes, sinkt dieser. Er ist negativ tariert und hat Abtrieb.

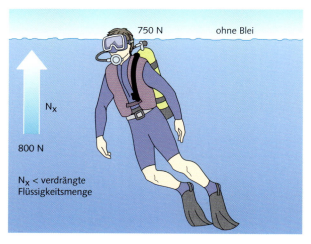

Auftrieb, da die Gewichtskraft der verdrängten Flüssigkeit größer ist als das Gewicht des Gegenstandes

Hydrostatisches Gleichgewicht, da die Gewichtskraft der verdrängten Flüssigkeit genauso groß ist wie das Gewicht des Gegenstandes

Gase und Wärme 19

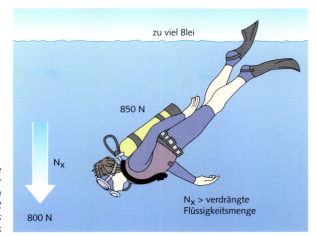

Abtrieb, da die Gewichtskraft der verdrängten Flüssigkeit kleiner ist als das Gewicht des Gegenstandes

Berechnung von Auftrieb und Abtrieb

Um zu errechnen, ob ein in eine Flüssigkeit getauchter Körper positiv oder negativ tariert ist oder sich im hydrostatischen Gleichgewicht befindet, werden die folgenden Werte benötigt:
- Das Gewicht in kg oder die Gewichtskraft in N des Körpers, der in die Flüssigkeit getaucht wird.
- Das Volumen des Körpers, der in die Flüssigkeit getaucht wird
  Volumen (dm^3) = Masse (kg) : Dichte (kg/dm^3)
  oder die Menge der verdrängten Flüssigkeit in l.
- Das spezifische Gewicht der Flüssigkeit, in die der Körper eingetaucht wird, in kg oder Newton (N).

Auftriebsberechnung beim Bergen eines Gegenstandes mit einem Hebesack

Um zu berechnen, wie viel Luft in einen Hebesack gefüllt werden muss, damit ein negativ tarierter Gegenstand zur Wasseroberfläche gebracht werden kann, benötigt man zwei physikalische Gesetze:
- Das Prinzip des Archimedes, um den Abtrieb zu berechnen.
- Das Gesetz von Boyle-Mariotte zur Berechnung der benötigten Luftmenge in der Tiefe, um ein bestimmtes Volumen zu erreichen.

Beispiel: Ein Schiffsanker mit einem Gewicht von 75 kg liegt in 30 m Tiefe im Salzwasser. Das Volumen des Ankers verdrängt 30 l Salzwasser. Wie viel Luft muss in einen Hebesack gefüllt werden, um den Anker in ein hydrostatisches Gleichgewicht zu bringen? Das Gewicht der Luft und des Hebesackes kann ignoriert werden.
Schritt 1: Berechnung des Abtriebs
1 l verdrängtes Salzwasser wiegt 1,025 kg. 30 l wiegen 30,75 kg.
75 kg (Ankergewicht) – 30,75 kg = 44,25 kg
Um einen Abtrieb von 44,25 kg auszugleichen, muss der Hebesack eine Wassermenge verdrängen, die 44,25 kg wiegt.

20 Tauchphysik

• Schritt 2: Berechnung des benötigten Volumens, um den Abtrieb auszugleichen

$$V = \frac{44,25 \text{ kg (Abtrieb)}}{1,025 \text{ kg/l (Gewicht Salzwasser)}} = 43,17 \text{ l}$$

Der Hebesack muss ein Volumen von 43,17 l aufweisen. Um den Hebesack an der Wasseroberfläche bei 1 bar auf ein Volumen von 43,17 l zu bringen, müssen 43,17 l Luft eingefüllt werden.

• Schritt 3: Berechnung der benötigten Luftmenge in 30 m Tiefe
 4 bar × 43,17 l = 172,68 bar/l Luft

In den Hebesack müssen 172,68 bar/l Luft gefüllt werden.

Haarsterne sitzen oft auf den Spitzen der an strömungsexponierten Stellen wachsenden Gorgonien (Fächerkorallen), um vorbeitreibendes Plankton abzufangen.

Tauchmedizin

Physiologie

Stoffwechsel

Der menschliche Körper benötigt eine Vielzahl von Nähr- und Aufbaustoffen. Die Verwertung der Nährstoffe kann im Körper nur mit Sauerstoff erfolgen, der über die Atmung aufgenommen wird.
Durch diesen als stille Verbrennung bekannten Vorgang wird die Energie der Nährstoffe in Wärme umgewandelt. Das ermöglicht die Aufrechterhaltung unserer normalen Körpertemperatur von ca. 37 Grad Celsius.
Die hierbei gebildeten Stoffwechselprodukte Kohlendioxyd und Schlacken werden vom Körper ausgeschieden.
Um den Körper nicht unnötig zu belasten, sollte die letzte Mahlzeit spätestens zwei Stunden vor dem Tauchgang eingenommen werden.

Atmung

Über die Atmung wird der menschliche Körper mit dem lebensnotwendigen Sauerstoff versorgt und das im Körper durch stille Verbrennung entstandene Kohlendioxyd abgegeben.

Die Lunge
Die Lunge ist ein schwammartiges elastisches Organ, das den größten Platz in der Brusthöhle beansprucht.
- **Luftröhre**: Die etwa 12 cm lange Luftröhre spaltet sich oberhalb des Herzens in zwei Hauptbronchien, die die Luft in den rechten und linken Lungenflügel leiten.
- **Lungenflügel:** Der rechte Lungenflügel besteht aus Ober- und Unterlappen sowie einem zusätzlichen Lappen. Der linke Lungenflügel ist bedingt durch die Lage des Herzens etwas kleiner als der rechte und besteht nur aus Ober- und Unterlappen. Beide Lungenflügel sind mit einer netzartigen Struktur von Bronchien durchzogen.
- **Bronchien**: Die Bronchien verzweigen sich baumartig in immer kleinere und feine Verästelungen, bis sie schließlich in den traubenförmig angeordneten Lungenbläschen (Alveolen) enden.
- **Alveolen:** Jeder Lungenflügel beherbergt etwa 300 Millionen Lungenbläschen, die traubenartig um die Bronchiolen herum gruppiert sind. Der luftgefüllte Innenraum der Lungenbläschen (Alveolen) ist durch eine membranartige Gefäßwand von feinsten Blutgefäßen (Kapillaren) getrennt, die netzartig die Oberfläche der Alveolen überziehen.

Die Oberfläche aller Lungenbläschen beträgt ca. 70 m^2. Dies entspricht ungefähr der Größe eines Squashfeldes.

- **Brustfell**: Es besteht aus Lungen- und Rippenfell. Das Lungenfell bedeckt die Oberfläche der Lunge, das Rippenfell die Brustwand. Beide Membranen gehen an der Lungenbasis ineinander über. Zwischen den beiden Membranen befindet sich lediglich ein dünner Flüssigkeitsfilm, damit sie beim Atmen ohne Reibung gegeneinander gleiten können.
- **Pleuraspalt**: Das ist der Spalt zwischen Lungen- und Rippenfell, in dem sich ein relativer Unterdruck befindet. Er verhindert, dass die Lunge bei völliger Ausatmung zusammenfällt.

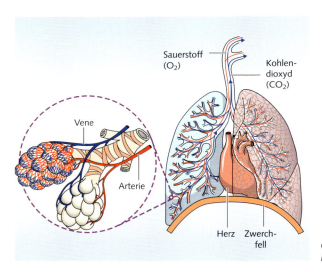

Gasaustausch in der Lunge

Aktive Einatmung
- Pro Tag atmet ein erwachsener Mensch ca. 20 000 l Luft ein und aus.
- Durch aktive Muskelarbeit der Zwischenrippenmuskulatur und des Zwerchfells, das sich bei Anspannung nach unten wölbt, wird die Lunge ausgedehnt und Luft über die Atemwege angesaugt.
- Die Luft wird im Nasen-Rachen-Raum gefiltert und angewärmt, um sie für das empfindliche Lungengewebe verträglicher zu machen. Sie gelangt über die Luftröhre und die Bronchien bis hin zum luftgefüllten Raum der Alveolen.

Die Einatemluft besteht aus:
- 21 % Sauerstoff (O_2)
- 78 % Stickstoff (N_2)
- 1 % Restgasen

In den Alveolen trifft die Luft auf eine dünne membranartige Gefäßwand, hinter der feinste Blutgefäße (Kapillaren) sauerstoffarmes Blut heranführen und sauerstoffreiches Blut weiterbefördern. Dabei werden rote Blutkörperchen an die gasdurchlässige Gefäßwand der Alveole herangeführt, die mit Kohlendioxid angereichert sind. Ein chemischer Prozess bewirkt die Abgabe des Kohlendioxyds durch die Gefäßwand des Lungenbläschens und gleichzeitig die Aufnahme von Sauerstoff.

Physiologie 23

Der Gasaustausch findet immer vom Ort der hohen Konzentration zum Ort der niedrigen Konzentration statt.
Voraussetzung für einen Gasaustausch: Die Membran in der Alveole ist frei von Schleimablagerungen, die bei Erkältungen, Rauchern und Lungenentzündungen entstehen.
Sauerstoff wird über den Farbstoff der roten Blutkörperchen (Hämoglobin) durch das weit verzweigte Gefäßnetz zum Herz und zu den anderen Körperteilen transportiert. Durch stille Verbrennung werden im Körpergewebe 4 % des Sauerstoffs in Kohlendioxyd umgewandelt und zur Lunge zurückgeführt.
Dehnungsrezeptoren in der Lunge melden das Erreichen des gewünschten Füllungszustandes an das Gehirn weiter, der Einatemvorgang wird gestoppt.

Passive Ausatmung
Das Zwerchfell und die Zwischenrippenmuskulatur erschlafften, die Lunge zieht sich durch elastische Fasern wieder in ihre Ausgangsgröße zusammen. Die Luft entweicht als passiver Vorgang über Mund und Nase.
Die Ausatemluft besteht aus:
- 17 % Sauerstoff (auf diesem Restgehalt beruht die Möglichkeit der Atemspende)
- 4 % Kohlendioxyd, das chemisch gebunden im menschlichen Körper als Kohlensäure das Säure-Basen-Gleichgewicht regelt, bevor es als CO_2 abgeatmet wird
- 78 % Stickstoff, der unter normalen atmosphärischen Bedingungen keinerlei Verbindung zum Körper eingeht
- 1 % Restgase, die beim Sporttauchen irrelevant sind

Das Atemzentrum am verlängerten Rückenmark (Übergang von Gehirn und Rückenmark) misst ständig den Kohlendioxydpegel im Blut und löst bei Erreichen der kritischen CO_2-Konzentration den Atemreiz aus.
Achtung: Der Atemreiz wird nicht durch Sauerstoffmangel, sondern durch einen Anstieg des CO_2-Spiegels im Blut ausgelöst.

Lungenkapazität
Residualvolumen: Das ist die in der Lunge und den Atemwegen verbleibende Luftmenge nach völliger Ausatmung, ca. 1–2 l Luft.
Vitalkapazität: Die Menge der Luft, die maximal bewegt werden kann, ca. 3–6 l.
Gesamtkapazität: Ca. 4–8 l, die Summe von Vitalkapazität und Residualvolumen.
Atemzugsvolumen: Das ist die ein- und ausgeatmete Luftmenge. Im Ruhezustand beträgt sie ca. 0,5 l. Bei körperlicher Anstrengung nimmt das Atemzugvolumen zu, die Atmung wird tiefer, die Atemfrequenz schneller, der Luftverbrauch steigt.

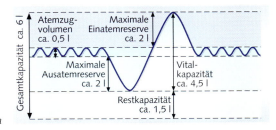

Verschiedene Atemvolumina

Atemminutenvolumen (AMV): Die Menge an Luft in l, die pro min an der Wasseroberfläche bei 1 bar benötigt wird.
Im Ruhezustand bei einem Atemzugsvolumen von ca. 0,5 l und 10 Atemzügen pro min beträgt es 5 l/min.
Unter Belastung und Ausschöpfung der gesamten Vitalkapazität (z. B. 6 l) und 30 Atemzügen kann das AMW 180 l/min und mehr betragen.

Hyperventilieren

Ein rasches tiefes Atmen, ohne dass Bedarf dazu besteht, wird als Hyperventilation bezeichnet. Das für den Sauerstofftransport zuständige Hämoglobin ist bei normaler Atmung bereits zu 99 % mit Sauerstoff gesättigt, eine erweiterte Sauerstoffaufnahme durch tieferes schnelles Atmen nicht möglich. Beim Hyperventilieren wird der CO_2-Spiegel im Blut gesenkt und der Atemreiz, d. h., das Bedürfnis zu atmen, unterdrückt. Da der CO_2-Spiegel im gleichen Verhältnis steigt wie der Sauerstoffpegel im Blut sinkt, kann es zur plötzlichen Bewusstlosigkeit unter Wasser kommen (siehe Seite 46).

Herz-Kreislauf-System

Das Herz

Das Herz, ein etwa faustgroßer, aus quer gestreifter Muskulatur bestehender Hohlkörper, dient als Pumpe, um das Blut in alle Körperteile zu transportieren. In einer Minute werden dabei im Ruhezustand mit ca. 70–80 Schlägen ungefähr 5–6 l Blut befördert. Bei körperlicher Anstrengung kann sich das auf ca. 180 Schläge pro Minute steigern und es können dabei 30 l/min Blut transportiert werden.

Das Herz besteht aus einer rechten und linken Herzhälfte, die durch eine Scheidewand getrennt und jeweils in eine Vor- und eine Hauptkammer unterteilt sind. In der Scheidewand der Vorkammern befindet sich beim ungeborenen Menschen eine Öffnung, das Foramen Ovale, über die das Blut unter Umgehung des Lungenkreislaufs fließt. Diese Öffnung schließt sich im Laufe des Wachstums bei etwa einem Drittel der Menschen nicht vollständig. Bei Belastung durch Heben von Gegenständen, Druckausgleich mit der Valsalva-Methode (siehe Seite 28 Druckausgleich) kann unter Umständen stickstoffreiches Blut vom venösen System in das arterielle übertreten (siehe Seite 42 ff. Arterielle Gasembolie).

Der Kreislauf

Das Herz arbeitet nach dem Prinzip einer Saug- und Druckpumpe, es pumpt durch die Arterien und saugt durch die Venen. Ein Fließklappensystem ist für die Herz-Richtung verantwortlich. Das von der Lunge kommende sauerstoffreiche Blut wird dabei von der linken Herzvorkammer zur linken Hauptkammer über die große Hauptschlagader (Aorta) weiter durch die Arterien in immer kleiner werdende Verzweigungen bis hin zu den Kapillaren transportiert. In den Kapillaren der einzelnen Gewebe werden Nährstoffe und Sauerstoff abgegeben und Abbauprodukte sowie das durch stille Verbrennung entstandene CO_2 aufgenommen. Durch die Venen wird das sauerstoffärmere Blut zurück zur rechten Herzvorkammer und weiter über die rechte Herzkammer zur Lungenarterie transportiert. Von dort gelangt es dann durch feinste Verzweigungen zu den Lungenkapillaren, die sich an den Lungenbläschen (Alveolen) befinden. Hier findet durch Diffusion durch die gasdurchlässige Zellmembran die Ab-

gabe des Kohlendioxyds und die Aufnahme von frischem Sauerstoff statt. Das mit frischem Sauerstoff angereicherte Blut wird zur linken Herzvorkammer und wieder zur linken Herzkammer transportiert. Der Kreislauf ist geschlossen und beginnt wieder von vorn.
- **Aorta** = Hauptschlagader
- **Arterien** = vom Herzen wegführende Gefäße
- **Venen** = zum Herzen führende Gefäße
- **Kapillaren** = feinste Blutgefäße in der Lunge und den Körpergeweben, in denen der Gasaustausch stattfindet. Hier treffen arterieller und venöser Kreislauf zusammen.

Das Blut
Die Blutmenge beträgt beim Erwachsenen ca. 5–6 l und macht etwa 8 % seines Körpergewichtes aus.

Bestandteile
Das Blut besteht zu ca. 55 % aus flüssigen und zu 45 % aus festen Bestandteilen. Der flüssige Bestandteil (Blutplasma) transportiert unter normalen atmosphärischen Bedingungen Nährstoffe, Stoffwechselprodukte etc.
Die festen Bestandteile sind:
- **Thrombozyten** (Blutplättchen) und Fibrin, die an der Blutgerinnung beteiligt sind.
- **Leukozyten** (weiße Blutkörperchen), die eindringende Erreger angreifen und unschädlich machen.
- **Erythrozyten** (rote Blutkörperchen), die ihre Farbe durch den Blutfarbstoff, das Hämoglobin, erhalten.
- **Hämoglobin**: macht ca. 45 % des Blutes aus, es ist der hauptsächliche Sauerstoffträger.

Blutdruck
Um eine ausreichende Versorgung des Körpers mit Sauerstoff zu gewährleisten, wird der Blutdruck ständig von Rezeptoren in der Halsschlagader, so genannten Barorezeptoren, gemessen. Bei übermäßigem Druck auf die Rezeptoren während körperlicher

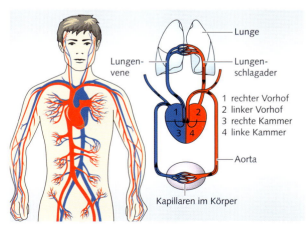

Atmung und Kreislauf

Anstrengung, z. B. durch zu eng sitzende Halsmanschetten bzw. Kopfhauben, kann es zu einer Verlangsamung des Herzschlages und Bewusstlosigkeit kommen (siehe Seite 69 Karotis-Sinus-Syndrom).

Luftgefüllte Hohlräume beim Tauchen

Alle luftgefüllten Hohlräume unterliegen den Änderungen des Umgebungsdrucks, die z. B. beim Fliegen, Bergsteigen und Tauchen auftreten. Man unterscheidet zwischen starren und flexiblen luftgefüllten Hohlräumen.

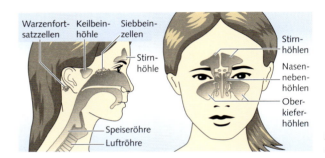

Starre luftgefüllte Körperhöhlen

Das Ohr

Das Außenohr
Es besteht aus der Ohrmuschel, dem Gehörgang und dem Trommelfell, das den Gehörgang zum Schädelinneren luft- und wasserdicht abschließt.

Das Mittelohr
Es besteht aus der Paukenhöhle, die über die Ohrtube oder auch eustachische Röhre mit dem Nasen-Rachen-Raum in Verbindung steht. Über diesen mit Schleimhaut ausgekleideten Kanal wird der Luftdruck im Mittelohr reguliert. Die Ohrtube ist keine starre Röhre, sondern sie besteht aus einem knöchernen Teil in der Paukenhöhle selbst und einem aus Knorpel- und Bindegewebe bestehenden elastischen Teil zum Nasen-Rachen-Raum hin, der zwei lippenartige Verschlüsse besitzt, an denen sich die Tubemuskulatur befindet. Durch willkürliches Anspannen dieser Muskulatur oder einen relativen leichten Überdruck kann Luft vom Nasen-Rachen-Raum in das Mittelohr gelangen. Die Tube öffnet mit dem Druck, ein relativer Überdruck kann schon bei einem Druckunterschied von weniger als 20 cm Wassersäule (20 m/bar) aus der Paukenhöhle entweichen.
Zum Außenohr hin ist die Paukenhöhle durch das Trommelfell zum Gehörgang luft- und wasserdicht abgeschlossen. Am Trommelfell, einer hauchdünnen Membran, liegen die Gehörknöchelchen, Hammer, Amboss und Steigbügel. Der Steigbügel ist im ovalen Fenster zum Innenohr fest eingebettet. Über diese Verkettung der Gehörknöchelchen werden Schwingungen des Trommelfelles durch Schall und Druck an das mit Flüssigkeit gefüllte Innenohr weitergeleitet.

Physiologie

Das Innenohr
Im härtesten Teil des Schädels, im so genannten Felsenbein, befindet sich die Hörschnecke und das Gleichgewichtsorgan mit seinen drei Bogengängen.

Die Hörschnecke
Schallwellen werden vom Trommelfell über die Kette der Gehörknöchelchen an den im ovalen Fenster eingebetteten Steigbügel an das Innenohr weitergegeben und in der Gehörschnecke in Nervenimpulse umgewandelt, die an das Gehirn gesendet werden. Diese Druckwellen werden vom runden Fenster kompensiert, das ebenfalls mit dem Mittelohr in Verbindung steht. Starke Druckwellen können zum Einreißen des runden Fensters und zum Auslaufen der Flüssigkeit in Hörschnecke sowie Gleichgewichtsorgan führen. Die Folge ist der Verlust des Hör- und Gleichgewichtssinnes.

Das Gleichgewichtsorgan
Feinste haarähnliche Fortsätze (Cilia) im Inneren des mit Flüssigkeit gefüllten Systems werden bei jeder noch so kleinen Lageänderung des Körpers bewegt und in Nervenimpulse umgesetzt. Starke Druck- oder Temperaturschwankungen können zu Schwindel und Übelkeit führen.
Stimmt die gesendete Information des Gleichgewichtsorganes nicht mit dem über die Augen aufgenommenen visuellen Signal überein, kommt es zur Reise- bzw. Seekrankheit.
Starke Druckunterschiede, die beim gewaltsam durchgeführten Druckausgleich entstehen, oder Temperaturschwankungen durch Einlaufen von eiskaltem Wasser in den äußeren Gehörgang können zu Schwindel und Übelkeit führen.

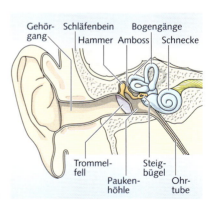

Aufbau des Ohrs

Die Lunge
Die Lunge besteht aus zwei Lungenflügeln und ähnelt in ihrem Aufbau einem Schwamm. Sie hat eine Maximal- und Minimalkapazität, auch bei vollständiger Ausatmung ist sie nicht vollkommen leer (siehe Seite 23).

Andere luftgefüllte Hohlräume
Wie alle luftgefüllten Hohlräume unterliegen auch Magen und Darm sowie Tauchmaske und -anzug den Druckveränderungen der darin eingeschlossenen Gasmengen.

Der Druckausgleich

Um Schädigungen und Beeinträchtigungen des Körpers beim Tauchen, Fliegen und Bergsteigen zu verhindern, muss in allen luftgefüllten Hohlräumen, die den Druckänderungen unterliegen, ein Druckausgleich stattfinden.

Wann und wie oft?
- Bevor ein unangenehmes Druckgefühl spürbar wird. Ist bereits ein Druckgefühl oder sogar Schmerz zu spüren, muss der Taucher sofort so weit auftauchen, bis er keinen Druck oder Schmerz mehr verspürt.
- Mit zunehmendem Außendruck werden die Verbindungsgänge verkleinert, der Druckausgleich wird immer problematischer. Der Druckausgleich kann daher nie zu oft, sondern nur zu selten durchgeführt werden.

Achtung: Die Schleimhäute in den Schädelhöhlen, das Mittelohr und Trommelfell sind sehr empfindlich. Nach einem einzigen zu spät oder mit Gewalt durchgeführter Druckausgleich ist meist eine mehrtägige Tauchpause erforderlich (siehe Seite 34 ff., Barotrauma).

Druckausgleich im Ohr
Jeder Taucher muss »seine« Methode finden, mit der er den Druckausgleich am einfachsten durchführen kann. Egal, welche Methode sich als die Beste erweisen sollte: Sie muss immer rechtzeitig genug durchgeführt werden, um eine Schädigung des Ohrs zu verhindern.

Valsalva-Methode
Bei der am häufigsten angewandten Methode verschließt man die Nase mit Daumen und Zeigefinger. Durch gleichzeitiges Ausatmen durch die Nase wird Luft in die eustachische Röhre und die offenen Verbindungsgänge der Schädelhöhlen gepresst, Druckdifferenzen werden ausgeglichen.

Vorteil: Die Methode ist leicht zu erlernen.

Nachteil: Wird der Druckausgleich während des Abstieges zu spät und/oder mit Gewalt durchgeführt, kann die explosionsartig einschießende Luft im Mittelohr zu irreparablen Schädigungen führen. Durch die entstehende Druckwelle kann das runde Fenster im Mittelohr platzen und die Lymphflüssigkeit des Gleichgewichtsorganes ergießt sich in das Mittelohr. Eine dauerhafte Hörschädigung wäre die Folge. Der im Körper entstehende Druck belastet das Herz-Kreislauf-System ähnlich wie die Pressatmung und kann bei offenem Foramen Ovale zum Übertritt von Gasblasen aus dem venösen zum arteriellen System führen (siehe Kapitel Verletzungen und Tauchunfälle).

Kauen, Schlucken, Gähnen
Geübte Taucher können den Druckausgleich durch Kauen, Schlucken oder willkürliches Öffnen der Muskulatur an der Ohrtube bewirken. Dabei wird die Zunge nach hinten oben gedrückt und gleichzeitig unterdrückt gegähnt oder geschluckt. Diese Art des Druckausgleichs wird bei Taucherhelmen und bei manchen Vollgesichtsmasken angewendet, da diese keine Nasenerker besitzen.

Vorteil: Es wird kein übermäßiger Druck aufgebaut, der zu einer Schädigung des Ohrs führen kann.

Nachteil: Die Methode kann nur durch ständiges Üben und bei guter Durchgängigkeit der Ohrtuben erlernt werden.

Physiologie 29

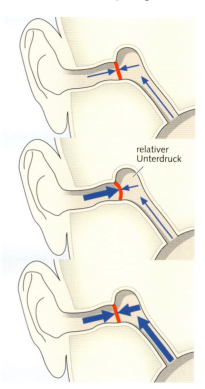

*Oben: Bei normalen atmosphärischen Bedingungen ist der Druck auf beiden Seiten des Trommelfelles ausgeglichen.
Mitte: Bei nicht durchgeführtem Druckausgleich wölbt sich das Trommelfell durch den ansteigenden Umgebungsdruck nach innen.
Unten: Nach erfolgreichem Druckausgleich über die Ohrtube (eustachische Röhre) kehrt das Trommelfell in seine natürliche Position zurück.*

Druckausgleich in Lunge, Magen und Darm
• **Lunge**
Der Druckausgleich wird durch ruhiges ständiges Ein- und Ausatmen hergestellt, zu Druckschädigungen beim Gerätetauchen kann es bei gesunder Lunge nur durch Anhalten des Atems während des Aufstiegs kommen.
• **Magen und Darm**
Durch die natürliche Elastizität des Magen- und Darmbereiches sind Druckschädigungen nahezu ausgeschlossen. Eingeschlossene Gasmengen in Magen und Darm können bei Unwohlsein auf natürlichem Weg abgegeben werden.

Druckausgleich für luftgefüllte Hohlräume außerhalb des Körpers
• **Tauchmaske**
Regelmäßiges Ausatmen durch die Nase in die Tauchmaske verhindert Druckschädigungen beim Abstieg.
• **Trockentauchanzug**
Da die eingeschlossene Luft während des Abstiegs immer weiter komprimiert wird, verliert der Taucher sowohl an Auftrieb als auch an Isolierung. Um dies auszugleichen und eine Unterdruckschädigung der Haut zu vermeiden, wird während des Abstiegs ständig Luft über das am Trockentauchanzug angebrachte Einlassventil nachgefüllt.

Psychologie

Stress und Panik

Wird der Mensch mit einer realen oder eingebildeten Bedrohung konfrontiert, die er psychisch oder physisch nicht meistern kann (oder er glaubt, sie nicht meistern zu können), kommt es zu Stress. Dieser beschleunigt den Kreislauf und lässt die Atmung schneller und flacher werden. Die Fähigkeit Dinge wahrzunehmen ist eingeschränkt, das Bewusstsein getrübt. So entsteht das Gefühl, nicht genug Luft zu bekommen, was den Stress verstärkt und wiederum auf die Atmung wirkt. Es entsteht ein Teufelskreis, der sich immer weiter verstärkt. Es kann zu einer plötzlichen unwillkürlichen und unkontrollierten Flucht- oder Krampfreaktion kommen, die in keinem Verhältnis zu der tatsächlichen Gefahr steht, Panik tritt auf.

Die Auswirkungen von Stress auf den Taucher werden von seiner Ausbildung, Kondition und Erfahrung beeinflusst.

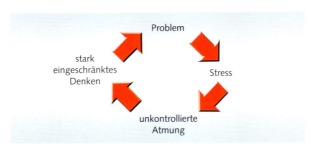

Panikkreislauf

Psychischer Stress

Bei der Entstehung von psychischem Stress spielen Emotionen und Vorstellungen des Tauchers eine große Rolle. Real wahrgenommene Bedrohungen der körperlichen Unversehrtheit führen ebenso zu psychischem Stress wie z. B. eine Bedrohung des Selbstwertgefühles.

Ursachen für psychischen Stress sind:
- Gruppendruck: Der Taucher wird zu einem Tauchgang überredet, für den er nicht ausgebildet oder konditionell in der Lage ist. Er traut sich aber nicht, dies vor der Gruppe zuzugeben.
- Durch falsche Tauchgangsplanung steht nicht genügend Luft zur Verfügung. Der Taucher bekommt Angst, es nicht bis zur Oberfläche zu schaffen.
- Tauchgänge werden durchgeführt, obwohl die äußeren Umstände dagegen sprechen (z. B. Wetter, fehlende oder defekte Ausrüstung, Unwohlsein), weil sie schon bezahlt wurden oder lange geplant waren.
- Physischer Stress, zunehmende Erschöpfung des Tauchers, weil er gegen Strömung, Wellen etc. anschwimmen muss, um das rettende Ufer oder Boot zu erreichen. Möglicherweise glaubt der Taucher, es nicht zu schaffen.

Physischer Stress
In den meisten Fällen führt physischer Stress beim Tauchen zu psychischem Stress, z. B. wenn der Taucher keine Kräfte mehr hat. Meist erkennt der Tauchpartner dieses Problem zu spät, um Hilfe leisten zu können und Panik zu vermeiden.
Ursachen von physischem Stress sind:
- Ermüdung durch körperliche Anstrengung.
- Verminderte Leistungsfähigkeit aufgrund von Alter, Krankheit, Verletzung oder fehlender Kondition.
- Falsche oder schlecht sitzende Ausrüstung, z. B. Unterkühlung durch zu dünnen Kälteschutzanzug oder Atemprobleme durch zu enge Ausrüstung.

Stressursachen addieren sich
Mehrere kleinere Probleme wie das Eindringen von Wasser in die Maske mit gleichzeitigen Problemen beim Druckausgleich, während die anderen Taucher schon abgetaucht sind, summieren sich und können zu Panik führen.

Durchbrechen des Panikkreislaufs

In einer Stress-Situation muss der Taucher auf die Warnsignale seines Körpers hören und die Lage analysieren. Jegliche Aktivität sollte eingestellt und die Atmung unter Kontrolle gebracht werden. Die Atmung ist besonders wichtig, da ihre Beeinträchtigung unsere Denk- und Handlungsweise irritiert. Deshalb muss man mit aller Willenskraft versuchen ruhig und tief zu atmen. Gelingt dies, ist auch ein klares Denken und ein Durchbrechen des Panikkreislaufs bzw. die Lösung des Problems möglich.

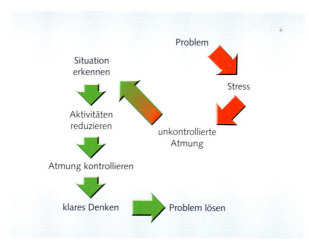

Durchbrechen des Panikkreislaufs

Stoppe – Atme – Denke

Die zur Familie der Kopffüßler gehörende Sepia kann ihre Farbe und die Struktur der Haut nahezu perfekt an die Umgebung anpassen.

Verletzungen und Tauchunfälle

Ursachen für Tauchunfälle

- Fehlverhalten der Taucher
- Summierung von verschiedenen Faktoren, die einzeln alle zu bewältigen wären, aber durch das gesammelte Auftreten zu einer Reizüberflutung führen, die das logische Denken lähmen und zu Fehlverhalten führen kann.
- Unsicherheit und Angst des Tauchers wegen mangelhafter oder ungenügender Ausbildung und daraus resultierender Panikreaktionen.
- Ausreizen und Überschreiten der physischen und psychischen Grenzen mit Durchführung von Tauchgängen, für die der Taucher nicht ausgebildet oder konditionell nicht in der Lage ist.
- Nichtbeachtung von Sicherheitsstandards vor, während und nach dem Tauchgang.
- Nicht oder nicht richtig durchgeführte Ausrüstungschecks vor dem Tauchgang.
- Verwendung von schadhafter oder nicht passender Tauchausrüstung.
- Zu großer Abstand während des Tauchgangs zum Tauchpartner. Bei Problemen ist eine Partnerhilfe nicht mehr möglich.

Phasen des Drucks, in denen es zu Verletzungen kommen kann

Die Kompressionsphase

Beim Abtauchen werden alle mitgeführten Gasmengen in den starren und flexiblen Körperhöhlen sowie in der Tauchmaske und im Trockentauchanzug durch den steigenden Umgebungsdruck komprimiert. Bei mangelhaftem oder nicht durchgeführtem Druckausgleich entstehen Unterdruckbarotraumen. Stickstoff wird durch den steigenden Umgebungsdruck physikalisch im Körpergewebe gelöst.

Die Isopressionsphase

Die ununterbrochene Aufnahme der im Gasgemisch vorhandenen Bestandteile können abhängig von Einwirkzeit und Druck zu Vergiftungserscheinungen führen. Hierzu gehören der Tiefenrausch, die Sauerstoffvergiftung, Kohlendioxydvergiftung und Kohlenmonoxydvergiftung.

Die Dekompressionsphase

Beim Auftauchen dehnen sich mitgeführte Gasmengen in den starren und flexiblen Körperhöhlen sowie in der Tauchmaske, dem Tarierjacket und dem Trockentauchanzug aus. Bei mangelhaftem oder nicht durchgeführtem Druckausgleich kommt es zu Überdruckbarotraumen. Der während der Kompressions- und Isopressionsphase im Körpergewebe gelöste Stickstoff tritt während der Dekompression wieder aus dem Körpergewebe aus und wird zurück zur Lunge transportiert, wo er abgeatmet wird. Bei zu schneller Druckentlastung des Körpers kann es zur Blasenbildung in den Geweben und/oder Blutgefäßen kommen. Die entstehenden Krankheitssymptome werden als Dekompressionskrankheit (siehe Seite 52 ff.) bezeichnet.

Barotraumen – Verletzungen durch Veränderungen des Umgebungsdrucks

Das Wort Barotrauma setzt sich aus den lateinischen Wörtern baros = Druck und Trauma = Verletzung zusammen. Es kennzeichnet alle druckbedingten Verletzungen, die während des Tauchgangs in den abgeschlossenen starren oder weniger flexiblen gasgefüllten Hohlräumen entstehen können, wenn bei Veränderungen des Drucks kein Druckausgleich möglich ist oder nicht durchgeführt wird.
Vermeidung
- Der Druckausgleich muss frühzeitig und so oft durchgeführt werden, dass der zunehmende Druck nicht spürbar wird.
- Der Druckausgleich darf keinesfalls mit Gewalt erzwungen werden.
- Ist der Druckausgleich nicht möglich, muss sofort etwas höher getaucht und der Druckausgleich erneut versucht werden.
- Auf keinen Fall darf weiter abgetaucht werden.

Wichtig: Der Druckausgleich kann nie zu oft, sondern nur zu wenig durchgeführt werden.

Symptome

Beim Tauchen: Ein stetig ansteigendes Unter- oder Überdruckgefühl im betroffenen Bereich, das sich bis hin zum stechenden und über andere Gebiete ausstrahlenden Schmerz steigert, falls weiter ohne Druckausgleich ab- bzw. aufgetaucht wird.
Nach dem Tauchen: Druckgefühl im betroffenen Bereich, das Gefühl Wasser im Ohr zu haben, dumpfes Hören, quietschende pfeifende Geräusche. Äußerlich meist erkennbar durch Blut in der Tauchmaske, da durch den entstehenden Überdruck beim Auftauchen Schleim und Blut aus der Nase fließen.

Behandlung und erste Hilfe
Nach der Entstehung eines leichten Barotraumas können abschwellende Mittel gegeben werden, um den Druckschmerz zu lindern. Ärztlicher Rat sollte eingeholt werden. Bis zur vollständigen Abheilung herrscht Tauchverbot.

Barotrauma des Ohrs

Barotraumen können im Außen-, Mittel- und Innenohr auftreten.

Barotrauma des Außenohrs
Ein Barotrauma entsteht, wenn der Gehörgang durch einen Ohrenschmalzpfropf, Ohrstöpsel oder eine luftdicht abschließende Kopfhaube und Badekappe verschlossen ist. Durch den beim Abtauchen steigenden Außendruck entsteht im luftdicht abgeschlossenen Raum zwischen Fremdkörper oder Kopfhaube und dem Trommelfell ein relativer Unterdruck. Das Trommelfell wölbt sich so lange nach außen zum Gehörgang, bis der Druck zu groß wird und das Trommelfell reißt.

Vermeidung: Keine Ohrstöpsel verwenden, regelmäßige Kontrolle der Ohren durch einen HNO-Arzt auf Schmalzpfropfen. Kopfhauben oder Badekappen beim Tauchen anheben, um Wasser in den Gehörgang einlaufen zu lassen oder auf Ohrenhöhe kleine Löcher mit einer heißen Stecknadel in die Kopfhaube stechen, damit Wasser eindringen kann.

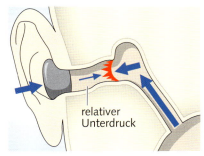 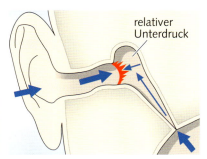

Ist der Gehörgang durch Ohrenschmalz oder Ohrstöpsel verschlossen, führt der Unterdruck beim Abstieg zum Platzen des Trommelfells nach außen (Barotrauma des Außenohrs).

Wird beim Abstieg kein Druckausgleich durchgeführt, führt der steigende Außendruck unweigerlich zum Platzen des Trommelfells nach innen (Barotrauma des Mittelohrs).

Barotrauma des Mittelohrs
Das ist die am häufigsten auftretende Verletzung bei Tauchanfängern und Kindern, da der zunehmende Druck nicht richtig eingeschätzt und der Druckausgleich meist viel zu spät durchgeführt wird.

Unterdruckbarotrauma: Wird der notwendige Druckausgleich beim Abtauchen unterlassen, wölbt sich das Trommelfell durch den relativen Unterdruck im Mittelohr unter starkem Dehnungsschmerz immer weiter nach innen. Aus den umliegenden Geweben tritt Gewebeflüssigkeit und Blut aus, um den steigenden Unterdruck auszugleichen. Wird weiter kein Druckausgleich durchgeführt, reißt das Trommelfell, Wasser dringt in die Paukenhöhle ein. Es kommt zum Verlust des Hörsinnes, zu Drehschwindel (Vertigo) und Orientierungsverlust, da das kalte Wasser das empfindliche Gleichgewichtsorgan im Innenohr reizt.

Überdruckbarotrauma: siehe Seite 36, implosives Barotrauma des Innenohrs
Liegt ein Trommelfellriss vor, kommt es zum Verlust des Hörsinnes. Dabei tritt auch für den Laien erkennbar bei vorsichtigem Druckausgleich Luft aus dem betroffenen Ohr aus.

Barotrauma des Innenohrs
Schädigungen des Innenohrs entstehen fast ausschließlich durch zu späten und heftigen Druckausgleich.
Explosives Barotrauma im Mittelohr: Wird der Druckausgleich bei verschlossener Ohrtube erzwungen, kann die explosionsartig einschießende Luft zu einer Druckwelle im Mittelohr führen. Diese pflanzt sich über die Gehörknöchelchen und das ovale Fenster über die mit Flüssigkeit gefüllten Bogengänge des Gleichgewichtsorganes und die Hörschnecke fort und kann zu Schwindel, Übelkeit und zum Einreißen des runden oder ovalen Fensters führen. Über das gerissene runde Fenster tritt Lymphflüssigkeit aus dem flüssigkeitsgefüllten Innenohr in das Mittelohr aus. Es entstehen meist irreparable Schädigungen des Hör- und Gleichgewichtssinns.
Implosives Barotrauma: Äußerst selten kann eine Ohrtube von innen durch einen wuchernden Polypen verschlossen werden. Der steigende Druck der sich ausdehnenden Luft im Mittelohr beim Aufstieg kann nicht durch Abgabe über die Ohrtube ausgeglichen werden. Der entstehende Überdruck führt entweder zum Reißen des Trommelfelles nach außen zum Gehörgang oder zum Reißen des ovalen oder/und runden Fensters. Lymphflüssigkeit tritt aus, Verlust von Hör- und Gleichgewichtssinn sind die Folgen.

Barotrauma der Nebenhöhlen

Der Druckausgleich erfolgt im Normalfall automatisch über die offenen Verbindungskanäle. Bei Verschluss dieser Kanäle durch angeschwollene Schleimhäute kann kein Druckausgleich stattfinden.

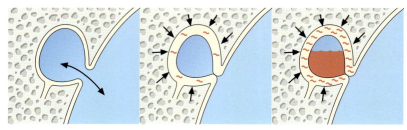

Entstehung eines Unterdruckbarotraumas während des Abtauchens bei Verschluss einer starren luftgefüllten Körperhöhle.

Betroffene Bereiche und Symptome
- **Stirnhöhlen (häufig bei Erkältung):** Druck und Schmerz über den Augenbrauen, der über die Nasenwurzel ausstrahlt.
- **Kieferhöhlen (häufig bei Erkältung):** Druck und Schmerz im Ober- und Unterkiefer, der über Nase und Augen ausstrahlen kann. Im Oberkiefer wird dies oft fälschlicherweise für ein Barotrauma der Zähne gehalten. Zu einem Barotrauma der Kieferhöhlen kann es nicht nur bei Erkältungen kommen, sondern auch bei Erkrankungen der Zahnwurzeln, des Kiefers etc., da diese ein Anschwellen der Schleimhäute bewirken.

Barotraumen 37

- **Warzenfortsatzzellen (selten):** Druck und Schmerz auf Höhe des oberen Randes der Ohrmuschel hinter den Ohren.
- **Siebbeinzellen (selten):** Druck und stechender Schmerz an der Nasenwurzel, der über beide Augen ausstrahlen kann.
- **Keilbeinhöhle (selten):** Druck und Schmerzen am Hinterkopf können Anzeichen für ein Keilbeinhöhlenbarotrauma sein.

Abschwellende Mittel
Bei nachlassender Medikamentenwirkung können die Schleimhäute durch Einwirkung von Kälte, trockener Luft etc. anschwellen, was zum Verschluss der Verbindungskanäle führt.

Umkehrblockierung
Bei Verschluss der Verbindungskanäle in der Auftauchphase kommt es zu einer Umkehrblockierung. Die sich ausdehnende Luft in den Schädelhöhlen kann nicht entweichen.

Barotrauma der Zähne

Kleine luftgefüllte Hohlräume bei schadhaften Füllungen, lockeren Kronen oder bei Karies und entzündeten Zahnwurzeln können Probleme verursachen. Beim Abtauchen lagert sich Luft ein, die sich beim Auftauchen nur schlecht oder gar nicht ausdehnen kann. Der entstehende Überdruck führt zu starkem Druckgefühl und Schmerzen. Es kann zum Heraussprengen der Füllung kommen.
Schmerzen im Oberkiefer können jedoch auch auf ein Barotrauma der Kieferhöhlen hinweisen.
Vorbeugung: ein regelmäßiger Besuch beim Zahnarzt.

Barotrauma von Magen und Darm

Gasansammlungen im Darm durch blähende Speisen und eventuell geschluckte Luft beim Tauchen dehnen sich beim Aufstieg aus. Aufgrund der Elastizität dieser Organe und der Möglichkeit, Gas auf natürlichem Weg abzugeben, ist eine Schädigung sehr unwahrscheinlich, aber nicht ganz ausgeschlossen.
Vermeidung: ausgewogene Ernährung und der Verzicht auf blähende Speisen zwei bis drei Stunden vor dem Tauchgang.

Barotrauma der Augen

Der luftgefüllte Raum in der Tauchmaske unterliegt den gleichen Druckveränderungen wie alle luftgefüllten Hohlräume im Körper.

Entstehung
Beim Abtauchen entsteht ein relativer Unterdruck im luftgefüllten Raum der Tauchmaske, die Tauchmaske wird an das Gesicht angesaugt. Bei der Verwendung von Schwimmbrillen kann kein Druckausgleich erfolgen, da die Nase nicht mit eingeschlossen ist.

Symptome
Der entstehende Unterdruck führt zu Einblutungen in die Augenbindehaut, den Augenlidern und um die Augen. Der Unterdruck kann zur Zerrung des Sehnervs und irreparabler Schädigung des Auges führen. In jedem Fall muss unbedingt ein Arzt aufgesucht werden.

Vermeidung
Durch einfaches Ausatmen über die in der Maske eingeschlossene Nase erfolgt ein Druckausgleich.

Barotrauma der Haut

Entstehung
Durch falsche Verwendung eines Trockentauchanzuges oder bei einem schlecht sitzenden Nasstauchanzug kann es zu Druckschädigungen der Haut kommen. Ähnlich wie bei einem Schröpfkopf wirkt der Unterdruck der eingeschlossenen Luft auf die Haut. Striemenähnliche »Knutschflecken« sind mögliche Folgen.

Vermeidung
Über das Einlassventil des Trockentauchanzugs muss beim Abstieg ständig Luft nachgefüllt werden. Der Nasstauchanzug sollte in der passenden Größe gewählt werden.

Verletzungen der Lunge

Unser größter mit Luft gefüllter Hohlraum, die Lunge, kann dank ihrer Elastizität Druckdifferenzen bis zu einem bestimmten Maße ausgleichen. Trotzdem sind beim Schnorcheln und Gerätetauchen Über- bzw. Unterdruckschädigungen der Lunge möglich. Die meisten Lungenverletzungen treten in der Auftauchphase (Dekompressionsphase) auf. Unter gewissen Umständen kommt es jedoch auch in der Kompressions- und Isopressionsphase zu Lungenschädigungen.

Vermeidung
- Bei der Erstuntersuchung für eine Tauchtauglichkeit muss in jedem Fall eine Röntgenaufnahme der Lunge erfolgen, um eventuell vorhandene Veränderungen festzustellen. Nach Erkrankungen oder Operationen an der Lunge muss diese selbstverständlich wiederholt werden.
- Kontinuierliches ruhiges tiefes Atmen in der Kompressions-, Isopressions- und Dekompressionsphase. Atemanhalten ist in jedem Fall zu vermeiden.
- Bei geringsten Anzeichen von Atemproblemen sollte jegliche Aktivität eingestellt und die Atmung unter Kontrolle gebracht werden, um Panik zu vermeiden:
  Stoppe – Atme – Denke
- Ständiges Üben und Wiederholen von Sicherheitsübungen wie z. B. Atmen aus alternativer Luftversorgung, Wiedererlangen des Atemreglers und Fluten und Ausblasen der Tauchmaske.
- Verwendung von funktionierender und gewarteter Tauchausrüstung sowie regelmäßiger Ausrüstungscheck.
- Tauchgänge, für die der Taucher nicht ausgebildet oder fit ist, sollten generell nicht durchgeführt werden.

Unterdruckbarotrauma der Lunge

Durch entstehenden Unterdruck kommt es zu Einblutungen und Austritt von Gewebeflüssigkeit in die Lunge. Es entsteht ein Lungenödem.

Entstehung
Bei Verwendung eines nicht DIN-gerechten überlangen Schnorchels können durch die Druckdifferenz zwischen Wasseroberfläche und Lunge des Tauchers schon in Wassertiefen von 50 bis 70 cm Lungenschädigungen auftreten.
Beim Apnoetauchen, also beim Tauchen ohne Atemregler und Tauchgerät, wird die Lunge entsprechend der Zunahme des Umgebungsdrucks komprimiert. Wird die Lunge stärker komprimiert als das Residualvolumen (ca. 1,5 l, siehe Seite 23), kommt es zu Lungenschädigungen.

Vermeidung
Verwendung von DIN-gerechter Ausrüstung:

Errechnen der maximal möglichen Schnorcheltiefe anhand der Vitalkapazität
Beispiel: Ein Apnoetaucher mit einer angenommenen Vitalkapazität von 4,5 l und einem Residualvolumen von 1,5 l (= Gesamtvolumen bei 1 bar 6 l) möchte seine maximale Schnorcheltiefe errechnen.
Nach dem Gesetz von Boyle-Marriotte gilt:

$p_1 \times V_1 = p_2 \times V_2$

$p_2 = \dfrac{V_1 \times p_1}{V_2}$

$p_2 = \dfrac{6\,l \times 1\,bar}{1,5\,l} = 4\,bar$

Die theoretische maximale Tiefe wäre 4 bar bzw. 30 m.
Da jedoch der Schnorcheltaucher nicht immer gleich tief einatmet und Luft durch den erforderlichen Druckausgleich in Maske, Ohren und Nebenhöhlen verloren geht, müssen 10 m Sicherheitspuffer eingerechnet werden. Die maximale Schnorcheltiefe beträgt also 20 m.
Bei reduzierter Vitalkapazität, die z. B. bei älteren oder untrainierten Menschen vorkommt, können bereits in relativ flachen Tiefen beim Apnoetauchen Lungenschädigungen auftreten.

Lungenüberdehnung und -riss

Entstehung
Eine Lungenüberdehnung beim Gerätetauchen mit nachfolgendem Lungenriss entsteht, wenn die sich ausdehnende Luft beim Aufstieg nicht abgeatmet wird (willkürliches Luftanhalten) oder nicht abgeatmet werden kann (unwillkürliches Luftanhalten durch Panik). Im Vergleich zur Dekompressionskrankheit treten Symptome einer Lungenüberdehnung oder eines Lungenrisses sofort auf.

Verletzungen und Tauchunfälle

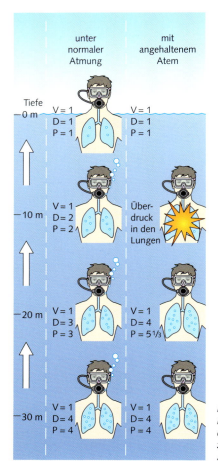

Durch ruhiges, aber kontinuierliches Ein- und Ausatmen, speziell während des Aufstiegs, werden Lungenverletzungen verhindert. Ein Anhalten des Atems kann tödliche Folgen haben.

Lungenüberdehnung
Bei einer Lungenüberdehnung kommt es durch die Druckeinwirkung auf das Herz-Kreislauf-System zu Störungen, die sich in Schwindelanfällen und plötzlicher Bewusstlosigkeit äußern können. Bei Bewusstlosigkeit unter Wasser droht durch die erschlaffende Körpermuskulatur die Gefahr, den Atemregler zu verlieren und zu ertrinken. Eine Lungenüberdehnung ist so lange schmerzfrei ist, bis die Lunge reißt.

Lungenriss
Abhängig davon, wo die Lunge reißt, treten verschiedene Erscheinungsformen auf:
- **Pneumothorax:** Kommt es zum Lufteintritt in den Pleuraspalt, der durch seinen Unterdruck ein Zusammenfallen der Lunge verhindert, fällt die Lunge zu einem faustgroßen Klumpen zusammen.

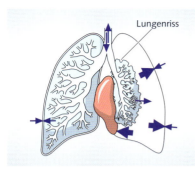 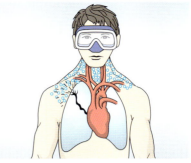

Kollabierter Lungenflügel nach Lungenriss *Wenn an der Rissstelle Luft in das umliegende Gewebe austritt, kann sich ein Hautemphysem bilden.*

- **Lebensbedrohlicher Spannungspneumothorax:** Unter ungünstigen Umständen kann ein Ventilmechanismus entstehen, der zwar neue Luft hinein-, aber nicht mehr hinauslässt. Die Luftansammlung wird immer größer und drückt auf Herz und große Gefäße.
- **Arterielle Gasembolie:** Bei einem zentralen Lungenriss kann es zum Luftaustritt in den zentralen mit Blutgefäßen gefüllten Bereich der Lunge kommen. Eine Arterielle Gasembolie (AGE) kann auftreten (siehe Seite 42 ff.).
- **Mediastinales Emphysem:** Bleibt die Rissstelle lange genug geöffnet, gelangen Luftansammlungen in das Medastinum, den Raum zwischen Herz, Lunge und den großen Gefäßen. Je nach Menge kann dies die Funktion des Herzens beeinträchtigen.
- **Hautemphysem:** Steigt die Luft entlang der Luftröhre durch das Gewebe nach oben, ist sie als Schwellung, Verdickung des Halses oder Nackens und als knisternde Luftansammlung fühlbar. Durch eine Störung des Blutrückstromes im Hals- und Kopfbereich können Kreislaufprobleme auftreten.

Symptome eines Lungenrisses
Reißt das Lungengewebe ein, kann es abhängig von der Schwere der Verletzung zu folgenden Symptomen kommen:
- Schmerzen im Lungenbereich
- Husten mit blutigem Auswurf
- Atemprobleme
- Fühlbare Luftansammlungen unter der Haut im Hals- und Nackenbereich
- Kreislaufprobleme bis hin zum Kreislaufzusammenbruch mit Herzstillstand
- Blau verfärbte Lippen als Anzeichen von Sauerstoffmangel
- Auftreten von neurologischen Symptomen durch Arterielle Gasembolie wie Ausfall von Sinnesorganen und Lähmungserscheinungen.

Wichtig: Die verschiedenen Schädigungen können einzeln, aber auch in jeder willkürlichen Kombination auftreten.

Ursachen und Risikofaktoren
Bei der Gesamtanzahl der tödlich verlaufenden Tauchunfälle liegt der Lungenüberdruckunfall bei Sporttauchern bei über 10 %. Ein Einreißen des Lungengewebes ist mit angehaltenem Atem theoretisch bereits bei 1 m Wassertiefe möglich, abhängig von

der Elastizität der Lunge. Risikofaktoren, die das Auftreten einer Lungenüberdehnung oder eines Lungenrisses begünstigen sind:
- **Panikaufstiege:** Unsichere Taucher, die sich unter Wasser aufgrund mangelnder Ausbildung oder schlechtem Trainingszustand nicht wohl fühlen, neigen bei geringsten Anlässen zu Panikaufstiegen. Gründe dafür sind hauptsächlich tatsächliche oder eingebildete Probleme mit der Atmung und durch Eindringen von Wasser in die Nase beim Ausblasen der Tauchmaske.
- **Stimmritzenkrampf:** Bei Aufstiegen, die durch Panik oder durch Einatmen von kaltem Wasser verursacht werden, kann es zum Verschluss der Stimmritze kommen. Die Atmung ist komplett blockiert. Ein Stimmritzenkrampf löst sich meist selbst bei Bewusstlosigkeit nicht.
- **Erkrankungen der Lunge, Asthma, Bronchitis und Rauchen:** Bei chronischen Erkrankungen der Lunge ist meist keine Tauchtauglichkeit gegeben. Kalte, extrem trockene Luft beim Tauchen kann Asthmaanfälle auslösen, der erhöhte Schleimfluss in der Lunge bei Rauchern oder bei Bronchitis kann zum Verschluss der Alveolen und Bronchien führen. Ein Einschluss von Luft (Air Trapping) ist die Folge, was beim Aufstieg zum Platzen der Alveolen und zu Rissen in den Bronchien führen kann.
- **Hustenanfälle:** Kommt es aufgrund einer Erkrankung oder durch Einatmen von Wasser während einer falsch durchgeführten Übung (z. B. Atemregler bei Wechselatmung falsch herum im Mund) oder durch einen defekten Atemregler zum Hustenanfall **und** wird dabei aufgestiegen, kann es durch den zeitweiligen Verschluss der Atemwege während des Hustens zu Lungenüberdehnungen oder sogar zum -riss kommen.
- **Mangelnde Elastizität der Lunge:** Bei Tauchern mit Vernarbungen in der Lunge, z. B. durch abgeheilte, schwere Bronchitis oder durch alte Verletzungen, bei Asthmatikern und Rauchern, bei älteren Menschen, bei angeborenen oder erworbenen abnormen Veränderungen der Lunge mit vermehrten Luftansammlungen, kann die Elastizität der Lunge erheblich herabgesetzt sein. Durch Atemanhalten kann es sehr schnell zu einer Lungenüberdehnung oder einem -riss kommen.

Arterielle Gasembolie (AGE)

Unter Arterieller Gasembolie versteht man eine örtliche Blockade durch Gasblasen im arteriellen System des Kreislaufs. Diese Blockaden können bei einem offenen Foramen Ovale (siehe Dekompressionskrankheit/Risikofaktoren, Seite 53 ff.) durch Stickstoffblasen, bei Lungenüberdehnungen oder Lungenriss durch Luftblasen im arteriellen Kreislauf verursacht werden.

Entstehung
Bei einer Überdehnung oder beim Einreißen des Lungengewebes dringt Luft in das Kapillarnetz der Alveolen (Lungenbläschen) ein. Die Luftbläschen werden schnell über die Lungenvene, den linken Vorhof des Herzens und die linke Herzkammer in den arteriellen Körperkreislauf transportiert. Luftblasen im Herzen können zum Verschluss

Arterielle Gasembolie 43

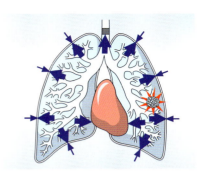

Bei Übertritt von Gasbläschen in das arterielle System entsteht eine Arterielle Gasembolie.

der Herzkranzgefäße und zum Versagen der Herzfunktion führen. Ein Luftbläschen kann, abhängig von seiner Größe, früher oder später eine Arterie blockieren, was dann zur Unterversorgung des umliegenden Gewebes führt.
In der Auftauchphase entstandene Bläschen können unter Umgehung des Lungenkreislaufs bei Pressdruck (Valsalva-Methode) und Anstrengung über ein offenes Foramen Ovale in den arteriellen Kreislauf gelangen. Der Hauptunterschied besteht darin, dass es sich jetzt um Stickstoffblasen handelt.

Symptome
Die Blasen werden vom Kreislauf im ganzen Körper verteilt und können bei Arterienblockaden im Gehirn zu schlaganfallähnlichen Symptomen (Halbseitenlähmung), Ausfall von Sinnesorganen wie z. B. Sehen, Hören oder Fühlen führen. In der Regel treten die Symptome sofort nach dem Erreichen der Wasseroberfläche auf. Sie ähneln oft denen der Dekompressionskrankheit, was für den Ersthelfer völlig unerheblich ist, da die Erste-Hilfe-Maßnahmen dieselben sind. Verliert ein verunfallter Taucher das Bewusstsein, kann dies durchaus andere Gründe haben. Ein Verdacht auf eine AGE besteht jedoch in diesem Fall immer.

Risikofaktoren
Bei Rauchern, Asthmatikern und Menschen, die unter Bronchitis oder Erkältungskrankheiten leiden, nimmt der Schleimfluss in der Lunge zu. Dadurch und durch entzündliche Schleimhautschwellungen in den Bronchien kann es durch verengte Bronchialäste zum Einschluss von Luftblasen kommen (Air Trapping). Diese führen zu lokalen Überdehnungen oder Rissen an den Alveolen.

Vermeidung
Taucher, die an Erkältungen oder Erkrankungen der Lunge leiden, sollten auf das Tauchen verzichten. Raucher sollten zumindest eine Stunde vor dem Tauchen nicht rauchen, um das Risiko zu minimieren.

Erste Hilfe bei Lungenüberdehnung, Lungenriss und Arterieller Gasembolie

- Schnelle Rettung des Verunfallten auf das Boot oder an Land bei überstreckten Atemwegen.

- Sind keine Vitalfunktionen vorhanden, muss der Verunfallte während des gesamten Transportes an der Wasseroberfläche im 5-Sekunden-Rhythmus beatmet werden (eine Beatmung alle 5 Sekunden).
- Bei Ausfall der Vitalfunktionen an Land oder auf dem Boot Herz-Lungen-Wiederbelebungsmaßnahmen einleiten.
- Medizinische Hilfe verständigen, auf den Tauchunfall und einen möglichen Lungenriss hinweisen.
- Gabe von reinem Sauerstoff, bei Atemproblemen über Atemmaske und frei abströmendes System. Flow-Rate mindestens 15–25 l/min. Bei Ausfall der Atmung über Beatmungsbeutel.

Lagerung und Transport
Der Betroffene muss schnellstmöglich zum Arzt. Die Verabreichung von reinem Sauerstoff sollte während des gesamten Transports bis zum Eintreffen in der Notaufnahme erfolgen.
- Bei Bewusstsein wird eine sitzende Haltung bzw. leicht aufgerichtete Haltung oft als angenehmer empfunden als eine liegende.
- Bei Bewusstlosigkeit und Gefahr von Erbrechen muss der verunfallte Taucher in die stabile Seitenlage gebracht werden.

Erkrankungen und Vergiftungen durch Atemgase und deren Bestandteile

Die einzelnen Bestandteile eines Gasgemisches wirken in der Isopressionsphase (während des Aufenthaltes unter erhöhtem Druck) unterschiedlich auf den Körper des Tauchers. Diese Wirkung entsteht entweder durch den prozentualen Anteil des Gases in diesem Gasgemisch oder durch den Effekt, der entsteht, wenn dieses Gas unter erhöhtem Partialdruck nach dem Gesetz von Dalton in der Tiefe geatmet wird. Wird z. B. ein Gasgemisch mit einem Kohlendioxydanteil von 1,5 % an der Wasseroberfläche geatmet, hat dies keine nennenswerten Auswirkungen.

Der Effekt dieses Gasgemisches in 30 m Tiefe (4 bar) entspricht dem Atmen der 4fachen Menge von CO_2 an der Wasseroberfläche, bedingt durch den nun 4fach höheren Partialdruck (siehe Seite 13 f., Gesetz von Dalton).

Effekt und Wirkung an der Oberfläche und in der Tiefe

Tiefe	Druck	O_2*	CO**	CO_2***
0 m	1 bar	20 %	0,1 %	1,5 %
10 m	2 bar	40 %	0,2 %	3,0 %
20 m	3 bar	60 %	0,3 %	4,5 %
30 m	4 bar	80 %	0,4 %	6,0 %
40 m	5 bar	100 %	0,5 %	7,5 %

* Wird ein Atemgemisch mit 20 % Sauerstoff in 40 m bei 5 bar geatmet, so entspricht die Wirkung und der Effekt dem Atmen von reinem Sauerstoff (100 %) an der Wasseroberfläche.
** Während das Atmen einer CO-Konzentration von 0,1 % an der Wasseroberfläche leichte Vergiftungserscheinungen hervorrufen kann, ist das Atmen der gleichen Mischung bei 5 bar meist tödlich.
*** Das Atmen von 1,5 % CO_2 bei 1 bar hat eine leicht erhöhte Atemfrequenz zur Folge, dieselbe Mischung in 40 m Tiefe jedoch eine Steigerung des »Lufthungers« um mehr als das 4fache.

Kohlendioxyd (CO_2)

Kohlendioxyd entsteht bei der Verbrennung fossiler Brennstoffe wie Holz und Öl sowie bei Gärungsprozessen. Kohlendioxyd ist schwerer als Luft und reichert sich deshalb in Bodennähe an.
Im menschlichen Körper entsteht CO_2 durch stille Verbrennung von Sauerstoff in den Körperzellen. In der Einatemluft kommt es in Konzentrationen von 0,03 bis 0,04 % vor. Im menschlichen Körper regelt CO_2 als Kohlensäure das lebenswichtige Säure-Basen-Gleichgewicht, bevor es als CO_2 abgeatmet wird.

Vergiftung durch zu hohen CO_2-Spiegel (Hyperkapnie)

Ein Ansteigen des CO_2-Spiegels im Blut führt zu vermehrtem Atemreiz. Durchschnittlich atmet der Mensch im Ruhezustand ca. 6 l pro min ein und aus. Diese als Atemminutenvolumen (AMV) bezeichnete Luftmenge kann bei einer erhöhten CO_2-Konzentration drastisch ansteigen.

CO_2-Konzentration	Ansteigen des AMV auf
ca. 1,5 %	ca. 10 l/min
ca. 3 %	ca. 15 l/min
ca. 4,5 %	ca. 22 l/min
ca. 6 %	ca. 30 l/min

Eine Konzentration von 12 % CO_2 oder höher führt zu Atemstillstand und Tod.

CO_2 und Atemluftkompressoren
Werden beim Füllen von Tauchgeräten über einen Atemluftkompressor Verbrennungsabgase mit angesaugt, kann dies zu einer erhöhten Konzentration von CO_2 im Tauchgerät führen. Bei der Aufstellung und beim Betrieb eines Kompressors müssen die Hinweise des Herstellers unbedingt beachtet werden. Die Ansaugöffnung muss sich weit genug von einer möglichen Abgasquelle (viel befahrene Straße, Verbrennungsmotor, Lagerfeuer, Grill etc.) befinden.

CO_2 in Kreislaufgeräten
Beim Tauchen mit Kreislaufgeräten oder bei der Behandlung nach einem Tauchunfall mit dem Wenoll-System wird im Normalfall das abgeatmete Kohlendioxyd in einer Atemkalkpatrone herausgefiltert. Ist diese Patrone schadhaft oder verbraucht, kann es zu einer hohen Kohlendioxyd-Konzentration im Atemgemisch kommen, das sich mit jedem Atemzug erhöht.
Die Herstellerhinweise müssen unbedingt beachtet werden.

Kohlendioxydvergiftung beim Schnorcheln
Bei der Verwendung von nicht zugelassenen, überlangen Schnorcheln oder bei kurzen flachen Atemtechniken wird die im Schnorchel verbleibende Restluft immer wieder eingeatmet und nicht ausreichend durch Frischluft ersetzt. Es kommt mit jedem Atemzug zur weiteren Anreicherung mit Kohlendioxyd, verbunden mit dem Drang mehr und mehr zu atmen. Durch Verwendung moderner Schnorchel und durch tiefes ruhiges Atmen kann dies verhindert werden.

Essoufflement

Der Begriff kommt aus dem Französischen und bedeutet »außer Atem geraten«. Die Annahme, dass es unter erhöhtem Druck bei gesteigertem Atemwiderstand zu einer Ermüdung der Atemmuskulatur kommen kann, wurde zwar in einigen wenigen Fällen experimentell über Wasser nachgewiesen, ist jedoch in der Praxis sehr unwahrscheinlich.

Entstehung
Durch unzureichende Ventilation der Lunge bei falscher, unnatürlicher Atemtechnik und Anhalten von Luft nach der Einatmung unter Belastung durch körperliche Arbeit, Strömung etc. kommt es zu einem CO_2-Anstieg in den Alveolen und damit auch im Blut. Dieser führt wie bereits besprochen zu »Lufthunger«, der durch die falsche Atmung (Hechelatmung) jedoch nicht ausreichend befriedigt wird. Verstärkt werden kann dies durch schadhafte, schlecht gewartete Atemregler mit hohem Atemwiderstand.

Erste Hilfe
Stellt der Taucher bei sich oder bei seinem Tauchpartner eine unnatürlich gesteigerte Atmung fest, so heißt es: Anhalten – Belastung reduzieren – Atmung unter Kontrolle bringen.

Vermeidung
Durch die Verwendung von modernen regelmäßig gewarteten Atemreglern, einer natürlichen ruhigen Atemtechnik, Vermeidung von Luftanhalten und ausreichender Ventilation der Lunge kann ein Essoufflement vermieden werden.

Beeinträchtigungen durch zu niedrigen CO_2-Gehalt (Hypokapnie)

Hyperventilation
Unter Hyperventilation versteht man ein rasches, tiefes Atmen, ohne dass Bedarf dafür besteht. Sie kann willentlich geschehen oder auch unbewusst, besonders wenn sich der Mensch mit Gefahrensituationen konfrontiert sieht. Beim Schnorcheltauchen hyperventilieren manche Menschen in der irrigen Annahme, dem Körper mehr Sauerstoff zuzufügen. Beim Gerätetauchen kann ein Hyperventilieren bei falscher Atemtechnik, Überanstrengung oder durch eine Gefahrensituationen auftreten. Stechende Kopfschmerzen nach dem Tauchgang weisen auf eine CO_2-Vergiftung durch falsche Atemtechnik (Sparatmung) hin.

Durch das rasche tiefe Atmen kommt es nicht zu der oft irrtümlich angenommenen Aufnahme von Sauerstoff, sondern zu einer Absenkung von Kohlensäure im Blut durch vermehrtes Abatmen von CO_2. Wird durch langes Hyperventilieren zu viel CO_2 abgeatmet, verschiebt sich das Säure-Basen-Gleichgewicht im Körper und Krämpfe entstehen. Die Verkrampfung der Muskulatur kann so weit gehen, dass der Verunfallte seine Arme vor dem Körper anzieht wie ein Hund, der Pfötchen gibt. Man spricht deshalb auch von einer »Pfötchenstellung« der Arme und Hände. Der Atemreiz setzt erst wieder ein, wenn der notwendige Kohlendioxyd-Level im Blut erreicht ist.

Atemgase und deren Bestandteile

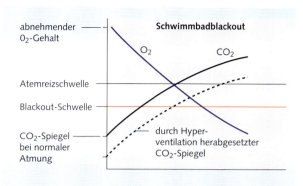

Hyperventilation

Gefahr: Sauerstoff wird in den Zellen durch stille Verbrennung in CO_2 umgewandelt und »verbraucht«. Kommt es zu einem Sauerstoffmangel, reagiert das menschliche Gehirn mit einer Art »Notschaltung«, der Mensch wird schlagartig bewusstlos, um Sauerstoff zu sparen. Der CO_2-Spiegel steigt jedoch immer noch langsam an, bis der Atemreiz ausgelöst wird. Geschieht dies bei Bewusstlosigkeit unter Wasser, führt es zum Inhalieren von Wasser und zum Ertrinken. Da diese Art Unfall häufig in Schwimmbädern auftritt, nennt man dieses Phänomen auch Schwimmbadblackout.

Vermeidung
Durch Entspannung und mentale Vorbereitung auf das Zeit- und Streckentauchen lassen sich auch ohne Hyperventilation die gewünschten Ziele erreichen. Dies sollte jedoch NIEMALS ohne Aufsicht durch einen anderen Taucher geschehen, der den gleichen Trainingszustand hat.

Kohlenmonoxyd (CO)

Kohlenmonoxyd (CO) entsteht bei unzureichenden Verbrennungsvorgängen, z. B. in Verbrennungsmotoren, heruntergebrannten Lagerfeuern oder Kohleöfen.

Eigenschaften
CO ist zwar farb- und geruchlos, tritt jedoch meistens in Verbindung mit rauchigen und ölig schmeckenden Verbrennungsrückständen auf. CO besitzt eine ca. 300fache Bindungsfähigkeit an die für den Sauerstofftransport wichtigen roten Blutkörperchen, das Hämoglobin. Es blockiert somit den Sauerstofftransport. Sind bis zu 20 % des Hämoglobins durch CO blockiert, kommt es bereits zu schweren Vergiftungserscheinungen durch Sauerstoffmangel. Eine Blockade von 40–50 % ist tödlich.

Symptome
Bedingt durch den Sauerstoffmangel (Hypoxie) kommt es zu Berauschtheit, Ohrensausen, vermindertem Urteilsvermögen, irrationalem Verhalten. Äußere Anzeichen für eine Kohlenmonoxyd-Vergiftung sind kirschrote Lippen und purpur verfärbte Nagelbetten der Hand- und Fußnägel. Beim Tauchgang ist diese Verfärbung durch die Farbabsorption unter Wasser sehr schwer zu erkennen.

Vermeidung
Beim Betrieb von Atemluftkompressoren müssen die Herstellerhinweise hinsichtlich Betrieb und Aufstellung eingehalten werden, um ein versehentliches Ansaugen von CO zu vermeiden. Sollte die Luft beim Gerätecheck nicht neutral, sondern ölig oder rauchig schmecken, darf dieses Tauchgerät nicht verwendet werden.

Erste Hilfe
Die einzig wirkungsvolle Behandlungsmethode ist Frischluftzufuhr, wobei durch eine Erhöhung des CO_2-Gehaltes eine vermehrte Atemtätigkeit und Abgabe von CO erreicht werden kann. Bei schwereren Unfällen ist eine sofortige Behandlung mit reinem Sauerstoff unter erhöhtem Umgebungsdruck in einer Druckkammer notwendig (bis zu 3 bar Sauerstoffpartialdruck).

Sauerstoff (O_2)

Der menschliche Organismus ist an das Atmen von Sauerstoff unter normalen atmosphärischen Bedingungen angepasst. Zu Schädigungen und Beeinträchtigungen kann es kommen, wenn entweder zu viel oder zu wenig Sauerstoff vorhanden ist. Eine Sauerstoffüberversorgung wird als Hyperoxie, eine Unterversorgung als Hypoxie bezeichnet.

Sauerstoffunterversorgung (Hypoxie)

Bei einer Sauerstoffunterversorgung kann der Betroffene unmerklich und ohne Vorwarnung bewusstlos werden. Geschieht dies unter Wasser, hat das ein Erschlaffen der Körpermuskulatur zu Folge, was wiederum zum Verlust des Atemreglers und Ertrinken führen kann.

Flachwasserblackout beim Schnorcheltauchen
Durch den erhöhten Umgebungsdruck in der Tiefe und den hierdurch erhöhten Sauerstoffpartialdruck in der Lunge wird mehr Sauerstoff vom Körper aufgenommen als unter normalen atmosphärischen Bedingungen. Beim Auftauchen fällt der Partialdruck des Sauerstoffs durch die Verringerung des Umgebungsdrucks unter einen kritischen Wert, das Gehirn reagiert kurz vor Erreichen der Wasseroberfläche auf eine drohende Sauerstoffunterversorgung mit plötzlicher Bewusstlosigkeit.

Erste Hilfe im Wasser
Tieftauchversuche mit Schnorchelausrüstung sollten nur unter Aufsicht eines gut trainierten Partners geschehen, der in der Lage ist, bei auftretender Bewusstlosigkeit den Verunfallten an die Wasseroberfläche zu bringen. Bei überstrecktem Kopf und Offenhalten der Atemwege setzt die Atmung bei Erreichen des kritischen CO_2-Wertes selbstständig ein.

Hypoxie beim Gerätetauchen
Eine Sauerstoffunterversorgung ist beim Tauchen mit herkömmlichem Tauchgerät (offenes System) nicht möglich, da immer mit mindestens 21 % Sauerstoffgehalt getaucht wird. Bei der Verwendung von Kreislauftauchgeräten kann bei falscher Handhabung jedoch eine Hypoxie auftreten.

Sauerstoffüberversorgung (Hyperoxie)

Lorraine-Smith-Effekt

Wird ein geringfügig erhöhter Sauerstoffpartialdruck ab 0,6 bar über einen sehr langen Zeitraum geatmet, kann es nach vielen Stunden, manchmal auch Wochen, zu Lungenschädigungen kommen. Das aggressive Gas Sauerstoff greift die hauchdünne Oberfläche der Alveolen an, diese verdicken sich und fallen teilweise zusammen. Flüssigkeit lagert sich in den Lungenbläschen ein.

Symptome
- Engegefühl in der Brust
- nicht zu beherrschender Hustenreiz
- Schmerzen im Brustkorb
- mögliche Atemnot

Paul-Bert-Effekt

Beim Atmen von Sauerstoffpartialdrücken von über 1,6 bar kann es schon nach kurzer Zeit zu Krampfanfällen kommen. Der hohe Sauerstoffpartialdruck löst offenbar eine Reihe von unkontrollierten Nervenimpulsen aus, die für die Kontrolle der Muskulatur verantwortlich sind. Unter Wasser führt der einem epileptischen Anfall ähnelnde Krampfanfall zum Verlust des Atemreglers und Ertrinken, falls nicht schnell Hilfe geleistet wird. Der Verunfallte muss mit überstreckten Atemwegen so schnell wie möglich, jedoch immer innerhalb der maximal zulässigen Aufstiegsgeschwindigkeit von 10 m/min, an die Wasseroberfläche gebracht werden.

Mögliche Anzeichen eines drohenden Krampfanfalles
- Zuckungen der Gesichtsmuskulatur
- Ohrgeräusche
- Sehstörungen (Röhrensehen)
- Schwindelgefühle
- Übelkeit

Um einem Verlust des Atemreglers vorzubeugen, werden von Berufstauchern Vollgesichtsmasken mit eingearbeiteten Atemreglern oder Taucherhelme verwendet.

Begünstigende Faktoren

Verschiedene Faktoren wie psychischer und physischer Stress, körperliche Arbeit und Kälte begünstigen das Auftreten einer Sauerstoffvergiftung.

Vermeidung

Der maximal zulässige Sauerstoffpartialdruck für sicheres Tauchen liegt bei 1,4 bar. Ab 1,6 bar muss jeder mit dem Auftreten einer Sauerstoffüberversorgung rechnen. Wie auch bei der Tauchtiefe ist jedoch immer von einer individuellen Belastbarkeit auszugehen.

Behandlung und erste Hilfe unter Wasser
- Während eines Krampfanfalles alles tun, um Verletzungen des Verunfallten zu verhindern, eventuell den Atemregler durch Festhalten sichern.
- Reduzieren des Sauerstoffpartialdrucks durch sofortiges Aufsteigen in geringere Tiefen und weiter zur Wasseroberfläche.
- Frischluftatmung.

Stickstoff (N₂)

Beim Tauchen wird über die Atmung unter erhöhtem Umgebungsdruck Stickstoff über die Lunge aufgenommen. Der erhöhte Partialdruck im eingeatmeten Luftgemisch steht einem niedrigen Stickstoffpartialdruck im Körper gegenüber. Stickstoff wird im Körpergewebe gelöst (Gesetz von Henry). Dieser Vorgang wird als Sättigung bezeichnet. Je höher der Druckunterschied zwischen dem Partialdruck von Stickstoff im Körpergewebe und in der eingeatmeten Luft ist, umso schneller und umso mehr Stickstoff wird in unserem Körper gelöst.

Inertgasnarkose oder Tiefenrausch

Auslösende Faktoren
Die narkotische Wirkung aller Inertgase steht im direkten Zusammenhang mit ihrer Fettlöslichkeit. Je besser diese Löslichkeit ist, umso höher ist der narkotische Effekt. Stickstoff dringt bei erhöhtem Partialdruck durch die erhöhte Bindungsfähigkeit an Fette in die fetthaltigen Gehirnstrukturen ein und beeinträchtigt die Übertragung von Reizimpulsen. Die Wirkung ähnelt eher der einer Droge wie LSD als der von Alkohol. Dabei spielen sowohl der Partialdruck des Stickstoffs als auch der Umgebungsdruck eine Rolle. Beim vom Tiefenrausch betroffenen Taucher nehmen die Symptome bei Reduzierung des Umgebungsdrucks zwar ab, dies geschieht jedoch langsam, da der auslösende Stickstoff erst aus dem Gewebe in das Blut und weiter in die Lunge transportiert werden muss. Im Normalfall muss jeder Taucher mit Atemluft ab 30 m Tiefe

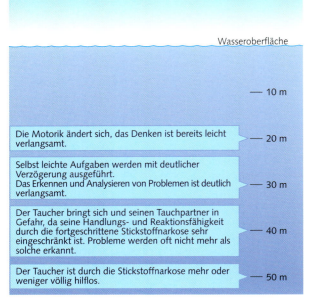

Das Auftreten von Symptomen einer Stickstoffnarkose kann abhängig von Person zu Person, Tiefe, Tagesform, Medikamenten und Restalkohol sehr stark variieren.

und einem Stickstoffpartialdruck von über 3,2 bar mit Symptomen rechnen. Die Wirkung der Inertgasvergiftung oder Stickstoffnarkose ist von Person zu Person und wiederum von Tag zu Tag sehr unterschiedlich.

Mögliche Symptome
- Verlangsamtes Denkvermögen
- Verzögerte Reaktion auf visuelle und akustische Reize sowie auf Geruchs- und Tastreize
- Konzentrationsschwierigkeiten
- Lückenhaftes Gedächtnis
- Tendenz, sich auf eine Idee zu fixieren
- Eingeschränkte Vorstellungs- und Assoziationsfähigkeit
- Irrationales Verhalten
- Euphorie
- Lethargie

Verstärkende Faktoren
Die Wirkungen summieren sich, sie wirken synergetisch.
- Schnelle Kompression beim Abtauchen führt dazu, dass die beginnende Narkotisierung nicht rechtzeitig bemerkt wird und der Taucher weiter in eine größere Tiefe abtaucht.
- Alkohol oder Restalkohol vom Vorabend kann schon in geringen Tiefen zur Stickstoffnarkose führen.
- Schlafmangel
- Erhöhter CO_2-Spiegel durch Anstrengung
- Kälte kann betäubend und schmerzstillend wirken und dämpft die Reizübertragung.
- Angst
- Drogen und Medikamente, die zu Beeinträchtigungen im Straßenverkehr oder beim Führen von schweren Maschinen führen können (z. B. manche Mittel gegen Seekrankheit)

Vermeidung
- Langsam Abtauchen, denn schnelle Kompression begünstigt die Inertgasnarkose.
- Kein Alkohol vor oder zwischen den Tauchgängen (empfohlene Abstinenz 24 Stunden, Restalkohol bedenken)
- Keine Drogen und Medikamente, die dämpfend oder narkotisierend wirken (z. B. bei Seekrankheit)
- Ruhige, entspannte, dem Ausbildungs- und Trainingszustand entsprechende Tauchgänge
- Kohlendioxydspiegel niedrig halten, Anstrengungen vermeiden
- Ausreichender Kälteschutz
- Vermeidung großer Tiefen
- Verwendung von Nitrox

Erste Hilfe
Sollte es bei einem Tauchgang zu den genannten Symptomen kommen, muss sofort in eine geringere Tiefe aufgetaucht werden. Je nach Tiefe und Dauer des Tauchgangs benötigt der Körper unter Umständen eine Weile, bis der Partialdruck von Stickstoff so weit abgebaut ist, dass die Symptome abklingen.

Dekompressionskrankheit (DCI)

Der Begriff DCI (engl. Decompression Illness) umfasst alle Symptome der Dekompressionskrankheit (engl. Decompression Sickness, DCS) und der Arteriellen Gasembolie, während die Bezeichnung DCS nur die Erscheinungen der Dekompressionskrankheit kennzeichnet.

Eine Blasenbildung im menschlichen Körper durch schnelle Druckreduzierung kann zu Krankheitssymptomen führen, die als Dekompressionskrankheit DCI bezeichnet werden.

Durch die auftretenden Blasen kommt es im Gewebe zum Verschluss von Blutgefäßen und einer Sauerstoffunterversorgung des dahinter liegenden Gewebes.

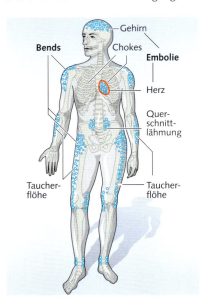

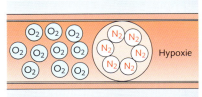

Sauerstoffunterversorgung

Blockade eines Gefäßes durch eine Stickstoffblase und mögliche Schädigungen im menschlichen Körper

Nach dem Verschluss des Blutgefäßes oder der Blutgefäße wirken verschiedene Mechanismen, die zu einer weiteren Verschlechterung der Sauerstoffversorgung führen. Die Blase selbst löst eine Fremdkörperreaktion aus. Der Sauerstoffmangel führt zu Flüssigkeitsaustritten in den Geweben und zu örtlichen Schwellungen, die wiederum eine Komprimierung der benachbarten Blutgefäße und eine weitere Verschlechterung der Sauerstoffversorgung bewirken. Da die Blasen meist im venösen System des Körpers auftreten, spricht man auch von einer venösen Gasembolie (VGE).

Dekompressionstheorie

Mit zunehmender Tiefe steigt der Stickstoffpartialdruck im Atemgemisch (siehe Gesetz von Dalton, Seite 13 f.). Das eingeatmete Gasgemisch steht unter Druck dem

Körpergewebe und den Körperflüssigkeiten in der Lunge gegenüber. Wird der Druck über einer Flüssigkeit erhöht, kommt es nach der physikalischen Gesetzmäßigkeit von Henry (Seite 16) zur Lösung von Gasmolekülen in der Flüssigkeit. Wird der Druck über der Flüssigkeit reduziert, treten Gasmoleküle aus der Flüssigkeit aus und es findet eine Entsättigung statt. Findet die Druckabnahme jedoch zu schnell statt, kommt es ähnlich wie beim Öffnen einer Flasche mit kohlensäurehaltiger Flüssigkeit zur Blasenbildung.

Stickstoffaufnahme (Sättigung)
Stickstoff tritt durch Diffusion vom Ort des höheren Partialdrucks während der Kompressions- und Isopressionsphase durch die Zellmembran der Alveolen in die Kapillaren ein und wird dort im Blut gelöst. Auf dem natürlichen Weg durch den Körper passiert das Blut mit erhöhtem Stickstoffpartialdruck Gewebe mit niedrigem Stickstoffpartialdruck. Stickstoff wird deshalb in das Gewebe aufgenommen. Diese Aufnahme ist unter anderem abhängig vom Umgebungsdruck und der Zeit, die der Taucher auf dieser Tiefe verbringt.

- Je höher der Umgebungsdruck beim Tauchgang ist, umso größer ist der Druckunterschied zwischen dem Partialdruck von Stickstoff im Atemgemisch und im Körpergewebe, umso mehr Stickstoff wird aufgenommen.
- Je länger der Taucher in der Tiefe verweilt, umso mehr Stickstoff kann vom Körpergewebe aufgenommen werden. Nach ca. 50 Stunden wäre ein Ausgleich erreicht und der Taucher komplett gesättigt.

Stickstoffabgabe (Entsättigung)
In der Dekompressionsphase, also beim Auftauchen, nimmt der Partialdruck des Stickstoffs in der Atemluft im Verhältnis zum Partialdruck des aufgenommenen Stickstoffes im Körpergewebe wieder ab. Stickstoff wird durch Diffusion von den Körpergeweben an das Blut und weiter zur Lunge transportiert, wo er über die Atmung abgegeben wird. Überschreitet man jedoch den zulässigen Grenzwert der Druckentlastung (den Druckgradienten), kommt es zur Blasenbildung im Gewebe. Maßgebend ist auch hier der Zeitfaktor. Damit es nicht zu einer Blasenbildung kommt, benötigt das Gewebe genügend Zeit, um den Stickstoff innerhalb der tolerablen Grenzen abzugeben.

Unterschiedliche Gewebe
Die Aufnahme und Abgabe von Stickstoff in den Geweben ist nicht nur von Tauchzeit und -tiefe sowie Druckgradient abhängig, sondern auch von der Art des Gewebes und dessen Durchblutung. Die beim Tauchen bewegte Muskulatur wird verstärkt mit Stickstoff gesättigt, während sich schwach durchblutete Körpergewebe wie Gelenke eher gering aufsättigen.
Eine Ausnahme bildet das Fettgewebe, das zwar schwach durchblutet ist, aber eine ca. 5fach höhere Stickstoff-Bindungsfähigkeit hat.

Risikofaktoren

Nach Auswertung der knapp 5000 gemeldeten DCI-Fälle zwischen 1987 und 1997 wurde festgestellt, dass die Chance, einen Dekompressionsunfall zu erleiden, statistisch gesehen bei ca. 0,4 % liegt.

Verletzungen und Tauchunfälle

Dehydrierung
Die Dehydrierung ist die Hauptursache für DCS, da Stickstoff nur dann in Lösung gehen und bleiben kann, wenn genug Flüssigkeit dafür vorhanden ist. Ist das nicht der Fall, kommt es zur Blasenbildung. Flüssigkeitsverlust beim Tauchen hat die folgenden Ursachen:
- Schwitzen im Tauchanzug vor dem Tauchgang, durch lange Wartezeit oder Anmarsch in der kompletten Ausrüstung.
- Zufuhr harntreibender Getränke wie Tee, Kaffee und Alkohol, die zur Ausscheidung von mehr Flüssigkeit führen, als aufgenommen wurde.
- Die extrem trockene Luft aus dem Tauchgerät wird in den Atemwegen mit Feuchtigkeit angereichert und abgeatmet. Durch die Atmung kann dem Körper während eines Tauchganges unter Umständen bis zu einem Liter Flüssigkeit entzogen werden.
- Klimaumstellung, da Menschen aus gemäßigten Klimazonen es nicht gewohnt sind, 5–6 l Wasser am Tag zu sich zu nehmen, um den Flüssigkeitshaushalt in tropischen Gebieten auszugleichen.
- Der Harndrang, verursacht durch Druck und Kälte, führt zur vermehrten Flüssigkeitsausscheidung.
- Durch Seekrankheit mit Erbrechen kommt es zu einem weiteren Flüssigkeitsverlust.
- Durchfallerkrankungen durch Nahrungsumstellung oder bakterielle Infektionen führen ebenfalls zu erhöhtem Flüssigkeitsverlust.

Weitere Faktoren können Medikamente sein, die die Viskosität des Blutes beeinflussen wie z. B. die Pille, vor allem wenn zusätzlich geraucht wird. In den Tagen vor der Menstruation kommt es außerdem zu erhöhter Flüssigkeitseinlagerung im Gewebe, was die Viskosität des Blutes weiter herabsetzt.

Vorbeugung
Vor und nach dem Tauchgang sollte auf ausreichende Flüssigkeitszufuhr von alkoholfreien, nicht harntreibenden Getränken, am besten Wasser, geachtet werden. Zuckerhaltige Getränke fördern die Aufnahme von Flüssigkeit im Gewebe. Die Getränke sollten jedoch schluckweise über den gesamten Tag verteilt ständig zu sich genommen werden. Trinken von großen Mengen Flüssigkeit direkt vor dem Tauchen erhöht nur den Harndrang, da die große Flüssigkeitsmenge nicht auf einmal vom Körper aufgenommen werden kann.

Tauchgänge über 30 m
Die Anzahl von DCS-Fällen ist in Gebieten, in denen tiefer als 30 m getaucht wird, unverhältnismäßig höher, als in Gebieten in denen die maximale Tiefe auf 30 m begrenzt wurde. Bedingt wird dies durch die erhöhte Stickstoffaufnahme in Tiefen jenseits von 30 m.

Mikrobläschen
Stickstoff ist während des Tauchgangs nicht nur im Gewebe gebunden, sondern zirkuliert als mikroskopisch kleine Bläschen (Mikrobläschen) frei in den Blutgefäßen. Diese Mikrobläschen gelten als potenzielles Risiko für das Auftreten einer DCI. Ein Sicherheitsstopp zwischen 6 und 3 m für mindestens 5 min reduziert die Menge der bei jedem Tauchgang entstehenden Mikrobläschen.
Nach neuesten Erkenntnissen (DAN) kann die Entstehung von Mikrobläschen noch zusätzlich drastisch reduziert werden, wenn der Taucher einen so genannten Tiefenstopp durchführt.

Dekompressionskrankheit

Dabei sollte der Taucher während des Aufstieges einen Stopp von 3 bis 5 min in der Hälfte der maximal erreichten Tauchtiefe einhalten.

Dekompressionstauchgänge

Tauchgänge, bei denen sich der Taucher so mit Stickstoff aufsättigt, dass beim Auftauchen vorgeschriebene Stopps in bestimmten Tiefen eingehalten werden müssen, werden als Dekompressionstauchgänge bezeichnet. Durch die massive Anreicherung von Stickstoff setzt sich der Taucher einem erhöhten DCS-Risiko aus.

Sporttaucher sollten Dekompressionstauchgänge vermeiden und nur Nullzeittauchgänge durchführen. Dies sind Tauchgänge, bei denen ohne einzuhaltende Stopps unter Beachtung der Aufstiegsgeschwindigkeit direkt zur Oberfläche aufgestiegen werden kann. Am Ende jedes Tauchganges sollte der Taucher einen Sicherheitsstopp von 5 min in 3–6 m Wassertiefe einlegen, um dem Körper zusätzlich Zeit für die Stickstoff-Abgabe zu geben.

Jojo-Tauchgänge

Tauchanfänger mit Tarierungsproblemen, leichtsinnige Taucher sowie Unterwasserfotografen und -filmer ohne Taucherfahrung, die auf der Jagd nach den begehrten Bilder oft mehrfach die Tiefe wechseln, setzen sich einem erhöhten Risiko aus. Dieses jojoartige Auf und Ab beinhaltet durch die ständige Komprimierung und Rekomprimierung, oft verbunden mit Überschreitungen der Aufstiegsgeschwindigkeit, ein erhöhtes Risiko für DCS.

Wiederholungstauchgänge

Bei mehreren Tauchgängen am Tag summiert sich die Menge des Stickstoffs im Gewebe. Werden mehr als zwei Tauchgänge pro Tage durchgeführt, findet eine annähernde Entsättigung nicht statt.

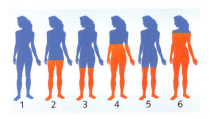

1 entsättigter Taucher vor dem ersten Tauchgang; **2** Reststickstoff nach dem ersten Tauchgang; **3** reduzierter Reststickstoff nach kurzer Oberflächenpause; **4** erhöhter Reststickstoff nach Wiederholungstauchgang; **5** reduzierter Reststickstoff nach längerer Oberflächenpause; **6** hoher Reststickstoff nach dem dritten Tauchgang

Kurze Oberfächenpausen

Je mehr Zeit dem Körper gegeben wird, den angesammelten Stickstoff vor dem nächsten Tauchgang abzugeben, umso geringer ist die Aufsättigung während des nachfolgenden Tauchganges.

Überschreitung der Aufstiegsgeschwindigkeit

Die beim Sporttauchen gültige Aufstiegsgeschwindigkeit von maximal 10 m pro min gibt dem Gewebe die nötige Zeit, durch langsame Anpassung an die veränderten Druckbedingungen Stickstoff ohne Blasenbildung abzugeben. Der maximale Wert für die Aufstiegsgeschwindigkeit ist keine Richtgeschwindigkeit, sondern ein absoluter Maximalwert, der niemals überschritten werden sollte. Untersuchungen zeigen, dass beim Aufstieg aus flacheren Tiefen noch langsamer aufgetaucht werden sollte (7 m pro min).

Erhöhte Atemfrequenz und Anstrengung
Alles, was den Taucher während des Tauchgangs schneller atmen lässt wie Anstrengung durch Arbeit, Strömung oder Angst führt zu einer Mehraufnahme an Stickstoff. Anstrengung vor dem Tauchen führt zu einer erhöhten Durchblutung, die wiederum zu einer erhöhten Stickstoffaufnahme im Gewebe führen kann. Durch Anstrengung nach dem Tauchgang wird vermehrt Stickstoff abgegeben, der sich jedoch durch das Überangebot und/oder Dehydrierung nicht in Lösung halten kann und zur Blasenbildung führt.

Wärme
Heißes Duschen oder ein Saunabesuch nach dem Tauchen hat den gleichen Effekt wie Anstrengung nach dem Tauchen. Es tritt vermehrt Stickstoff aus dem Gewebe aus und dadurch kann es zur Blasenbildung kommen.

Offenes Foramen Ovale
Besonders bei Belastungen durch Pressatmung, wie Heben von Gegenständen und/oder Druckausgleich nach der Valsalva-Methode, können beim Tauchen stickstoffreiches Blut und Mikrobläschen vom venösen in das arterielle Blutsystem übertreten und zur DCI führen.

Kälte
Um den Wärmeverlust beim Tauchen im kalten Wasser möglichst gering zu halten, reduziert der Körper die Blutzirkulation in den Extremitäten und in der Haut. Bereits gelöster Stickstoff kann unter Umständen nicht vollständig abtransportiert werden. Kälte führt zur vermehrten Urinproduktion und zum Harndrang, Flüssigkeitsverlust (Dehydrierung) ist die Folge.

Alkohol
Alkohol vor oder direkt nach dem Tauchgang bewirkt eine Weitstellung der Blutgefäße und eine Veränderung der Blutzirkulation. Alkohol vor dem Tauchgang wirkt harntreibend und fördert eine Dehydrierung. Taucher unter Alkoholeinfluss (auch Restalkohol) kühlen schneller aus, da durch die Weitstellung der Blutgefäße in der Haut und den äußeren Extremitäten mehr Wärme abgegeben wird.

Geschlecht
Durch den erhöhten relativen Anteil von Körperfett im Vergleich zur Muskelmasse sind untrainierte Frauen einem höheren Risiko eines Dekompressionsunfalles ausgesetzt als Männer, trainierte Frauen jedoch nicht.

Alter
Mit zunehmendem Alter wird die Muskelmasse proportional ab- und körpereigenes Fettgewebe aufgebaut. Der Fitnesszustand verschlechtert sich meist, eine erhöhte Atemfrequenz bei Anstrengung ist die Folge. Bei einer von DAN (Divers Alert Network) während einer Tauchkreuzfahrt durchgeführten Studie wurde festgestellt, dass die über 50-jährigen Taucher 30 % mehr Blasen im venösen System hatten als 30-Jährige.

Medikamente
Bei der Einnahme von harntreibenden Medikamenten kann es durch vermehrten Flüssigkeitsverlust zu einem höheren Dekompressionsrisiko kommen. Auch Antikonzeptiva führen zu einer vermehrten Gerinnungsneigung des Blutes, also geringerer Visko-

Dekompressionskrankheit

Freistehende Korallenstöcke auf Sandflächen bieten einer Vielzahl von Tieren Schutz vor Fressfeinden.

sität. Das Blut wird dicker, der Stickstoff wird nicht mehr so gut abtransportiert. Dies kann unter Umständen dazu führen, dass ein etwas größeres Risiko für einen Dekompressionsunfall besteht.

Fettgewebe
Fett bindet Stickstoff ca. 5-mal besser als andere Gewebe. Die Ummantelung der Nervenstränge des zentralen Nervensystems und das Gehirngewebe bestehen zu einem großen Teil aus fetthaltiger Substanz. Bei schweren Dekompressionsunfällen ist deshalb oft das zentrale Nervensystem betroffen. Übergewicht von 30 % oder ein BMI von 30 gilt als unkalkulierbarer Risikofaktor, da keine Tauchtabelle oder -computer die massive Aufsättigung berücksichtigen kann.

Verletzungen und Erkrankungen
Wird das Gleichgewicht im menschlichen Körper durch Erkrankungen oder Verletzungen gestört, so verläuft die Stickstoffsättigung und Entsättigung in den betroffenen Bereichen meist anders als im gesunden Gewebe. Nach Operationen und Erkrankungen sollte deshalb erst nach einer gewissen Zeit wieder getaucht werden. Die Art und Schwere der Verletzung bzw. Erkrankung ist ausschlaggebend für die Dauer der Tauchpause und kann ein paar Wochen, aber auch Monate betragen.

Informationen über die empfohlene Dauer können bei jedem Taucherarzt nach GTÜM-Richtlinien eingeholt werden. Ein Verzeichnis dieser speziell ausgebildeten Ärzte findet man auf der Website der GTÜM www.gtuem.org.

Fliegen nach dem Tauchen, Passfahrten in größerer Höhe
Der in einem modernen Verkehrsflugzeug herrschende Kabinendruck entspricht in etwa dem Umgebungsdruck auf 2500 m über Meereshöhe, 0,75 bar. Durch die Druckentlastung beim Fliegen oder beim Überqueren eines Bergpasses kommt es zur vermehrten Stickstoffentsättigung in den Geweben und eventuell Blasenansammlungen. Weiterhin können sich unauffällige stille Blasen so vergrößern, dass es zur Dekompressionskrankheit kommen kann.

Nach den letzten Forschungen sollten vor dem Fliegen folgende Tauchpausen eingehalten werden:
- nach einem einzelnen Nullzeittauchgang mindestens 18 Stunden,
- bei mehr als einem Nullzeittauchgang pro Tag 24 Stunden,
- bei wiederholten mehrfachen Nullzeittauchgängen über mehrere Tage oder einem dekompressionspflichtigen Tauchgang mindestens 36 Stunden oder länger.

Tauchen nach dem Fliegen
Bedingt durch den niedrigen Partialdruck wird Stickstoff aus den Geweben abgegeben. Je nach Dauer der Flugreise kann es zu einer Entsättigung der Langzeitgewebe kommen.

Der Stickstoffpartialdruck im Gewebe ist durch die stattfindende Entsättigung während der Flugreise niedriger als der Stickstoffpartialdruck am Ankunftsort. Wird getaucht, bevor sich der Partialdruck von N_2 im Gewebe normalisiert hat, kommt es zur vermehrten Stickstoffaufnahme mit gesteigertem DCS-Risiko.

Durch die extrem trockene Luft im Flugzeug besteht bei nicht ausreichender Flüssigkeitszufuhr durch alkoholfreie, nicht harntreibende Getränke die Gefahr der Dehydration (siehe Risikofaktoren DCS). Häufig wird der Körper zusätzlich durch Schlafmangel, Klima und Zeitverschiebungen strapaziert. Am Ankunftstag sollte deshalb auf das Tauchen verzichtet werden. Nach ausreichender Ruhepause und Flüssigkeitszufuhr kann der Tauchgang am nächsten Morgen umso mehr genossen werden.

Symptome der DCI

Die auftretenden Symptome von Dekompressionskrankheit **DCS** (decompression sickness) und Arterieller Gasembolie **AGE** werden gemeinsam als **DCI** (decompression illness) bezeichnet.

Typ 1 = ohne neurologische Symptome: Das einzige auftretende Symptom ist Schmerz, der durch lokale Gewebeschädigung entsteht.

Typ 2 = mit neurologischen Symptomen: Das zentrale Nervensystem ist betroffen und es kommt zum Ausfall von Sinnesorganen, Funktionsstörungen der Organe und Muskulatur sowie Lähmungen.

Die Auswertung von ca. 5000 Tauchunfällen zwischen 1987 und 1997 durch DAN zeigt, dass bei ca. zwei Drittel der Taucher neurologische Symptome auftraten.

Bei einem DCI-Fall treten oft mehrere Symptome auf, die sich im Laufe der Zeit verstärken. Es kann jedoch in einigen Fällen bei einem einzigen Symptom bleiben. Im normalen Sporttauchbereich treten die Symptome in den meisten Fällen innerhalb der ersten 12 Stunden nach dem Tauchen auf, speziell beim Fliegen nach dem Tauchen oder Aufsuchen von Höhenlagen können Symptome in Extremfällen bis zu 60 Stunden danach auftreten.

Achtung: Symptome, die bereits in der Dekompressionphase auftreten, deuten auf einen schweren Unfall hin.

Stille Blasen
Bei fast jedem Tauchgang werden im Körper so genannte »stille Blasen« gebildet, die zu keinerlei sofortigen Symptomen, jedoch zu Langzeitschäden führen können.

DCI-Symptome Typ 1

Extreme Müdigkeit und Schwäche
Extreme Müdigkeit und Schwäche nach dem Tauchen, hervorgerufen durch einen Überschuss des narkotisch wirkenden Stickstoffs in den Geweben, kann ein erstes Symptom für eine DCI sein.

Marmorierter Hautausschlag
Eine Blockade der peripheren Blutgefäße in der Haut durch ungelöste Stickstoffbläschen aufgrund ungenügender Dekompression zeigt sich in einem marmorierten Hautausschlag.

Taucherflöhe
Durch ungelöste Stickstoffblasen in der äußeren Hautschicht kommt es zu lokalem Juckreiz und Hautkribbeln, zum so genannten »Ameisenlaufen«. Optisch äußert sich dieses Krankheitsbild in lokalen roten Hautflecken, die wie Flohstiche aussehen können.

Schwellungen und Rötungen
Bei Blockaden der Lymphbahnen durch Stickstoffblasen kann es zu örtlichen Schwellungen und Rötungen der Haut kommen. In der Leiste oder im Bereich der Achselhöhle kann sich Lymphflüssigkeit aufstauen. Dabei muss es sich keineswegs um große Bereiche handeln.

Dehnungsschmerz
Durch die erhöhte Bindungsfähigkeit von Stickstoff an Fette kommt es bei fettleibigen Tauchern manchmal zu Dehnungsschmerzen in Bauch oder Hüfte. Ursache sind ungelöste Stickstoffblasen im Fettgewebe, die sich durch die Druckreduzierung ausdehnen. Platzen diese Fettzellen, können sie in den Blutkreislauf geschwemmt werden und lebensbedrohliche Embolien hervorrufen.

Muskel- und Gelenkschmerzen
Muskelgewebe wird durch die gute Durchblutung schnell aufgesättigt und entsättigt. Kommt es zu einer Blasenbildung im Muskelgewebe, können Funktionsstörungen auftreten, die bis zum völligen Ausfall der Muskelgruppe führen können. Dies ist meist von starken Schmerzen begleitet. Bei Blasenbildung in den langsam auf- und entsättigenden Gelenken treten rheumaartige Schmerzen auf. Vom Betroffenen wird meist eine unbewusste Schonhaltung des betroffenen Knie-, Sprung-, Schulter- und Ellbogengelenkes in abgewinkelter Haltung eingenommen. Diese Symptome werden nach dem aus dem Englischen kommenden Begriff Bends (beugen) bezeichnet. In mehr als zwei Drittel aller DCI-Fälle sind die beim Tauchen bewegten Muskeln und Gelenke der oberen Extremitäten betroffen.
Nach einer Statistik von DAN (Divers Alert Network) sind bei mehr als zwei Drittel aller DCI-Fälle die beim Tauchen bewegten Muskelgruppen der oberen Extremitäten sowie deren Gelenke betroffen.

DCI-Symptome Typ 2

Durch den relativ hohen Anteil von fetthaltiger Substanz im Rückenmark und Gehirn sowie der Eigenschaft des Stickstoffs, sich besonders gut an diese zu binden, kommt es häufig zu Beeinträchtigungen des zentralen Nervensystems und zu neurologischen Ausfällen.

Schwindel oder Drehschwindel (Vertigo)
Eine Blasenbildung innerhalb des mit Flüssigkeit gefüllten Bereiches des Innenohres in den Bogengängen des Gleichgewichtsorganes und der Gehörschnecke führt zu Verlust des Gleichgewichtssinnes, Ohrgeräuschen, Schwindel, Übelkeit und Erbrechen.

Empfindungsstörungen der Haut, Verlust von Tast- und Temperatursinn, Muskelschwäche und Lähmungserscheinungen
Ganze Nervenstränge können durch die Blockade des Stickstoffs oder der Luftbläschen im Gehirn und Rückenmark ausfallen. Kontrollverlust über Muskeln und Organe kann auftreten. Lähmungserscheinungen können sich, je nach Größe und Ort der Blockade, relativ harmlos als örtlich begrenztes Taubheitsgefühl bzw. Gefühllosigkeit in einem Finger manifestieren. Es kann jedoch auch zur Querschnittslähmung kommen. Schlaganfallähnliche, lebensbedrohliche Symptome wie Hör-, Seh- und Sprachstörungen sind bei Blasenbildung im Gehirn möglich (siehe Arterielle Gasembolie Seite 42 ff.).

Verlust der Blasen- und Mastdarmfunktion
Bei DCI-Fällen tritt häufig als Begleitsymptom ein Verlust der Blasen- und/oder Mastdarmfunktion auf. Der Verunfallte kann seinem Harn- bzw. Stuhldrang nicht nachgeben. Das Anlegen eines Katheders durch medizinisch ausgebildetes Personal ist in diesem Fall notwendig.

Hustenanfälle, Kurzatmigkeit und Atembeschwerden
Bei zu plötzlicher Druckentlastung durch grobe Missachtung der Dekompressionsregeln kann es zur vermehrten Blasenansammlung im Blutkreislauf kommen. Diese werden über das Herz zur Lunge transportiert und können im Herzen zum Verschluss der Herzkranzgefäße, zum Herzinfarkt bzw. zum völligen Erliegen des Kreislaufs führen. Die im Lungenkreislauf angesammelten Stickstoffblasen behindern den Gasaustausch, Atemnot mit Beklemmungsgefühlen und Hustenreiz sind die Folgen. Diese krampfartigen Gefühle in der Lunge werden als »Chokes« bezeichnet.
Achtung: Es muss jedoch immer auch die Möglichkeit eines Lungenbarotraumas in Betracht gezogen werden.

Behandlung einer DCI

Die Behandlung ist bei den sich ähnelnden Symptomen eines Dekompressionsunfalles und einer Arteriellen Gasembolie die Gleiche. Für den Ersthelfer ist es unerheblich, ob die Blockierung eines Gefäßes von einem Lungenüberdruckunfall oder einem Dekompressionsunfall hervorgerufen wurde.
Bei Verdacht auf einen Dekompressionsunfall oder eine Arterielle Gasembolie sollten folgende Maßnahmen zur ersten Hilfe ergriffen werden:
Bei milden Symptomen wie Hautjucken (Taucherflöhe), extremer Müdigkeit:
- Gabe von 100 % Sauerstoff
- Flüssigkeitszufuhr von 0,5 bis 1 l pro Stunde (alkohol-, koffein- und kohlensäurefrei)
- Verunfallten vor Unterkühlung schützen
- keinesfalls erneutes Abtauchen und nasse Rekompression
- Neurologischer Check durch ausgebildetes Personal

Treten keine weiteren Symptome auf, sollte ein Arzt verständigt und der Verunfallte 24 Stunden beobachtet werden.

Dekompressionskrankheit

Treten Symptome bereits in der Auftauchphase auf oder kommt es zu erweiterten Symptomen wie Schmerzen, Taubheitsgefühlen, Lähmungen, Atembeschwerden oder Seh-, Hör- und Sprachstörungen sowie Beeinträchtigungen des Tast- und Temperatursinnes, so sind folgende Maßnahmen zu ergreifen:

- Vitalfunktionen (Atmung/Kreislauf) überwachen
- keinesfalls erneutes Abtauchen und nasse Rekompression
- Verunfallten vor Unterkühlung schützen
- Flachlagerung auf dem Rücken, bei Bewusstlosigkeit stabile Seitenlage
- Gabe von 100 % Sauerstoff, bei Eigenatmung über Atemmaske, bei Ausfall der Atmung oder Atembeschwerden über Atembeutel, Flowrate des Sauerstoffs mindestens 15 bis 25 l pro min. Die Sauerstoffversorgung muss nach Möglichkeit bis zum Eintreffen in der Dekompressionskammer aufrechterhalten werden.
- Flüssigkeitsgabe bei klarem Bewusstsein oral 0,5 bis 1 l pro Stunde
- Rettungskette einleiten: Notrufnummer wählen und auf Tauchunfall hinweisen. Transport zu nächsten erreichbaren Dekompressionskammer veranlassen, bei Transport mit Rettungshubschrauber möglichst nicht höher als 300 m fliegen
- Sicherstellen von Tauchgerät und Tauchcomputer
- Festhalten von Daten und Fakten wie Unfallhergang, Namen und Adressen der Beteiligten und Zeugen

Die Versorgung mit reinem Sauerstoff

Durch das Atmen von reinem Sauerstoff kommt es wegen des völligen Fehlens von Stickstoff bei der Einatmung zu einem hohen Druckgefälle zwischen dem Atemgemisch in der Lunge (reiner Sauerstoff) und dem Stickstoffpartialdruck in den Geweben sowie im weiteren Verlauf zwischen Blutflüssigkeit und Stickstoffblasen. Durch die Sauerstoffatmung wird einer Ödembildung vorgebeugt.

Durch das Atmen von 100 % Sauerstoff wird die Stickstoffabgabe enorm beschleunigt. Die durch die Blockade der Blase entstandene Sauerstoffunterversorgung (Hypoxie) und Kohlendioxydüberversorgung (Hyperkapnie) wird gelindert.

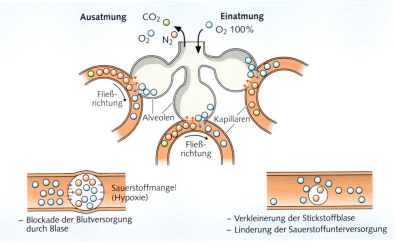

62 Verletzungen und Tauchunfälle

Stickstoff tritt bedingt durch das hohe Druckgefälle viel schneller aus den Geweben aus. Eine Beatmung mit reinem Sauerstoff führt in vielen Fällen zur schnellen Linderung der DCI-Symptome, die jedoch nach Absetzen des Sauerstoffs wieder auftreten. Der zugeführte Sauerstoff wird in der Blutflüssigkeit gelöst und zwar umso mehr, je höher die Sauerstoffkonzentration und der Umgebungsdruck ist, in dem diese Sauerstoffkonzentration geatmet wird.

Wichtig: Der Verunfallte muss beim geringsten Verdacht auf DCI so schnell wie möglich und mit der höchstmöglichen Sauerstoffkonzentration versorgt werden.

Das Ausmaß der verbleibenden Schäden ist davon abhängig, wie schnell der Betroffene Sauerstoff in höchstmöglichster Konzentration bekommt und wie schnell eine Druckkammerbehandlung möglich ist. Alle Taucher, die innerhalb der ersten 60 min mit Sauerstoff versorgt und in die Druckkammer transportiert wurden, hatten so gut wie nie Langzeitschäden.

Verabreichen von normobarem Sauerstoff

Normobar bedeutet unter normalen atmosphärischen Bedingungen. Die Hersteller und Vertreiber von Sauerstoffsystemen (z. B. DAN Diver Alert Network) bieten eine Vielzahl von Erste-Hilfe-Kursen für Taucher und Nichttaucher an, zu denen auch spezielle Kurse für den Gebrauch der von ihnen hergestellten und vertriebenen Sauerstoffsysteme gehören. Es gibt verschiedene Möglichkeiten, einen verunfallten Taucher mit Sauerstoff zu versorgen.

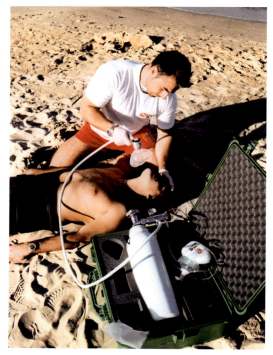

Sauerstoffversorgung eines verunfallten Tauchers

Dekompressionskrankheit 63

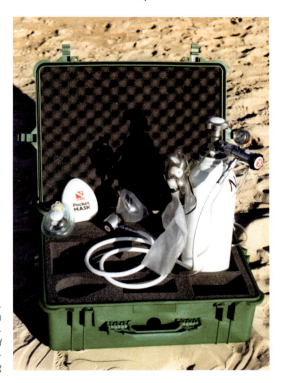

Moderner Sauerstoffnotfallkoffer (DAN Oxygen-Kit) mit Taschenmaske, bedarfsgesteuertem Atemregler und Atemmaske für frei abströmende Sauerstoffversorgung

- **Bedarfsgesteuertes System** mit Sparmechanismus (Demand-Ventil): Hier wird der verunfallte Taucher über einen speziellen Atemregler mit Sauerstoff versorgt. Wie beim normalen Atemregler öffnet sich bei Einatmung das Ventil über ein Hebel-Membran-System und Sauerstoff strömt nach. Es wird nur die Menge Sauerstoff abgegeben, die tatsächlich gebraucht wird. 96 % Sauerstoff in der Ausatemluft strömen ungenutzt ab. Das System ist nur geeignet, wenn der Verunfallte keine Probleme mit der Atmung hat. Es wird eine relativ große Menge an Sauerstoff benötigt.
- **Frei abströmendes System:** Dabei ist die Flussmenge des Sauerstoffs (Flow) entweder fest vorgegeben oder kann individuell eingestellt werden. Der Sauerstoff strömt kontinuierlich in eine Atemmaske. Diese Methode ist vor allem bei Verunfallten mit Atemproblemen und bei Bewusstlosen anzuwenden. Sie setzt jedoch einen größeren Vorrat an Sauerstoff voraus, da eine große Menge ungenutzt abströmt.

Moderne Sauerstoffsysteme, die z. B. DAN (Divers Alert Network) anbietet, können durch verschiedene Druckminderer sowohl als bedarfsgesteuerte als auch als frei abströmende Systeme eingesetzt werden.

Das Wenoll-System
Es handelt sich um ein geschlossenes Atemsystem, bei dem ähnlich wie beim Kreislauftauchgerät 100 % Sauerstoff eingeatmet werden. 4 % des eingeatmeten Sauerstoffes werden im Körper durch stille Verbrennung in CO_2 umgewandelt. Die Aus-

atemluft besteht jetzt aus 96 % Sauerstoff und 4 % Kohlendioxyd. Die mit 4 % Kohlendioxyd angereicherte Ausatemluft wird durch eine spezielle Filterpatrone geführt, die das CO_2 aufnimmt. Über eine spezielle Flushtaste am Druckminderer der Sauerstoffflasche kann das System bei Bedarf mit frischem O_2 durchgespült werden.

Vorteile: Durch Zuführung einer minimalen Menge frischen Sauerstoffs bleibt die Konzentration nahezu konstant bei 100 %. Durch Nutzung des gesamten Sauerstoffs reicht ein geringer Vorrat, um einen Verunfallten über längere Zeit mit 100 % Sauerstoff zu versorgen.

Nachteile: Da der aus dem Körpergewebe ausgespülte Stickstoff auch mit der Ausatemluft in das geschlossene System abgegeben wird und nicht entweichen kann, muss dieses Gerät regelmäßig über eine spezielle Flushtaste (Spültaste) mit reinem Sauerstoff durchgespült werden. Bei einer zu kleinen Sauerstoffflasche geht der Vorrat schnell zur Neige. Die Filterpatronen haben eine beschränkte Haltbarkeit und können nur einmal verwendet werden. Die Aufsättigung mit CO_2 wird durch eine Verfärbung angezeigt, die Färbung verschwindet jedoch anschließend langsam wieder. Ist die umschließende Kunststoffhülle beschädigt, kann die Patrone bei längerer Lagerung unbrauchbar werden, da sie sich bei Kontakt mit der Umgebungsluft langsam mit CO_2 sättigt. Eine nicht vakuumverpackte, offen gelagerte Patrone ist nicht mehr einsatzfähig. Das Kohlendioxyd in der Ausatemluft wird bei einer bereits gesättigten Patrone nicht mehr ausgefiltert. Es kommt daher zur Anreicherung von CO_2 im geschlossenen System und Anzeichen einer CO_2-Vergiftung.

Durch den relativ hohen Atemwiderstand ist das System nur geeignet für verunfallte Taucher, die bei Bewusstsein sind und keine Atemprobleme haben. Wird der Verunfallte mit der Filterpatrone auf dem Körper gelagert oder transportiert, kann die sich bei Gebrauch erhitzende Kalkpatrone unangenehme »Hitzewallungen« hervrorufen.

Ruhigstellung und Lagerung

Der Verunfallte sollte entsprechend seinem Zustand gelagert werden. Tritt eine Arterielle Gasembolie in Verbindung mit einem Lungenriss auf, wird eine Lagerung mit leicht erhöhtem Oberkörper als angenehmer empfunden als eine liegende.

Bei Bewusstlosigkeit ist die stabile Seitenlage anzuwenden. Ist der Taucher nach einem Dekompressionsunfall bei Bewusstsein, ist eine Flachlagerung sinnvoll. Unnötige Bewegung und Anstrengung sollten vermieden werden.

Flüssigkeitszufuhr

Durch schluckweise Zufuhr einer Flüssigkeitsmenge von 0,5 bis 1 l pro Stunde von Getränken, die weder Alkohol, Koffein noch Kohlensäure enthalten dürfen, wird die Viskosität des Blutes gesenkt und Stickstoff schneller und besser abtransportiert. Sollte der Verunfallte ohne Bewusstsein sein, erfolgt die Flüssigkeitszufuhr über eine Infusion mit Kochsalzlösung durch medizinisch geschultes Personal.

Bei drohender Bewusstlosigkeit keine Flüssigkeiten oral verabreichen, da die Gefahr des Erbrechens besteht und Flüssigkeit in die Lunge gelangen kann (Aspiration)!

Schmerzmittel

Die in vergangenen Jahrzehnten verbreitete Praxis, acetylsalicylsäurehaltige Medikamente (Aspirin) zur Blutverdünnung zu geben, ist lange überholt. Die Gabe von Schmerzmitteln führt manchmal zu einer scheinbaren Linderung, dadurch können Schmerzsymptome verschleiert und die Behandlung des Verunfallten unnötig erschwert werden.

Transport zur nächstgelegenen Druckkammer und HBO-Therapie
Bei jedem Auftreten von DCI-Symptomen, die über extreme Müdigkeit oder Hautjucken hinausgehen, muss sich der Verunfallte einer HBO-Therapie (Hyperbaric Oxygene) unterziehen.

Transport
Ist es notwendig, einen verunfallten Taucher mit DCI (Venöser oder Arterieller Gasembolie) über einen Bergpass oder mit einem Fluggerät (Hubschrauber, Rettungsflugzeug) zu transportieren, verstärken sich die Symptome durch den reduzierten Umgebungsdruck, da sich die Bläschen ausdehnen. Bei Rettungsflugzeugen kann der Kabinendruck individuell angepasst werden. Mit dem Hubschrauber sollte nicht höher als 300 m geflogen werden, außer der Verunfallte befindet sich in einer transportablen Druckkammer. Während des gesamten Transportes sollte der Verunfallte mit Sauerstoff in höchstmöglicher Konzentration versorgt werden.

Behandlung in der Druckkammer
In einer Druckkammer wird der Verunfallte rekomprimiert und durch medizinisches Personal betreut. Die für die Blockade verantwortlichen Gasblasen im Blut und Gewebe werden durch Erhöhung des Umgebungsdruckes verkleinert. Die gleichzeitige Atmung von Sauerstoff unter erhöhtem Druck bewirkt eine schnellere Auswaschung des Stickstoffs aus den Körpergeweben, als dies unter normalen atmosphärischem Druck möglich wäre.
Gleichzeitig diffundiert Sauerstoff durch den erhöhten Druck in die Gewebe und kann so blockiertes, mit Sauerstoff unterversorgtes Gewebe erreichen und versorgen, um Gewebeschädigungen vorzubeugen.
Je nach Schwere und Art der DCI kann sich eine notwendige Behandlung über einige Stunden, aber auch über Wochen und Monate hinziehen und sehr viel Geld kosten.
Große Druckkammern, die oft vom Militär verwendet werden, haben eine Anschlussmöglichkeit für transportable Kammern, so kann der Verunfallte ohne Druckreduzierung in die große Kammer übernommen werden. Moderne Druckkammern verfügen außerdem über eine Schleuse, über die medizinisches Personal während der Behandlung Medikamente verabreichen kann.
Einmannkammern bieten meist keine Möglichkeit den Verunfallten mit Sauerstoff zu versorgen und Hilfe bei Komplikationen zu leisten.

Nasse Rekompression
Das wiederholte Abtauchen bei Auftreten eines Dekompressionsunfalls wird als nasse Rekompression bezeichnet. Abhängig von der Schwere der DCS und der Größe der entstandenen Blase wird der Taucher unter Pressluftatmung in große Tiefen gebracht (bis 50 m), um die Blase durch den Außendruck so zu minimieren, dass die Symptome nachlassen. Dieser Tauchgang birgt jedoch enorme Gefahren für den verunfallten Taucher und den oder die Retter, zum Beispiel eine fortschreitende Unterkühlung, die zusätzliche Stickstoffaufnahme sowie physischen und psychischen Stress. Die Nasse Rekompression ist deshalb sehr umstritten und gilt als überholtes Relikt. Sie darf nicht als Erste-Hilfe-Maßnahme eingesetzt werden.
Kommt es zum Ausfall von Vitalfunktionen wie Atmung und Kreislauf, so ist dies das Todesurteil für den Verunfallten, da weder er noch die Retter schnell auftauchen und reagieren können ohne sich selbst in Lebensgefahr zu begeben.

Temperaturschäden

Der Mensch hat im Normalfall eine Kerntemperatur von ca. 37 Grad Celsius, in den äußeren Körperregionen kann sie jedoch deutlich darunter oder darüber liegen. Die lebenswichtigen zentralen Bereiche werden jedoch nahezu konstant bei 37 Grad gehalten. Wärme entsteht hauptsächlich durch Stoffwechselvorgänge und Muskelbewegung. Wie bei allen gleichwarmen Lebewesen reguliert unser Gehirn den Wärmehaushalt des Körpers. Wenn die Kerntemperatur zu stark absinkt, erleiden wir eine Unterkühlung, steigt sie zu sehr an, kann das zu Überhitzung führen.

Unterkühlung (Hypothermie)

Dem Schnorchler oder Taucher wird im Wasser 75 % mehr Wärme entzogen als bei gleicher Temperatur außerhalb des Wassers.
Folgende Gründe führen zu Wärmeverlust:
- Ein schlecht sitzender Kälteschutzanzug führt dazu, dass vom Körper angewärmtes Wasser schnell aus dem Anzug nach oben steigen und durch kaltes Wasser ersetzt werden kann.
- Bei Verzicht auf eine Kopfhaube werden 40 % der Körperwärme über den Kopf abgegeben.
- Die vom Atemregler im offenen System kommende entspannte Luft ist stark abgekühlt und wird über die Atemwege angewärmt, bevor sie die Lunge erreicht. Dadurch werden dem Körper ca. 10 % Wärme entzogen.

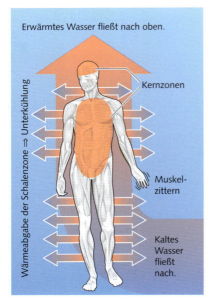

Unterkühlung durch vermehrte Wärmeabgabe der Kern- und Schalenzone

- Taucherdiurese: Der durch Druck und Kälte ausgelöste vermehrte Harndrang führt ebenfalls zu Temperaturverlust.
- Verstärkte Bewegung hat eine vermehrte Durchblutung der Gewebe und eine erhöhte Wärmeabgabe zur Folge.

Eine Absenkung der Körpertemperatur bedeutet immer eine massive Belastung für den Taucher. Man sollte sich daher als Schnorchler und Taucher nicht ohne ausreichenden Kälteschutz im Wasser aufhalten. Es gibt vier Phasen der Unterkühlung.

Phase 1: Erregung

Bei einer Kerntemperatur von 34 bis 36 Grad Celsius reagiert der Körper auf die zunehmende Unterkühlung mit physischen Reaktionen, die als Ziel eine gesteigerte Wärmeproduktion haben.

Symptome:
- beschleunigte Atmung
- beschleunigter Puls
- Kälteschauer, unwillkürliches Muskelzittern, um durch Muskelarbeit Wärme zu produzieren
- blasse Haut durch eng gestellte Blutgefäße, um einen weiteren Wärmeverlust zu verhindern
- leichte Schmerzen in den äußeren Extremitäten wie Fingern und Zehen

Spätestens jetzt sollte jeder Taucher seinen Tauchgang beenden und das Wasser verlassen. Bewegt sich der Taucher verstärkt, um durch willkürliche Muskelarbeit Wärme zu erzeugen, wird vermehrt Blut in die Muskulatur und die Extremitäten geleitet. Die Stickstoffsättigung steigt, es wird mehr Wärme abgegeben.

Phase 2: Erregungsabnahme

Die Kerntemperatur sinkt bis auf 34 bis 30 Grad Celsius. Der vorhandene »Brennstoff« ist verbraucht, es kann keine Wärme mehr produziert werden, die Körpertemperatur fällt weiter ab.

Symptome:
- Pulsverlangsamung
- Atmung verlangsamt
- Teilnahmslosigkeit, Bewusstseinstrübung
- Muskelstarre

Bei dem weiteren Abfallen der Kerntemperatur kommt es zu Gefäßkrämpfen. Der Körperkern soll durch krampfartiges Verschließen der in die Arme und Beine führenden Blutgefäße vor weiterer Unterkühlung geschützt werden.

Wird ein stark unterkühlter Taucher durch Massieren der unterkühlten Gliedmaßen oder durch die Bergung stark bewegt, bekommt er Alkohol oder wird er in eine heiße Wanne gelegt, löst sich der durch die Unterkühlung verursachte Gefäßkrampf. Es kommt zum plötzlichen Anfluten von kaltem Blut aus den Extremitäten in den bis dahin geschützten zentralen Bereich von Herz, Lunge und Gehirn. Durch Rhythmus-Störungen kann der plötzliche Herzstillstand eintreten. Man spricht von Bergetod.

Phase 3: Lähmung

Sinkt die Kerntemperatur in einen Bereich zwischen 30 und 27 Grad Celsius, kommt es zu extremer Bewusstseinstrübung mit Bewusstlosigkeit, Puls und Atmung werden nochmals verlangsamt und können kaum noch wahrgenommen werden. Es besteht die Gefahr von Herzkammerflimmern.

Phase 4: Scheintod und Tod
Bei einer niedrigeren Kerntemperatur als 27 Grad Celsius ist meist kein tastbarer Puls und keine sichtbare Atembewegung mehr vorhanden.

Vorbeugung
- Verwendung eines passenden, den Tauchbedingungen angepassten Kälteschutzanzuges.
- Verwendung einer Kopfhaube, da über den Kopf ca. 40 % Körperwärme abgegeben werden.
- Eine kohlenhydratreiche Nahrung, die mindestens zwei Stunden vor dem Tauchgang eingenommen wird, füllt die Brennstoffdepots auf.
- Vermeidung von Alkohol, da dieser die Gefäße weitet und für vermehrte Wärmeabgabe sorgt.
- Rechtzeitige Beendigung des Tauchgangs beim ersten Frösteln.

Behandlung
- Nasse Kleidung sofort gegen trockene ersetzen.
- Einnahme von heißen, mit Honig oder Zucker versetzten Getränken, die jedoch wegen der gefäßerweiternden Wirkung auf keinen Fall Alkohol oder Koffein enthalten dürfen!
- Aktive Wiedererwärmung nach schweren Unterkühlungen durch ein Bad in warmem Wasser. Diese darf aber nur von medizinisch ausgebildetem Personal durchgeführt werden, da die zuvor beschriebene Gefahr des Bergetodes besteht.
- Herz-Lungen-Wiederbelebung: Kommt es zum Ausfall der Vitalfunktionen, ist die Chance, einen unterkühlten Taucher wieder zu beleben, sehr groß, auch wenn schon einige Zeit verstrichen ist.

Überhitzung (Hyperthermie)

Entstehung und Ursachen
Der Körper reagiert mit Schweißproduktion auf eine Erhöhung der Körpertemperatur, um sie durch die Verdunstungskälte wieder zu senken. Durch den Tauchanzug kann jedoch kein Schweiß verdunsten. Die entstehende übermäßige Erwärmung des Körpers kann zu Hitzeerschöpfung und Hitzschlag führen.

Hitzeerschöpfung
Symptome:
- hochrotes Gesicht
- feuchte schwitzige Haut
- Kopfschmerzen
- Übelkeit und Erbrechen
- starkes Durstgefühl
- Schwindel
- Sehstörungen
- Krämpfe

Wird der Betroffene blass, ist dies ein Anzeichen für einen drohenden Kreislaufzusammenbruch.

Hitzschlag
Steigt die Körpertemperatur auf über 41 Grad an, droht ein Hitzschlag.

Symptome:
- heiße trockene Haut
- schneller starker Puls, der bei Kreislaufkollaps abfällt
- blasse Hautfarbe
- Bewusstseinsstörungen
- plötzlich auftretende Bewustlosigkeit
- Hitzekrämpfe durch hohen Salzverlust
- Koma und Tod

Erste Hilfe
Der Betroffene muss so rasch wie möglich an einem gut belüfteten schattigen Ort abgekühlt werden.
- Entfernen des Tauchanzuges
- Besprenkeln mit Wasser
- Eventuell feuchte kühle Umschläge, die ständig erneuert werden müssen
- Eintauchen der Waden oder Unterarme in kaltes Wasser
- abhängig vom Bewusstseinszustand Lagerung in stabiler Seitenlage
- bei Hitzschlag in einem fortgeschrittenen Stadium und drohender Bewusstlosigkeit keine Getränke oder Nahrungsmittel geben, Erstickungsgefahr
- medizinische Hilfe anfordern
- bei Hitzekrämpfen Gabe von Salzwasser, im absoluten Notfall auch Meerwasser

Vorbeugung und Vermeidung
- Beim Anlegen der Tauchausrüstung sich dem Tempo des Partners anpassen, um unnötige Wartezeiten zu vermeiden.
- Den Tauchanzug nicht lange vor oder nach dem Tauchgang tragen oder ihn ausgiebig befeuchten und sich im Schatten aufhalten.
- Gewaltmärsche in voller Ausrüstung sollten vermieden werden, ebenso lange Wartezeiten auf den Rest der Gruppe auf Tauchbooten oder am Strand.

Karotis-Sinus-Syndrom

Bei übermäßigem Druck auf die Druckrezeptoren während körperlicher Anstrengung oder durch zu eng sitzende Halsmanschetten bzw. Kopfhauben des Tauchanzuges kann es zu einer Verlangsamung des Herzschlages kommen. Um den erhöhten Sauerstoffbedarf des Körpers zu decken, muss das Herz aber kräftiger schlagen. Durch den Druck auf die Gefäße wird zu wenig Blut durch das Herz in den Kreislauf transportiert, der dadurch entstehende Sauerstoffmangel im Gehirn kann zu einer Bewusstlosigkeit führen.

Quetschungen und Prellungen

Besonders beim Bootstauchen kommt es immer wieder zu Verletzungen wie Quetschungen der Finger an beweglichen Bootsleitern oder Prellungen, weil der Taucher durch starken Wellengang an Leiter oder Boot prallt.

Verliert ein Taucher beim Ausstieg auf der Leiter das Gleichgewicht und rutscht ab, fällt er einem direkt nachfolgenden Kameraden auf den Kopf. Das kann vermieden werden, indem der Taucher Abstand von der Leiter hält, bis der andere Taucher sicher im Boot und der Ausstieg frei ist. Auf Tauchbooten sollte man sich zu jeder Zeit festhalten oder hinsetzen, um nicht das Gleichgewicht zu verlieren.

Ein »Über-Kopf-anziehen« des Tauchgeräts auf schaukelnden Booten ist nicht nur ausgesprochen gefährlich für alle Mittaucher, sondern belastet auch die Wirbelsäule unnötig. Das Briefing vor dem Tauchen sollte deshalb genaue Hinweise über das Verhalten auf dem Boot, während der Fahrt, beim Ein- und Ausstieg sowie am Tauchplatz enthalten.

Erste Hilfe
- Erstversorgung der Wunde, Desinfektion und Abdeckung mit sterilem Verbandsmaterial bzw. Kompressen
- Bei schweren Verletzungen sofort medizinische Hilfe anfordern
- Vitalfunktionen überwachen, bei Verlust mit der Herz-Lungen-Wiederbelebung beginnen

Verletzungen durch Fauna und Flora im Wasser

Diese Verletzungen sind sehr selten und geschehen in den meisten Fällen durch Fehlverhalten oder Unachtsamkeit des Tauchers und nicht durch aggressives Verhalten der Tiere. Ausnahmen sind angefütterte Tiere, die durch den ständigen Kontakt mit den Menschen und der Assoziation Taucher = Futter ihre natürliche Verhaltensweisen und die Scheu gegenüber dem Menschen abgelegt haben.

Vermeidung von Verletzungen
- Kein beabsichtigtes oder unbeabsichtigtes Einbringen von Futter
- Neutrale Tarierung mit ausreichendem Abstand zu Pflanzen oder Korallen
- Nicht versuchen, schlafende oder ruhende Fische anzufassen
- Keine Muscheln, Schnecken oder Korallen berühren
- Fische nicht blenden und Fluchtwege des Tieres offen halten
- Bei auffälligem Verhalten eines Fisches vorsichtiger Rückzug am Riff
- Nicht in Spalten und Höhlen greifen
- Brutplätze meiden

Handschuhe

Das Tragen von Handschuhen ist in vielen Fällen schuld an Verletzungen. Taucher mit Handschuhen greifen, in der irrigen Annahme, dass sie geschützt sind, öfter Dinge an, ohne sie vorher genau anzusehen. Handschuhe schützen vor kleineren Verletzungen und Vernesselungen, jedoch nicht vor den wirklich gefährlichen Giftfisch- und Bissverletzungen. Die Stacheln von Skorpionsfischen, Steinfischen, Stachelrochen etc. sind wesentlich länger als die dicksten erhältlichen Handschuhe und können diese leicht durchdringen. Durch die widerhakenähnliche oder nach hinten gerichtete Struktur an manchen Stacheln oder bei Raubfischzähnen (Muräne) kommt es außerdem zum Verhaken im Handschuh. Beim Versuch sich zu lösen, wird die Verletzung meist vergrößert. Die Gifteinwirkung kann stärker ausfallen, da der Stachel durch das Verhaken im Handschuh länger in der Wunde verbleibt.

Süßwasser

Die im heimischen Süßwasser vorkommenden Fische sind in der Regel sehr scheu. Unter bestimmten Umständen (Laich- und Brutzeit) kann der Taucher trotzdem verletzt werden.

Geblendete Fische bei Nachttauchgängen

Übermäßige Blendung von Fischen kann zu panikartigen Fluchtreaktionen führen, bei denen Taucher gerammt werden können und sich sowohl der aus dem Schlaf aufgeschreckte Fisch als auch der Taucher verletzt.

Verteidigung der Brutplätze

Der in allen europäischen Gewässern vorkommende Wels erreicht eine stolze Länge von bis zu 3 m bei einem Gewicht von 150 kg. In der warmen Jahreszeit (Mai/Juni) verteidig er vehement sein Brutgelege gegen alle Eindringlinge. Zander verteidigen ebenfalls ihre Nester, die sich bevorzugt an Wurzelgestrüpp oder Ähnlichem befinden.

Tropische Süßwasserfische und andere Gefahren

Nicht nur im Meer lauern auf den unachtsamen Taucher und Schnorchler Gefahren. Auch in tropischem Süßwasser gibt es Tiere, die sich bei Berührung mit Stacheln, Zähnen oder Elektroschocks verteidigen können. Der Taucher oder Schnorchler sollte sich vor Ort über mögliche Gefahren informieren.

Salzwasser

Korallen

Die mit Abstand am häufigsten vorkommende Verletzung in den tropischen Meeren sind Schnitt- und Schürfwunden an Korallen aus Unachtsamkeit oder wegen schlechter Tarierung.

Folge: Durch Tausende von Mikroorganismen, die bei einem Kratzer oder Schnitt in die Haut eindringen, kann es zu schweren Infektionen kommen.

Doktorfische
Doktorfische können tiefe Schnittverletzungen verursachen, die Neopren und Haut bis auf den Knochen durchdringen. Ursache sind skalpellscharfe Knochenplatten, die zur Verteidigung und beim Kampf um Futter eingesetzt werden.

Kaninchenfische
Beim Füttern von Fischen in Körpernähe oder Berühren eines Kaninchenfisches kann es zu Kontakt mit den Giftstachel kommen. Folgen sind nicht lebensbedrohliche, aber schmerzhafte Schwellungen an den betroffenen Stellen.

Drückerfische
Sie können Bissverletzungen, Prellungen und Platzwunden verursachen. Drückerfische greifen alles und jeden an, was sich dem Gelege oder beanspruchten Revier nähert. Dabei wird der Taucher gerammt und gebissen, bis er aus dem Gebiet vertrieben wurde. Das erste Alarmzeichen für einen bevorstehenden Angriff ist meist ein hektisches Schwimmen mit aufgestelltem Rückenstachel.

Haie
Wenn ein Hai einen Taucher rammt, sind Prellungen und Abschürfungen möglich. Dies kann vorkommen durch:
- in Höhlen schlafende Haie, deren Fluchtweg durch den Taucher versperrt ist oder Haie, die angefasst werden.
- Haie, die bei Nachttauchgängen geblendet werden.
- Riffhaie, die ihr Territorium verteidigen. Dies kündigt sich meist durch sehr unruhiges Schwimmen und ein so genanntes »Buckeln« des Hais an.

Stark blutende Bissverletzungen entstehen, wenn:
- angefütterte Haie beim Kampf um das angebotene Futter daneben beißen und dabei Taucher rammen oder streifen.
- Große Hochseehaie den Taucher als potenzielle Beute sehen.

Vermeidung: Kein Futter mit ins Wasser nehmen, keine Fische harpunieren. Bei unruhigem Verhalten des Hais vorsichtiger Rückzug am Riff entlang zur Oberfläche.

Graue Riffhaie können durch Fütterungen ihre angeborene Scheu verlieren und im Fressrausch versehentlich Taucher rammen oder beißen.

Verletzungen durch Fauna und Flora

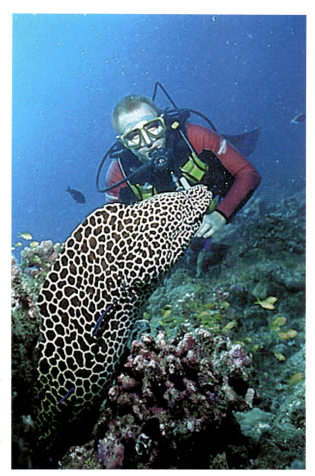

Das scheinbar aggressive Öffnen und Schließen des Maules bei Muränen entsteht mangels Kiemendeckeln nur durch die Atembewegungen.

Barrakudas
Barrakudas können mit ihren spitzen Zähnen stark blutende Bissverletzungen mit ausgefransten Wundrändern verursachen. Diese Bissverletzungen treten auf, wenn angefütterte Tiere im Fressrausch zubeißen oder durch große Einzelgänger, die aufgrund der hohen Nahrungskonkurrenz durch Raubfische ihr Jagdverhalten ändern und auf alles reagieren, was blinkt und zappelt. Große Einzelgänger verteidigen durch Bissattacken ihr Revier.

Muränen
Angefütterte Muränen verursachen Bissverletzungen, wenn sie im Fressrausch Körperteile für Futter halten oder ein Taucher unvorsichtigerweise seine Hand in ihre Behausung steckt.

Durch die richtige Tarierung vermeidet der Taucher Kontakt mit stachelbewehrten Meeresbewohnern.

Seeigel
Durch unachtsamen Kontakt zum Riff und zu seinen Bewohnern können Stacheln in die Haut eindringen, wobei Tauchanzüge und Füßlinge den meisten Arten keinen Widerstand bieten. Die Folgen sind brennende Schmerzen an der Eintrittswunde, bei giftigen Arten, z. B. dem Giftzangen-Seeigel, mögliche Lähmungen der Gliedmaßen sowie der Gesichts- und Sprechmuskulatur.

Spezielle Behandlung: Wird der betroffene Körperteil möglichst schnell in Essig gebadet oder werden Essigkompressen aufgelegt, lösen sich die aus Kalk bestehenden Stacheln dadurch auf. Wenn kein Essig zur Hand ist, kann man versuchen, die Stacheln mit Splitterpinzette und Nadel einzeln zu entfernen. Danach die Fläche desinfizieren.

Erste Hilfe und Behandlung: Bei Biss- und Schnittverletzungen ist die Wunde je nach Schwere der Verletzung zu versorgen. Generell sollte die Wunde desinfiziert und mit sterilem Verbandmaterial bedeckt werden. Bei großen Verletzungen kann es zu lebensbedrohlichen Zuständen durch Blutverlust und Schock kommen, das Anbringen eines Druckverbandes oder sogar ein Abbinden des betroffenen Körperteiles kann erforderlich sein. Medizinische Hilfe muss sofort verständigt und die Vitalfunktionen überwacht werden. Bei Ausfall der Vitalfunktionen muss sofort mit Wiederbelebungsmaßnahmen begonnen werden.

Giftbedingte Verletzungen
Die meisten Verletzungen werden durch Unachtsamkeit des Tauchers oder Schnorchlers verursacht, der Dinge anfasst, die er nicht als potenzielle Gefahrenquelle erkennt.

Vermeidung: Um Verletzungen zu vermeiden, sollte man beim Tauchen aufpassen, wo man hingreift und am besten gar nichts anfassen. Wenn man vom Ufer aus ins Wasser geht, so sollte man sich einen langsamen, schlurfenden Gang angewöhnen. Auf diese Weise schiebt man eventuell im Sand liegende Giftfische auf die Seite und tritt nicht von oben in einen der Giftstachel.

Verletzungen durch Fauna und Flora 75

Konus- oder Kegelschnecke
Kegelschnecken besitzen einen langen Rüssel mit einem giftführenden Harpunenzahn, der so genannten Radula. Diesen können sie bei Bedarf blitzschnell aus der schmalen Öffnung schießen lassen, um sich zu verteidigen oder ihre Opfer, meist Fische oder Mollusken, zu betäuben und anschließend zu verspeisen. Das Gift kann, je nach Dosis und Schneckenart, zu Bewusstlosigkeit mit Atemstillstand führen.

Blauring-Oktopus
In die Enge getriebene oder angefasste Kraken zeigen in der Erregungsphase blaue Ringe auf der Haut. Bei Bissen durch den Papageischnabel wird ein hochwirksames Gift injiziert, das zu lebensgefährlichen Vergiftungen führen kann. Dieses Gift verursacht Schwächegefühle, Schwindel und Prickeln auf Zunge und Lippen sowie Taubheitsgefühle, die bis zur Muskel- und Atemlähmung führen können.

Borstenwürmer
Die Würmer haben auffallende Borstenbündel, die nadelspitz und sehr zerbrechlich sind. Bei Kontakt mit der menschlichen Haut entstehen Rötungen und örtliche Schwellungen.

Dornenkrone
Der teilweise massenhaft auftretende große Seestern (bis zu 60 cm Durchmesser) ist an der Oberseite mit zahlreichen giftigen Stacheln überzogen, die leicht Hand- und Badeschuhe durchdringen können. Verletzungen sind äußerst schmerzhaft und können bei eingedrungenen Stachelresten zu Fremdkörperreaktionen führen. Je nach Menge des injizierten Giftes treten Kreislaufbeschwerden, Übelkeit und Erbrechen auf. Die Wunden heilen sehr schlecht.

Unterschätzte Schönheit: Das Gift mancher Konusschnecken kann in 2 Minuten zur Atemlähmung führen.

Stachelrochen

Verletzungen durch Stachelrochen entstehen, wenn man in flachen sandigen Lagunen auf sie tritt oder sie in die Enge treibt. Der flexible Körper erlaubt ein blitzschnelles »Über-Kopf-Zuschlagen« mit dem giftführenden Schwanzstachel. Die Wunden sind meist schmerzhaft, sehr tief und ausgefranst. Durch den injizierten Giftcocktail heilen sie schlecht, so dass die Wundränder häufig operativ nachbehandelt werden müssen. Das muskulöse Maul kann Quetschungen der Haut verursachen.

Petermännchen

Petermännchen können Stichverletzungen durch die an Kiemendeckeln und Rückenflosse platzierten Giftstacheln zufügen, wenn man im Flachwasser versehentlich auf sie tritt. Die Folgen sind schnelles Anschwellen der betroffenen Region und sofort auftretende starke Schmerzen. Die Verletzungen sind nicht lebensgefährlich, es kann jedoch zu Kreislaufproblemen, Schweißausbrüchen und erhöhter Körpertemperatur kommen. Bei Stichen in Fingern oder Zehen treten noch nach Monaten Schmerzen auf, besonders wenn die Finger oder Zehen kalt sind.

Skorpions- und Steinfische

Alle skorpionsfischartigen Fische, dazu gehören Rotfeuerfische, Drachenköpfe und Steinfische, haben mehrere giftführende Flossenstrahlen, über die bei unbeabsichtigter Berührung ein Giftcocktail in die Wunde injiziert wird. Die Verletzungen sind äußerst schmerzhaft und können je nach Art auch lebensgefährlich werden.

Der Verteidigungsmechanismus von Skorpionsfischen besteht im Aufrichten der giftführenden Stacheln, die Handschuhe leicht durchdringen können.

Verletzungen durch Fauna und Flora

Seeschlangen

Diese hochgiftigen Tiere sind in keiner Weise aggressiv. Die meisten Arten können ihr Maul nicht weit genug öffnen, um einem Menschen zu beißen, es sei denn, sie erwischen dabei eine Hautfalte. Sollte es trotzdem zu einer Bissverletzung kommen, ist der betroffene Körperteil ruhig zu stellen, schnellstmöglich ist medizinische Hilfe anzufordern. Bei Ausfall der Vitalfunktionen muss eine Herz-Lungen-Wiederbelebung durchgeführt werden.

Behandlung: Injiziert wird meist ein Giftcocktail aus Eiweißen, die bei Temperaturen von über 40 Grad Celsius zerstört werden und ihre Wirkung verlieren. In manchen Gebieten ist ein spezielles Antiserum bei Steinfischverletzungen erhältlich. Bei Verletzungen durch Giftfische sollte sich der Ersthelfer darauf konzentrieren, den Verunfallten so schnell wie möglich aus dem Wasser zu holen, ärztliche Hilfe zu verständigen und die Vitalfunktionen (Atmung, Kreislauf) zu überwachen, gegebenenfalls Maßnahmen zur Wiederbelebung zu ergreifen. Eventuell kann eine vorsichtige Wundreinigung erfolgen. Ein Arzt sollte jedoch in jedem Fall aufgesucht werden, der im Bedarfsfall antiallergische Medikamente oder Mittel zur örtlichen Betäubung verabreichen kann.

Heißwassermethode: Die in fast allen Lehrbüchern zu findende Methode ist heute mit großer Skepsis zu betrachten. Um das meist tief im Gewebe sitzende Gift zu zerstören, bedarf es sehr hoher Oberflächentemperaturen, die unweigerlich zu zusätzlicher Schädigung des Gewebes führen. Temperaturen von über 40 Grad Celsius bewirken bereits thermische Schäden am Gewebe. Ein Eintauchen in heißes Wasser, das Übergießen der Wunde mit kochendem Wasser oder gar eine brennende Zigarette führen zu schweren Verbrennungen und Verbrühungen. Eine lokale Erhitzung des Wundbereiches kann im äußersten Notfall durch trockene heiße Kompressen erfolgen. Dabei wird z. B. eine mit heißem Wasser getränkte Mullbinde in einen wasserdichten Kunststoffbeutel gegeben und nach Umwickeln mit sterilem Material vorsichtig auf die Stichwunde gelegt.

Vernesselungen

Korallen, Quallen oder Hydrozoen verfügen über Nesselkapseln, die als Verteidigungsmechanismus oder um Beute zu fangen, bei Berührung aktiviert und abgefeuert werden. Manche Arten von Nesselkapseln können die menschliche Haut nicht durchdringen.

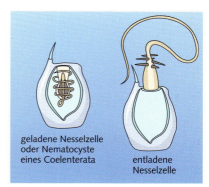

Einige Meerestiere besitzen Nesselzellen, die bei Berührung zu schmerzhaften Verletzungen führen können.

geladene Nesselzelle oder Nematocyste eines Coelenterata

entladene Nesselzelle

Je nach Art, Anzahl der injizierten Nesselkapseln und deren Giftstärke werden bei Berührung äußerst schmerzhafte Vernesselungen ausgelöst. Bestimmte Quallenarten, wie eine in Australien verbreitete Würfelqualle und die in allen Weltmeeren beheimatete Portugiesische Galeere, können bei großflächigem Kontakt sogar bis zum Tode führen.

Vermeidung: Tragen eines Tauchanzuges auch in warmen Gewässern, Quallen oder Nesselfäden nicht berühren.

Behandlung und erste Hilfe: Befinden sich noch Nesselfäden auf der Haut, werden bei jeder Berührung weitere Nesselfäden abgeschossen. Deshalb sollte ein Reiben des betroffenen Bereiches auf alle Fälle unterlassen werden. Durch Übergießen mit Essig oder reinem Alkohol werden noch aktive Nesselkapseln deaktiviert und neutralisiert. Danach wird die Stelle mit Antihistaminsalbe behandelt, bei großflächigen Vernesselungen sollte ein Arzt aufgesucht werden.

Seekrankheit

Ursache
Der menschliche Körper reguliert das Gleichgewicht, indem er optische Reize, die über die Augen wahrgenommen werden, ständig mit Lageveränderungen des Körpers vergleicht, die er über das im Innenohr sitzende Gleichgewichtsorgan wahrnimmt. Kommt es zu widersprüchlichen Informationen, weil die Augen z. B. auf einen schwankenden Schiffboden gerichtet sind und keine Bewegung registrieren, während das Gleichgewichtsorgan die schaukelnden Bewegungen des Schiffes an das Gehirn weitermeldet, kommt es zu Übelkeit und Erbrechen.

Vermeidung
Bei aufkommender Übelkeit den Blick auf den Horizont oder eine entfernte Insel richten. Sich hinlegen und die Augen geschlossen halten. Auf Booten ist die Schiffsmitte der Platz mit der geringsten Schaukelbewegung.

Abhilfe
Medikamente gegen Seekrankheit enthalten oft Wirkstoffe, die ein Auftreten von Tiefenrauschsymptomen begünstigen. Kommt es nach Einnahme eines Medikamentes zu Müdigkeit oder Benommenheit, ist von einer Verwendung im Zusammenhang mit Tauchgängen dringend abzuraten. Der Beipackzettel dieser Mittel weist meist darauf hin, dass sie bei Einnahme zu Müdigkeit und Beeinträchtigungen beim Autofahren und beim Führen schwerer Maschinen führen können. Der beim Tauchen aufgenommene Stickstoff kann diese Wirkung verstärken und die Reaktionsfähigkeit so weit beeinflussen, dass die Sicherheit des Tauchers und des Tauchpartners gefährdet ist. Im Handel sind jedoch auch wirksame homöopathische sowie rein pflanzliche Mittel auf Ingwerbasis erhältlich, die zu keinerlei Einschränkungen führen. Akupressurbänder für die Handgelenke, die auf den Nei-Kuan-Punkt drücken und damit Übelkeit verhindern, sind ebenfalls frei verkäuflich. Alle Medikamente sollten auf Verträglichkeit getestet und rechtzeitig vorher eingenommen werden.

Bewusstlosigkeit

Zur Bewusstlosigkeit unter Wasser oder an der Wasseroberfläche kommt es durch:
- falsche Atemtechnik, Anhalten des Atems verbunden mit Aufsteigen
- Vergiftung durch Atemgase und deren Bestandteile
- Hyperventilation
- Eindringen von Wasser in das Mittelohr bei Trommelfellriss
- Einatmen von Wasser bei falsch durchgeführten Übungen oder schadhaften Atemreglern
- den »Wasserschock« beim Springen in kaltes Wasser

Bei Bewusstlosigkeit erschlafft die Muskulatur. Beim Schwimmer und Schnorchler hat dies ein Absinken zur Folge, beim Gerätetauchen kann der Atemregler unter Umständen aus dem Mund fallen.

Erste Hilfe
Wird nicht sofort vom Tauchpartner eingegriffen und der Betroffene unter Sichern des Atemreglers und Überstrecken der Atemwege zur Wasseroberfläche gebracht, kommt es zum reflektorischen Einatmen von Wasser. Der Verunfallte ertrinkt.

Ertrinken

Wird das Absinken eines bewusstlosen Schnorchlers oder Tauchers vom Partner rechtzeitig bemerkt und der Betroffene durch das Sichern des Atemreglers im Mund und Überstrecken der Atemwege an die Wasseroberfläche gebracht, kommt es zu keiner Schädigung.

Trockenes Ertrinken

Bei Auftreten eines Stimmritzenkrampfes sind die Atemwege blockiert. Dies verhindert jedoch auch ein Eindringen von Wasser in die Lunge.

Nasses Ertrinken

Beim reflektorischen Einatmen unter Bewusstlosigkeit kommt es zum Eindringen von Wasser in die Lunge.

Im Süßwasser
Durch die unterschiedliche Zusammensetzung von Süßwasser gegenüber Blut diffundiert das Süßwasser über das Lungengewebe in den Blutkreislauf. Das Blut wird verdünnt, die Menge des vom Herzen zu bewältigenden Volumens steigt innerhalb von wenigen Minuten bis auf das Doppelte. Die für den Sauerstofftransport wichtigen roten Blutkörperchen quellen auf und platzen. Kalium wird in großen Mengen frei und führt in Verbindung mit dem Sauerstoffmangel zu Herzkammerflimmern und zum Tod.

Im Salzwasser

Die höhere Dichte und unterschiedliche Zusammensetzung von Salzwasser im Vergleich zum Blut führt zu Flüssigkeitsaustritt aus dem Lungengewebe in die Lunge (Lungenödem). Gleichzeitig werden Salze aufgenommen, die im Körper zu ungünstigen Verschiebungen des Elektrolythaushalts führen. Immer mehr Flüssigkeit tritt in die Lunge ein, das Blut verdickt sich. Die Überlebens- und Wiederbelebungschancen sind beim Ertrinken im Salzwasser höher als in Süßwasser.

Schwindel

Bei Störungen des Gleichgewichtsorganes und Druckschwankungen im Innenohr, hervorgerufen durch heftigen Druckausgleich, sowie bei Ventilationsstörungen beim Auftauchen entsteht eine Druckwelle, die über das runde und ovale Fenster zum Gleichgewichtsorgan geleitet wird. Dort kann die Druckwelle kurzfristig Schwindel auslösen.

Krämpfe

Ursachen

Mangelnde Kondition
Bei mangelndem Trainingszustand wird ein Muskel schnell überbeansprucht und neigt zu Verkrampfungen.

Ein Wadenkrampf kann einfach wieder gelöst werden.

Störungen im Mineralhaushalt
Ist das Elektrolytgleichgewicht durch zu starkes Schwitzen oder mangelnde Mineralzufuhr gestört, kann die Muskulatur schmerzhaft verkrampfen.

Vermeidung
Kontinuierliches mäßiges Konditionstraining und ausgewogene Ernährung mit reichlich Flüssigkeitsaufnahme verhindern zuverlässig ein Auftreten von Muskelkrämpfen durch Überanstrengung.

Erste Hilfe
Überstrecken des betroffenen Muskels (alleine oder mit Partnerhilfe). Eine gleichzeitige Massage und ein schonender Flossenschlag auf dem Rückweg verhindert meist das erneute Auftreten.

Schock

Erscheinungsformen

Volumenmangelschock
Durch starke Blutung oder großen Flüssigkeitsverlust durch Erbrechen, Durchfall und Schwitzen oder bei einer Ödembildung kann es zum Volumenmangelschock kommen.

Herzschock
Dieser Schock tritt hauptsächlich nach Eintreten von Luft oder Stickstoffblasen in das Herz oder bei einer Lungenembolie auf. Es kommt zu einer plötzlichen Schwäche der Herzleistung.

Neurologischer und septischer Schock
Tritt speziell nach Vergiftungen durch Atemgase und Meerestiere auf.

Ursache
Das Verhältnis zwischen Sauerstoffangebot und -bedarf ist in den feinsten Gefäßen des betroffenen Bereiches gestört. Gleichzeitig wird jedoch die Blutzufuhr gedrosselt, es kommt zu Sauerstoffmangel der Zellen und zu Schädigungen der am Stoffwechsel aktiv beteiligten Organe sowie des Gehirns.

Symptome

Blasse, kalte und feuchte Haut
Der Organismus versucht durch die Drosselung der Durchblutung der Extremitäten und der Haut eine Zentralisierung des Blutes im Körperinneren zu erreichen, um die lebenswichtigen Organe vermehrt mit Sauerstoff zu versorgen. Wird Druck auf einen Fingernagel ausgeübt, bleibt diese Stelle weiß, was ein sichtbares Anzeichen für die Drosselung der Blutzufuhr ist.

Unruhe, schneller Puls und schnelle flache Atmung
Durch Steigerung der Herzfrequenz versucht der Organismus die Durchblutung der inneren Organe zu fördern. Dieser Zustand hält jedoch nicht lange an.

Blutdruckabfall, Bewusstlosigkeit, Tod
Die verminderte Durchblutung und der abfallende Blutdruck hat einen Sauerstoffmangel zur Folge, der eine erhöhte Ausschüttung von Milchsäure bewirkt und zu Bewusstlosigkeit, Koma und Tod führen kann. Diese Ausschüttung der Milchsäure in die Muskulatur führt nach Überstehen des Schockzustands zu einem starken »Muskelkater«.

Erste Hilfe
Eventuell aufgetretene Verletzungen wie starke Blutungen mit einem Druckverband versorgen und Vitalfunktionen überwachen. Ärztliche Hilfe verständigen und bei Aussetzen von Puls und Atmung mit Wiederbelebungsmaßnahmen beginnen. Einen Verunfallten bei Bewusstsein in die Schocklage bringen, dabei wird der Betroffene flach mit im 45-Grad-Winkel angehobenen Beinen auf eine Decke oder Ähnliches gelegt. Eine weitere Unterkühlung durch Zudecken vermeiden. Bei Verlust des Bewusstseins den Verunfallten in die stabile Seitenlage bringen, um ein Ersticken zu vermeiden.

Herz-Lungen-Wiederbelebung

Erste Priorität bei der Versorgung jedes Verletzten ist die Überwachung der Vitalfunktionen von Atmung und Kreislauf. Kommt es zum Ausfall, ist unverzüglich Hilfe durch eine Herz-Lungen-Wiederbelebung zu leisten.

Überprüfung der Atmung

Der Ersthelfer legt seine Hände auf Bauch und Brustkorb, beugt sich mit seinem Ohr so nah wie möglich an Mund und Nase des Betroffenen und sieht dabei auf den Brustkorb. So kann durch Fühlen oder Sehen der Brustkorbbewegung und eventuell Hören der Atemgeräusche schnell und effektiv überprüft werden, ob der Verunfallte noch atmet oder nicht.

Überprüfen von Puls

Zeige und/oder Mittelfinger des Ersthelfers werden auf Höhe des Kehlkopfes jeweils einmal auf der rechten dann auf der linken Seite angelegt und durch leichten Druck nach innen in Richtung Halsschlagader geschoben. Eventuell vorhandener Puls wird so schnell getastet.

Atemspende

Vor der Atemspende müssen jegliche Fremdkörper (Zahnprothesen etc.) aus dem Mund entfernt und der Kopf leicht überstreckt werden, um durch Abheben der Zunge eine Öffnung der Atemwege zu erreichen. Ist keine Atmung vorhanden, muss eine Mund-zu-Mund- oder Mund-zu-Nase-Beatmung erfolgen. Dabei wird mit zwei bis vier Atemstößen begonnen. Die Beatmung sollte mit ruhigen normalen Atemzügen erfolgen.

Mund zu Nase
Da die Beatmung über die Nase eher dem natürlichen Verlauf der Atemwege entspricht, ist diese Methode vorzuziehen. Der Mund muss verschlossen sein, um ein Abströmen von Luft bei der Beatmung zu verhindern.

Mund-zu-Mund-Beatmung
Die Nase muss verschlossen werden.

Beatmung mit einer Atemmaske
Eine Taschenmaske sollte in keinem Erste-Hilfe-Koffer fehlen. Direkter Kontakt mit Blut und Schleim des Verunfallten kann so vermieden werden. Mund und Nase sind durch die Maske eingeschlossen. Manche Modelle verfügen über einen Sauerstoffanschluss.

Herzdruckmassage

Der Retter befindet sich seitlich neben dem Verunfallten. Mit einem Finger wird der Fortsatz des Brustbeines ertastet und zwei Querfinger darüber der Handballen aufgelegt. Die andere Hand befindet sich schräg darüber. In senkrechter Position über dem Verunfallten wird nur mit gestreckten Armen Druck auf dem Brustkorb ausgeübt. Die Wiederbelebung erfolgt im Rhythmus 15 zu 2, d. h., es erfolgen 15 Herzdruckmassagen, die wiederum von 2 Atemstößen abgelöst werden. Die Wiederbelebungsmaßnahmen müssen so lange durchgeführt werden, bis medizinisches Personal die Ersthelfer ablöst.

Lagerung

Lagerung bei Bewusstsein
Ist der Verunfallte bei Bewusstsein, ist eine Flachlagerung in Rückenlage sinnvoll. Bei Schock müssen die Beine erhöht gelagert werden, um den Rückfluss des Blutes zum Körperinneren zu unterstützen. Bei Lungenüberdruckverletzungen wird vom Verunfallten eine leicht aufgerichtete sitzende Haltung als angenehm empfunden.

Lagerung bei Bewusstlosigkeit
Bei Bewusstlosigkeit muss der Verletzte in die stabile Seitenlage gebracht werden. Dabei kniet der Helfer neben dem auf dem Rücken liegenden Opfer und winkelt das ihm zugewandte Knie an. Dieses Knie benützt man als Hebel, um den gestreckten Arm des Verletzten, der dem Helfer zugewandt ist, so weit wie möglich unter seinen Körper zu bringen. Dadurch kann die Hand unter dem Gesäß platziert werden. Nach dem vorsichtigen Greifen der dem Helfer abgewandten Hüfte und Schulter wird das Opfer langsam zum Helfer hin gerollt, so dass der Verletzte nun seitlich liegt. Jetzt wird der Arm, der vorher unter den Verunfallten gelegt wurde, auf der Rückenseite herausgezogen und abgewinkelt platziert, um ein Zurückrollen zu vermeiden.

84 Tauchausrüstung

Der Umgang mit der Tauchausrüstung muss beherrscht werden, bevor man Zusatzaufgaben wie das Fotografieren ausführen kann.

Tauchausrüstung

Die ABC-Ausrüstung

Die Grundausrüstung für Taucher und Schnorchler besteht aus Tauchmaske, Flossen und Schnorchel. Eigene ABC-Ausrüstung ist oft Voraussetzung für die Teilnahme an einem Tauchkurs. Jeder Taucher sollte sich seine eigene gut passende und auf die persönlichen Bedürfnisse zugeschnittene ABC-Ausrüstung zulegen. Dies verhindert, dass die Freude am Tauchen durch schlecht sitzende Leihausrüstung von Anfang an getrübt wird. Der Kauf sollte in einem Tauchsportgeschäft unter qualifizierter Beratung erfolgen.

Die Tauchmaske

Da das menschliche Auge nicht für das Sehen unter Wasser geeignet ist, muss ein Luftraum vorgeschaltet werden, um ein Sehen zu ermöglichen. Die Tauchmaske schließt den für das Sehen unentbehrlichen Luftraum vor den Augen ein und ermöglicht es dem Menschen, die Unterwasserwelt in ihrer Schönheit genießen zu können. Es wird zwischen Vollgesichtsmasken und ein- sowie zweifenstrigen Halbgesichtsmasken unterschieden.

Vollgesichtsmasken

Die bis jetzt hauptsächlich in der Berufstaucherei und beim technischen Tauchen verwendeten Tauchmasken umschließen das gesamte Gesicht und schützen es so vor verschmutztem, belastetem Wasser und Kälte. Der Druckausgleich muss durch Kauen, Schlucken oder willkürliches Öffnen der Tubenmuskulatur erfolgen, diese Maske wird deshalb meist nur von sehr erfahrenen Tauchern verwendet. Der Atemregler ist in der Tauchmaske fest integriert und kann so bei Bewusstlosigkeit nicht aus dem Mund herausfallen.

Halbgesichtsmasken

Die geläufigen in der Sporttaucherei verwendeten Tauchmasken umschließen die Augen und die Nase, um einen Druckausgleich in der Maske zu ermöglichen.

Einfenstrige Tauchmasken
Die gesamte Frontscheibe ist aus einem Stück gefertigt.

Im Handel ist eine Vielzahl von verschiedenen Tauchmasken erhältlich.

Zweifenstrige Tauchmasken
Durch einen Mittelsteg getrennt befinden sich zwei Gläser in der Tauchmaske, die sich bei Qualitätsmasken separat entfernen und gegebenenfalls gegen optische Gläser austauschen lassen.

Auswahlkriterien für eine Halbgesichtsmaske

Eine Vielzahl von Maskenmodellen steht dem Taucher heutzutage zur Verfügung, einige der Eigenschaften dieser Masken sind unbedingt notwendig, andere sind reine Geschmackssache.

Notwendige Eigenschaften

Eingebauter Nasenerker
Die eingeschlossene Nase ermöglicht den Druckausgleich in der Tauchmaske und verhindert Schädigungen der Augen. Der Druckausgleich geschieht durch Einblasen von Luft durch die Nase. Der Nasenerker muss auch mit Handschuhen leicht greifbar sein, um einen Druckausgleich in den Ohren herstellen zu können.

Sicherheitsglas
Qualitätsmasken bestehen aus einem Spezialglas, das kratzfest und temperaturbeständig ist (erkennbar am Aufdruck »Tempered Glass«).

Stabiler Rahmen
Der Rahmen ist unempfindlich gegen mechanische Belastung und hält den Maskenkörper und die eingesetzten Gläser stabil.

Maskenkörper
Der Maskenkörper einer modernen Tauchmaske besteht aus hautfreundlichem, durchsichtigem oder schwarzem Silikon. Billigmasken haben meist einen Körper aus PVC, der sich nur schwer an die Gesichtszüge anschmiegt und allergische Reaktionen verursachen kann. Ein doppelter Dichtrand verhindert das Eindringen von Wasser.

Maskenband
Das geteilte, verstellbare Maskenband hält die Maske des Tauchers sicher am Kopf und ermöglicht das Anpassen an unterschiedliche Größen. Aufschiebbare Neopreneinsätze oder Neopren-Maskenbänder verhindern, dass das Silikonband an den Haaren zieht.

Zusätzliche Eigenschaften
Je nach persönlichem Geschmack kann die Maske auch zusätzliche Eigenschaften wie Seitenfenster oder ein Ausblasventil haben. Es sind neuerdings auch Tauchmasken mit getönten oder speziell beschichteten Scheiben erhältlich, die dem Betrachter die Unterwasserwelt bunter erscheinen lassen.

Anpassen der Tauchmaske

So gehen Sie vor: Tauchmaske ohne das Maskenband um den Kopf legen, leicht an das Gesicht andrücken und durch die Nase einatmen. Dabei ist darauf zu achten, dass sich keine Haare unter dem Dichtrand befinden. Bartträger können den Teil des Bartes, der in den Dichtrand hineinragt, mit Vaseline bestreichen, um eine Abdichtung zu erreichen. Es darf keine Luft eindringen und es dürfen keine Druckstellen spürbar sein.
Fällt die Maske trotz des Unterdrucks, den Sie durch das Einatmen erzeugen, vom Gesicht oder verspüren Sie Druckstellen, sollten Sie eine andere Maskenform wählen.
Kaufen Sie gleich ein Ersatzband, damit nicht wegen eines gerissenen Bandes auf einen Tauchgang verzichtet oder mit einer schlecht sitzenden Ersatzmaske getaucht werden muss.

Fehlsichtigkeit

Weit- oder kurzsichtige Personen können sich vom Optiker Gläser entsprechend der benötigten Dioptrienzahl einpassen lassen. Dabei können sowohl optische Linsen eingeklebt als auch die Gläser der Tauchmaske eingeschliffen werden. Auch mit gasdurchlässigen Kontaktlinsen kann man tauchen. Besonders geeignet sind Tageslinsen, die nach einmaligem Gebrauch weggeworfen werden, um einen möglichen Verlust der teureren Kontaktlinsen zu vermeiden.
Bei extremer Fehlsichtigkeit und eventuell erhöhtem Augen-Innendruck muss auf alle Fälle ein Tauchmediziner konsultiert werden, um sicherzustellen, dass es zu keinen Schädigungen des Auges beim Tauchen kommen kann.

Pflege und Aufbewahrung

Vor der ersten Benutzung sollten die Gläser innen mit Zahnpasta oder einem Antibeschlagmittel (jedes Spülmittel erfüllt diesen Zweck) ausgiebig geputzt werden. Dabei wird Fett entfernt und ein Beschlagen verhindert. Diese Behandlung muss unter Umständen nach längerer Lagerung wiederholt werden. Vor jeden Tauchgang muss die trockene Maske mit Spucke oder Spülmittel ausgerieben werden, um ein Beschlagen zu verhindern. Die Tauchmaske sollte vor Sonnenlicht geschützt in der Originalbox oder in einer Tasche aufbewahrt werden.

88 Tauchausrüstung

Verschiedene Schnorchel, mit und ohne Ausblasventil

Der Schnorchel

Beim Gerätetauchen ermöglich uns der Schnorchel bequemes Ausruhen und Schwimmen an der Wasseroberfläche, ohne die kostbare Atemluft aus dem Tauchgerät zu verschwenden. Im Notfall kann mit einem Schnorchel sogar der Tauchpartner an der Wasseroberfläche beatmet werden. Da der Schnorchel an der linken Seite der Maske von Gerätetauchern meist als sehr störend empfunden wird, haben findige Bastler spezielle Halterungen für das Tauchgerät entwickelt.

Bauweise

Der Schnorchel sollte aus den folgenden Bestandteilen bestehen und die genannten Merkmale aufweisen:
- Justierbares Mundstück, das ohne zu drücken angenehm im Mund liegt
- Leicht gekrümmtes Rohr, das der Kopfform angepasst ist
- Gesamtlänge vom Mundstück bis zur Atemlufteintrittsöffnung nicht mehr als 35 cm
- Befestigungsmöglichkeit am Maskenband
- Nicht ablösbarer Signalstreifen
- Innendurchmesser für Kinder 15 bis 18 mm
- Innendurchmesser für Erwachsene 18 bis 25 mm

Auf gar keinen Fall darf der Schnorchel:
- In die Tauchmaske eingearbeitet sein
- Über Ventile oder Mechanismen verfügen, die den Lufteintritt blockieren könnten
- Länger als 35 cm sein
- Faltenschläuche als Verbindung zum Mundstück besitzen

Die Flossen 89

Ausblasventile

Um das Ausblasen zu erleichtern bzw. das unerwünschte Eindringen von Wasser an der Schnorchelöffnung zu verhindern, verfügen viele Modelle über ausgeklügelte Ventiltechniken und Vorrichtungen. Schnorchel mit Ventilen machen das Ausblasen zum Kinderspiel, einige entleeren sich an der Oberfläche quasi von selbst. Sie eignen sich jedoch nicht zum Beatmen an der Wasseroberfläche.

Die Flossen

Ohne Flossen könnten wir uns durch den erhöhten Wasserwiderstand beim Gerätetauchen kaum fortbewegen. Sie ermöglichen dem Taucher und Schnorchler eine wesentlich schnellere Fortbewegung im Wasser und stellen eine Verlängerung der Beinachse dar. Sie sollten über ein abgewinkeltes Flossenblatt verfügen, um eine Überbelastung des Fußgelenkes zu vermeiden.
Eine seitliche Verstärkung der Längsrillen dient zur Versteifung und Stabilisierung. Flossen sind mit geschlossenem und offenem Fußteil erhältlich. Die angebotenen Größen umfassen meist mehrere Schuhgrößen.

Flossen mit geschlossenem Fußteil

Sie werden auch Schnorchel- oder Schwimmbadflossen genannt und barfuß oder mit dünnen Neoprensocken getragen. Sie werden hauptsächlich in warmen Gewässern benutzt. Geschlossene Flossen sind leichter als Geräteflossen und nehmen bei Reisen weniger Platz in Anspruch.

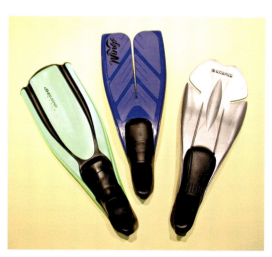

Schnorchelflossen mit geschlossenem Fußteil

Muskelschonendes Flossenmodell für das Gerätetauchen, die Force-Fin

Gerätetauchflossen mit offenem Fußteil und Füßlingen

Offene Flossen

Sie werden auch Geräteflossen genannt und besitzen ein offenes Fußteil mit einem verstellbaren Flossenband. Sie werden mit Neopren-Füßlingen getragen, wenn ein Kälteschutz des Fußes notwendig oder erwünscht ist. Spezialmodelle erlauben das Laufen mit bereits angelegten Flossen durch nach oben gewölbte Flossenspitzen und speziell geformte Fußteile. Das Flossenblatt ist meistens um einiges härter als bei geschlossenen Flossen, um den Gerätetaucher auch bei größerem Wasserwiderstand zuverlässig vorwärts zu bringen. Die Verschlussmechanismen des Flossenbandes sollten sich auch mit Handschuhen leicht bedienen lassen.

Überlange Flossen

Sie wurden für das wettkampfmäßige Flossenschwimmen und das freie Tauchen ohne Gerät, das Apnoetauchen, entwickelt. Durch den Peitscheneffekt können gut trainierte Flossenschwimmer beachtliche Geschwindigkeiten erzielen. Die Belastung von Muskulatur und Gelenken ist jedoch so hoch, dass es beim untrainierten Flossenschwimmer sehr schnell zu Krämpfen kommt. Außerdem können mit diesen Flossen beim Tauchen an einem Riff sehr schnell Korallen beschädigt werden. Sie sind daher zum Gerätetauchen nicht geeignet.

Monoflossen

So wird ein einzelnes großes breites Flossenblatt bezeichnet, an dem sich nur ein Fußteil für beide Füße befindet. Die sehr kraftaufwändige Fortbewegung erfolgt durch das delphinähnliche Bewegen des ganzen Körpers mit geschlossenen Beinen. Diese Art der Flossen wurden für spezielle Wettkämpfe und Trainingssituationen entwickelt und ist für das Gerätetauchen nicht geeignet.

Die Härte des Flossenblattes

Je nach Art des verwendeten Materials, der Länge und der eingearbeiteten Verstärkungen ist jede Flosse unterschiedlich hart. Da jeder Mensch einen anderen Körperbau und Trainingszustand besitzt, gibt es leider keine »beste Flosse«. Lange und harte Flossenblätter belasten die Beinmuskulatur wesentlich mehr als kurze und weiche. Sie sind daher eher für gut trainierte Beine geeignet. Außerdem ist der Taucher mit kurzen Flossen wendiger als mit langen. Man sollte mit der Flosse über größere Distanzen schwimmen können, ohne Krämpfe zu bekommen.
Fazit: Die Härte des Flossenblattes sollte der Kondition und Konstitution des Benutzers entsprechen.

Aufbewahrung und Pflege

Wie alle anderen Ausrüstungsgegenstände sollen die Flossen nach der Benutzung mit klarem Süßwasser gespült und im Schatten gelagert werden. Eine liegende Lagerung empfiehlt sich, da sich die Flossen bei stehender Lagerung und gleichzeitiger Einwirkung von Sonne und Wärme verformen können. Beim Kauf befinden sich oft spezielle Fußteilspanner in den Flossen, die bei Transport und Aufbewahrung die Form des Fußteils erhalten.

Empfehlungen zum Kauf

Flossen sollten eng sitzen, die Zehen jedoch nicht einengen. Werden die Flossen mit Füßlingen oder Neoprensocken verwendet, muss man sie mit diesen anprobieren. Sitzen die Flossen zu locker, gehen sie leicht verloren. Sind sie zu eng, gibt es schmerzhafte Druckstellen am Fuß. Beim Kauf von offenen Flossen sollten Sie am besten gleich passende Ersatzflossenbänder mitkaufen.

Füßlinge

Füßlinge schützen die Füße des Tauchers vor Kälte und Abschürfungen sowie Schnittverletzungen, die entstehen können, wenn man auf dem Weg zum Tauchplatz über scharfkantiges Gestein läuft. Viele Füßlinge haben Reißverschlüsse an der Seite oder eine Kaschierung aus Nylon, die das Anziehen erleichtern. Die Reißverschlüsse können mit Neopren unterlegt sein, das das Eindringen des kalten Wassers verhindert. Zum Schutz vor Kälte sind Füßlinge in unterschiedlichen Stärken erhältlich. Bei empfindlichen Füßen sollte darauf geachtet werden, dass keine Nähte im Inneren des Füßlings direkt im Fersenbereich verlaufen, da diese zu unangenehmen Scheuerstellen führen können. Sind mehrere Tauchgänge über viele Tage geplant, sollten Sie immer einen Vorrat an Pflastern mitnehmen. Neoprensocken dienen zur zusätzlichen Isolierung in den Füßlingen oder als Kälteschutz bei geschlossenen Flossen. Sie sollten wie die Flossen eng, aber bequem sitzen.

SCUBA

Das komplette montierte Tauchgerät wird auch als SCUBA bezeichnet, nach dem englischen **S**elf **C**ontained **U**nderwater **B**reathing **A**pparatus, im Deutschen als komplettes, autonomes Leichttauchgerät. Es ist das von Sporttauchern am häufigsten verwendete Tauchgerät in Verbindung mit Atemluft und NITROX. Es handelt sich um ein offenes System, bei dem die Ausatemluft frei ins Wasser abgegeben wird.
Das System muss mindestens die nachfolgenden Bestandteile enthalten:
- Atemgesteuerte Dosiereinrichtung (Atemregler)
- Atemanschluss in Form eines Mundstückes oder Vollgesichtsmaske
- Tragegestell oder andere Befestigungsmöglichkeiten für das Tauchgerät mit Tragevorrichtung.
- Tauchgerät (Flasche)
- Flaschenventil und mindestens eine Sicherheitseinrichtung wie UW-Manometer zum Ablesen des Drucks, optische oder akustische Warneinrichtung bei zu wenig Druck oder ein mechanisches Reserveventil

Atemregler

Um Lungenschädigungen durch Druckdifferenzen zu vermeiden, muss der Taucher Luft mit einem Druck atmen, der exakt dem Umgebungsdruck entspricht. Der Atemregler ermöglicht, dass der hohe Flaschendruck des mitgeführten Luftvorrates in zwei über einen Mitteldruckschlauch verbundenen Stufen auf den jeweils herrschenden Umgebungsdruck (= der in der jeweiligen Wassertiefe vorhandene Druck, der auch in der Lunge des Tauchers vorhanden ist) reduziert wird.
Die handelsüblichen Atemregler sind für das Tauchen mit Pressluft konstruiert. Soll mit NITROX getaucht werden, muss man schon beim Kauf prüfen, ob dieser Atemregler eine Nitrox-Zulassung hat oder auf Nitrox umgerüstet werden kann.

Gängige Kombination für das Tauchen in warmen Gewässern: Atemregler mit Oktopus, Finimeter und Inflatorschlauch

Zur Zeit darf Nitrox in Deutschland nur mit speziellen Nitrox-Atemreglern verwendet werden. Diese haben einen speziellen Flaschenanschluss und können nur mit Adaptern auf Presslufttauchgeräten verwendet werden. Es ist jedoch wahrscheinlich nur eine Frage der Zeit, bis sich die weltweit gültige Verfahrensweise, bis 40 % Sauerstoffgehalt normale Tauchausrüstung ohne Umrüstung zu verwenden, auch in Deutschland durchsetzt.

Die Erste Stufe

Die Erste Stufe, auch Druckminderer genannt, wird über einen DIN- oder INT-Anschluss am Ventil des Tauchgeräts angeschraubt.

Der DIN-Anschluss (Deutsche Industrienorm)
Die Erste Stufe wird beim DIN-Druckminderer durch Einschrauben in das Flaschenventil befestigt. Die Abdichtung zwischen Flaschenventil und Druckminderer erfolgt über einen genormten O-Ring. Der DIN-Anschluss gilt als besonders sicher und wird auch in der Heimat des INT-Systems, den USA, von vielen Höhlen- und Wracktauchern benützt, da ein Abschlagen der Ersten Stufe bei Kontakt mit Fels- oder Wrackteilen fast unmöglich ist.

Der INT-Anschluss
Beim international weiter verbreiteten INT-System befindet sich am Druckminderer ein Überwurfbügel, der über das Ventil des Tauchgeräts geschoben und mit einer Feststellschraube fixiert wird. Das INT-System ist jedoch anfällig für kräftige Schläge, die bei versehentlichem Kontakt mit Höhlenwänden und Wrackteilen vorkommen können. Der Druckminderer könnte sich eventuell vom Ventil lösen. Da die Abdichtung zwischen Druckminderer und Flaschenventil durch einen nicht genormten O-Ring erfolgt, neigt das INT-System zu Undichtigkeiten. Um die verschiedenen Systeme miteinander zu verbinden, benötigt man Bügel- bzw. Einschraubadapter.

Verschiedene Adapter erlauben ein schnelles Wechseln von DIN auf INT und umgekehrt.

Bauweise

Moderne Erste Stufen bestehen aus verchromtem Messing, Kunststoff, eloxiertem Aluminium, Stahl, Titan oder Mischungen der genannten Materialien. An der Ersten Stufe sind mehrere Anschlussmöglichkeiten für Mitteldruckschläuche, wo z. B. eine zusätzliche Zweite Stufe oder der Inflatorschlauch für Tarierjacket und/oder Trockentauchanzug angebracht werden können. Des Weiteren muss dort mindestens ein Hochdruckabgang sein, an dem man den luftintegrierten Tauchcomputer oder das klassische Finimeter befestigen kann. Viele moderne Erste Stufen verfügen über zwei Hochdruck- und mindestens vier Mitteldruckabgänge. Alle Mitteldruck- und Hochdruckschläuche sind flexibel und haben an beiden Enden aufgepresste Metallhülsen zur Befestigung an den jeweils gewünschten Gerätschaften.

Funktion

Die Erste Stufe wird am Ventil des Tauchgeräts angeschraubt und reduziert nach dem Öffnen des Flaschenventils den einströmenden Druck auf einen Mitteldruck. Dieser beträgt je nach Hersteller zwischen 7 und 13 bar. Die druckreduzierte Luft strömt durch einen Mitteldruckschlauch, an dessen Ende sich die so genannte Zweite Stufe befindet. Durch Einströmen von Wasser in verschiedene Bohrungen oder Öffnungen an der Zweiten Stufe wird der Umgebungsdruck auf die Einatemmembran der Zweiten Stufe übertragen. Beim Einatmen wird die Membran nach innen gezogen und öffnet über einen Hebel ein Ventil. Luft strömt in das Gehäuse der Zweiten Stufe und wird im Zusammenspiel mit dem auf der Membran lastenden Druck auf Umgebungsdruck reduziert. Die Atemregler für das Sporttauchen sind bedarfsgesteuert, d. h., sie geben nur bei Bedarf (bei Einatmung) Luft.

Die modernen, zuverlässigen Atemregler sind so aufgebaut, dass es bei einer Fehlfunktion nicht zu einer Blockade der Luftzufuhr kommt, sondern zu einer überhöhten Luftlieferung, dem so genannten Abblasen (Down-Stream-Funktion). Ist der Ventilsitz der Ersten Stufe schadhaft oder verschlissen, wird ein überhöhter Mitteldruck aufgebaut. Ein Überschreiten des eingestellten Werts führt zum Abblasen der Zweiten Stufe. Wird die Luftdusche betätigt, dauert es einen kurzen Moment, bis das Abblasen wieder einsetzt. Bei schadhaftem Ventilsitz in der Zweiten Stufe bläst der Regler sofort ab. Der Taucher hat in den meisten Fällen noch Zeit und Luft, um seinen Tauchgang mit dem eigenen Atemregler zu beenden oder in Ruhe auf seine alternative Luftversorgung bzw. die des Tauchpartners auszuweichen.

Man unterscheidet hauptsächlich kolbengesteuerte und membrangesteuerte Erste Stufen.

Kolbengesteuerte Erste Stufen

Sie bestehen aus leicht zugänglichen und wenigen beweglichen Teilen. Sie sind einfach zu warten, aber anfälliger für Verschmutzungen, die sich bei Nichteinhaltung der Wartungsintervalle auf die Leistung und Funktion auswirken können. Beim kolbengesteuerten Druckminderer steht der Kolben in direktem Kontakt zum Wasser und damit auch zum Wasserdruck. Im drucklosen Zustand geöffnet, strömt so lange Luft durch die Erste Stufe, bis der Mitteldruck durch Zusammenwirken einer Feder, dem Rückstau von der zweiten Stufe und dem Wasserdruck aufgebaut ist. Der Kolben schließt nun wieder und öffnet sich erst bei Ansteigen des Wasserdrucks und/oder Abfallen des Mitteldrucks, z. B. durch Einatmen an der Zweiten Stufe.

Atemregler

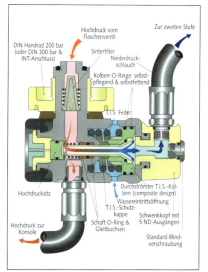
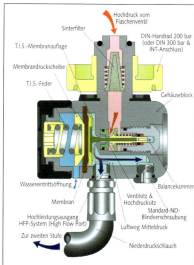

Kolbengesteuerte Erste Stufe, Scubapro MK 20

Membrangesteuerte Erste Stufe, Scubapro MK 16

Membrangesteuerte Erste Stufen
Diese verfügen über eine Membran, die Verschmutzungen von den beweglichen Teilen fernhält. Deshalb sind sie länger funktionsfähig, der Druckminderer liefert somit seine volle Leistung über einen längeren Zeitraum. Membrangesteuerte Druckminderer bestehen aus mehreren beweglichen Teilen und sind deshalb teurer in der Herstellung und aufwändiger in der Wartung.

Auch hier öffnet sich das Ventil im Zusammenspiel mit einer Feder, dem Druckrückstau vor der Zweiten Stufe und dem auf der Membran lastenden Wasserdruck und schließt bei Erreichen des Mitteldrucks. Steigt der Wasserdruck auf die Membran und/oder fällt der Mitteldruck, öffnet sich das Ventil und Luft strömt nach.

Die beiden zuvor aufgeführten Bauweisen gibt es in kompensierter und nicht kompensierter Ausführung.

Kompensiert
Dies bedeutet, dass sich die Leistung des Druckminderers mit dem abnehmenden Flaschendruck nicht ändert, sondern immer gleich bleibt. Dies wird durch einen Druckausgleich auf beiden Seiten des Kolbens (beim kolbengesteuerten Druckminderer) erreicht.

Um kleinste Schmutzpartikel herauszufiltern, strömt die Luft aus der Tauchflasche durch einen Sinterfilter, der sich am Anschluss des Druckminderers befindet, und gelangt anschließend über eine Hochdruckkammer durch eine Bohrung im Kolben in die Mitteldruckkammer.

Mit Erreichen des Mitteldruckwertes schließt der Kolben. Der Luftdruck auf beiden Seiten des Kolbens ist nun unabhängig vom Flaschendruck gleich.

Nicht kompensiert
Bei diesem Modell ändert sich die Leistung des Druckminderers abhängig vom Flaschendruck.
Beim membrangesteuerten, nicht kompensierten Druckminderer sinkt der Einatemwiderstand der Zweiten Stufe, während der Mitteldruck steigt.
Beim kolbengesteuerten, nicht kompensierten Druckminderer steigt der Einatemwiderstand wegen des sinkenden Mitteldrucks.

Vereisen der Ersten Stufe
Luft, die in der Ersten Stufe von Flaschendruck auf Mitteldruck reduziert wird, kühlt stark ab und kann zu Bildung von Eiskristallen und Vereisung der Ersten Stufe führen. Durch Glyzerinfüllungen, Gefrierschutzkappen etc. kann dies zwar zu einem Großteil verhindert werden, eine hundertprozentige Sicherheit vor Vereisung besteht jedoch im kalten Wasser (unter 15 Grad Celsius) nie.

Die Zweite Stufe

Die Zweite Stufe, auch Atemregler genannt, hat die Aufgabe mit dem Wasserdruck, der über Öffnungen auf eine Membran wirkt, den von der Ersten Stufe kommenden Mitteldruck auf den jeweiligen Umgebungsdruck zu reduzieren. Das Gehäuse besteht in den meisten Fällen aus leichten Materialmischungen. Die Form der meisten Atemregler ähnelt einer auf der Seite liegenden Tasse (mit Mundstück und Ausatemmembran), die mit einer Membran abgedichtet ist. Im Tasseninneren muss man sich nun einen Hebel vorstellen, der am Tassenboden mit einem Ventil verbunden ist, und oben an der Membran anliegt.
In den meisten Fällen wird er »von rechts kommend« montiert, bei vielen Atemreglern kann dies jedoch auch sehr einfach geändert werden.
Alle Modelle verfügen über einen Luftduschenknopf am Gehäuse der Zweiten Stufe, der zum Beispiel dazu dient, während des Tauchgangs eingedrungenes Wasser zu entfernen oder Hebesäcke aufzublasen.
Alle Zweiten Stufen haben außerdem ein ergonomisch geformtes Mundstück. Dieses ist erhältlich als klassisches Modell, als Gaumenmundstück oder als individuelles, an das Gebiss anpassbares Modell (JAX). Verwendet werden Down-Stream-Ventile und pilotgesteuerte Ventile.

Das Down-Stream-Ventil
Bei diesem einfach aufgebauten, kostengünstigen Modell hält eine kleine Feder das Ventil in der Zweiten Stufe so lange geschlossen, bis durch Einatmung oder Betätigen der Luftdusche die Membran nach innen gezogen und somit der Hebel bewegt wird, der das Ventil öffnet. Nach Beendigung der Einatmung (oder Loslassen der Luftdusche) kehrt die Membran in ihre ursprüngliche Stellung zurück, das Ventil ist geschlossen.
Im Falle eines Defektes der Ersten oder Zweiten Stufe funktioniert dieses Down-Stream-Prinzip als Sicherheitsventil. Der überschüssige Druck hält das Ventil in der zweiten Stufe geöffnet, Luft strömt weiterhin ohne Unterbrechung ab. Die verbrauchte Luft oder eingedrungenes Wasser wird über die Ausatemmembran abgegeben. Viele Atemregler besitzen an der tief sitzenden Auslassmembran noch einen Blasenabweiser,

Atemregler 97

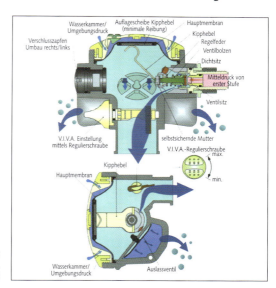

*Funktion der Zweiten Stufe:
Downstream-Ventil,
Scubapro R-180*

der das verbrauchte Atemgemisch ableitet und so verhindert, dass die abgeatmete Luft direkt vor der Tauchmaske nach oben steigt. Bei anderen Atemreglern befindet sich die Auslassmembran seitlich.

Das pilotgesteuerte Ventil
Das kleine, technisch aufwändige pilotgesteuerte Ventil öffnet bei Bewegungen der Einatemmembran ein größeres Ventil. Es ist in Herstellung und Wartung teurer, die Luft wird jedoch bei tiefen Tauchgängen bis zu viermal leichter geliefert als beim Down-Stream-Ventil.

Alternative Luftversorgung

Es gibt verschiedene Möglichkeiten der alternativen Luftversorgung:
- Ein kompletter **Zweitatemregler** (Erste und Zweite Stufe) am Doppelventil oder an einer zweiten Tauchflasche ist die geläufige Version bei Kaltwassertauchgängen. Jedes System kann im Notfall einzeln abgesperrt werden und man kann das unabhängige Zweitsystem verwenden.
- **Der Oktopus** ist der Klassiker bei Tauchgängen in Gewässern, die wärmer als 15 °C sind und in denen es nicht zu einer Vereisung kommen kann. An der Ersten Stufe ist eine weitere Zweite Stufe über einen verlängerten Mitteldruckschlauch angebracht. Dieser sorgt für die notwendige Handlungsfreiheit, um im Notfall aufsteigen zu können ohne sich oder den Partner zu behindern.
- **Der Westenautomat** befindet sich am Ende des Inflatorschlauches und dient sowohl als Inflator als auch als alternative Luftversorgung. Im Notfall wird die Zweite Stufe, aus der man geatmet hat, dem Partner gegeben und selbst atmet man aus dem Westenautomat.

- **Spare Air** (engl. »Ersatzluft«) ist eine Miniaturflasche mit ca. 0,4 l Volumen, auf der sich statt eines Ventils ein einfacher Atemregler befindet. Sie erlaubt ein Aufsteigen aus geringen Tiefen.

Aufbewahrung, Wartung und Pflege

Erste und Zweite Stufe, alternative Luftversorgung sowie Inflatorkupplung sollten einmal im Jahr durch Fachpersonal überprüft und gewartet werden. Viele Hersteller machen ihre Garantieleistungen von der Einhaltung der vorgeschriebenen Wartungsintervalle abhängig.

Aufbewahrt und transportiert werden sollte der komplette Atemregler in einer Tasche, in der das gesamte System Platz hat, ohne die Schläuche zu knicken.

Tauchgeräte

Tauchgeräte, nachfolgend auch als Tauchflaschen und Pressluftauchgeräte (PTG) bezeichnet, werden für das Sporttauchen im Allgemeinen aus Stahl, Aluminium oder Kohlefaser hergestellt. Alle beim Tauchen verwendeten Tauchflaschen unterliegen, unabhängig von Größe und Material, den gesetzlichen Verordnung des Landes, in dem sie gefüllt, benutzt und transportiert werden. Alle Tauchflaschen sind Hochdruckbehälter und müssen stets gegen Umfallen, Herumrollen und Schläge gegen das Flaschenventil geschützt werden. Sie sind normalerweise sehr stabil, unsachgemäße Handhabung, wie zum Beispiel Werfen, kann jedoch zu Schäden führen, die eine sichere Verwendung nicht mehr zulassen. Eine Tauchflasche muss immer einen Restdruck aufweisen, da sonst Feuchtigkeit eindringen kann. Ein Leeratmen sollte deshalb unter allen Umständen vermieden werden.

Kennzeichnung

Pressluftflaschen müssen als Atemluft gekennzeichnet sein, durch einen weiß gestrichenen Flaschenhals mit schwarzem Ring und schwarzem N oder schwarzem Flaschenhals mit großem weißem Dreieck, in dem sich ein »N« befindet.

Auf der Flaschenschulter sind auf zwei gegenüberliegenden Feldern mehrere Informationen eingeprägt:
- der zulässige Fülldruck
- das verwendete Gewinde für das Flaschenventil (meistens M25/2ISO)
- Informationen zur Art des verwendeten Gases, Druckluft oder Sauerstoff
- Art der Verwendung, z. B. TG = Tauchgerät, AG = Atemschutzgerät
- Bezeichnung über die Art des zu verwendenden Gases
- Informationen zu Material und Materialfestigkeit
- Leergewicht in kg
- Volumen des Flascheninnenraumes in l
- Prüfdruck (mindestens 50 % über dem zulässigen Fülldruck)

Tauchgeräte 99

Tauchgeräte sind in verschiedenen Größen und Materialien erhältlich. Meist bestehen sie aus Stahl oder Aluminium, seltener aus Kohlefaser (liegende Flasche).

- Hersteller
- Datum der ersten Druckprüfung
- Prüfzeichen des TÜV und Monat/Jahr der nächsten Prüfung

Größen

Die gängigen Größen für Monogeräte variieren beim Sporttauchen von 4 bis 15 l. Kleinere Tauchflaschen, die über eine spezielle Befestigung an der großen Tauchflasche angebracht werden, dienen manchmal als alternative Luftversorgung oder beim technischen Tauchen zur Mitführung von separaten Gasgemischen. Bei Tarierjackets sind je nach Hersteller kleine Druckluftflaschen integriert, die man als Westenflaschen bezeichnet. Sie ermöglichen ein Befüllen des Tarierjackets im Notfall.
Bei hohem Luftbedarf können Tauchgeräte auch miteinander verbunden werden, man spricht dann von einem Doppelgerät.

Materialien

Tauchgeräte aus Stahl
Sie sind durch die hohe Materialdichte des Stahls auch bei dünnen Materialstärken sehr druckstabil. Das Außenvolumen und das Gewicht sind geringer als bei den Tauchgeräten aus Aluminium, sie sind jedoch durch das verwendete Material korrosionsanfälliger.
Eine unter der aufgetragenen Lackierung zusätzlich galvanisierte Außenhülle verhindert eine Korrosion von außen. Korrosion wird bei Eindringen von Feuchtigkeit durch den in der Atemluft vorhandenen Sauerstoff unter hohem Druck stark gefördert. Netzartige Kunststoffhüllen schützen die Außenhülle gegen Verkratzen und Beschädigungen der Lackschicht.

Bedingt durch die Herstellung ist der Boden der Stahlflasche rund und das Tauchgerät kann nur unter Verwendung eines aufsteckbaren Standfußes aus Kunststoff hingestellt werden. Dieser Standfuß sollte über Öffnungen verfügen, die das Ablaufen von Wasser begünstigen, damit der Flaschenboden nicht »im Wasser steht« und rostet.

Tauchgeräte aus Aluminium
Sie haben wegen der geringen Materialdichte des Aluminiums im Vergleich zu Stahl wesentlich dickere Wände, um dem Fülldruck standzuhalten. Sie verfügen über einen flachen Boden und benötigen keine Standfüße.
Das größere Außenvolumen bewirkt eine größere Verdrängung im Wasser und ein geringeres spezifisches Gewicht. Aluminiumflaschen werden mit abnehmendem Flaschendruck immer leichter, deshalb können Sie gegen Ende des Tauchgangs Auftrieb bekommen. Diese Tatsache muss bei der Tauchgangsplanung berücksichtigt werden. Aluminiumtauchgeräte oxydieren auch, jedoch hemmt das sich bildende Aluminiumoxyd die Korrosion. Deshalb werden im Salzwasser meistens Tauchgeräte aus Aluminium verwendet.

Tauchgeräte aus Kohlefaser
Die hohe Material- und Korrosionsfestigkeit von hochwertigen Kohlefasern hat zu Versuchen beim Bau von Tauchgeräten geführt. Da Kohlefaser ein sehr niedriges Eigengewicht hat, kann es wegen des auftretenden Auftriebes nur bei kleinen Tauchgeräten bis ca. 4 l verwendet werden. Diese Tauchflaschen werden gelegentlich als alternative Luftversorgung mit separatem Atemregler in Verbindung mit Stahlflaschen verwendet. Der vermehrte Abtrieb des größeren Stahlgerätes gleicht so den Auftrieb der Kohlefaserflasche aus.

Wartung und hydrostatischer Test beim TÜV

Alle Tauchgeräte sollen einmal jährlich einer visuellen Inspektion durch Fachpersonal unterzogen werden. Dabei wird das Ventil aus dem leeren Tauchgerät herausgeschraubt und die Flaschen innen auf Korrosionsschäden an der Flaschenwand und an den Ventilwindungen untersucht. Tauchflaschen und die in den Tarierjackets verwendeten Westenflaschen müssen zum hydrostatischen Test beim TÜV:
- **Stahlflaschen alle 2 Jahre**
- **Aluminiumflaschen zurzeit alle 6 Jahre**

Dabei wird das Tauchgerät mit Wasser gefüllt und in einem Wassertank auf Druckfestigkeit getestet, um bei einem schadhaften Tauchgerät im Falle eines Materialbruchs das Herumfliegen von Metallteilen zu verhindern.

Der Fülldruck
Unter Fülldruck versteht man den maximalen Druck, mit dem das Tauchgerät befüllt werden darf. Diese Angabe ist, um Verwechslungen zu vermeiden, am Flaschenhals eingeprägt, und beträgt bei den am häufigsten verwendeten Tauchgeräten 200 bar. Es sind jedoch auch spezielle 300-bar-Geräte im Handel erhältlich, die nur in Verbindung mit dafür zugelassenen Atemreglern verwendet werden dürfen. Der Fülldruck sollte mit nicht mehr als 10 % überschritten werden.

Prüfdruck

Unter Prüfdruck versteht man den Druck, mit dem das Tauchgerät beim TÜV geprüft wird. Ein Tauchgerät, das einen erlaubten Fülldruck von 200 bar hat, wird mit 50 % mehr Druck geprüft, in diesem Fall also mit 300 bar.

Berstdruck

Der Berstdruck ist der Druck, bei dem ein Tauchgerät tatsächlich platzen könnte. Er liegt bei einem Tauchgerät mit einem zulässigen Fülldruck von 200 bar bei ca. 450 bar. Nach bestandenem Test erfolgt eine Kennzeichnung am Flaschenhals durch den TÜV-Stempel und Monat/Jahr der nächsten Prüfung.

Transport und Lagerung

Tauchflaschen sollten nicht gefüllt über längere Distanzen transportiert werden. Es empfiehlt sich, Tauchgeräte am Urlaubsort zu leihen oder mitgeführte erst dort zu füllen. Das Tauchgerät darf nur mit Ventilschutz und gegen Verrutschen gesichert transportiert werden. In Flugzeugen dürfen Tauchflaschen nur vollständig entleert mit geöffnetem oder je nach Bestimmung mit entferntem Flaschenventil befördert werden. In manchen Ländern besteht eine besondere Kennzeichnungspflicht des befördernden Fahrzeuges.

Die Lagerung eines Tauchgerätes erfolgt am besten stehend und gegen Umfallen gesichert in einem kühlen trockenen Raum mit einem Mindestdruck von 25 bar. Bei stehender Lagerung könnte sich eventuell vorhandenes Kondenswasser am Boden des Tauchgeräts sammeln, der bedingt durch die Herstellung der dickste Teil des Tauchgeräts ist. Bei eintretender Korrosion ist der Boden erheblich widerstandsfähiger als die dünnen Seitenwände.

Kaufempfehlung

Ein Tauchgerät muss beim Kauf eine Bauartzulassung für das Land aufweisen, in dem es verwendet wird. Die Größe und das damit verbundene Gewicht des Gerätes sollte dem Benutzer angepasst sein. Beim Kauf gebrauchter Tauchgeräte ist auf eine gültige Bauartzulassung und gültigen TÜV zu achten.

Nitrox-Tauchgeräte

Wie auf Seite 93 erwähnt, unterliegt das Tauchen mit Nitrox in Deutschland zurzeit noch anderen Bedingungen als im Ausland. Es dürfen momentan nur spezielle Flaschenventile verwendet werden, an die herkömmliche Pressluftatemregler nicht angeschraubt werden dürfen. Das Tauchgerät und dessen Ventil müssen sauerstoffrei sein und laut Druckgasverordnung in Deutschland am Flaschenhals weiß als Sauerstoff-TG (Tauchgerät) gekennzeichnet sein. Des Weiteren müssen die Flaschen mit einem breiten gelb-grünen Nitrox-Aufkleber sowie einem Anhänger gekennzeichnet sein mit den folgenden für den Benutzer lebenswichtigen Angaben: Fülldatum, Sauerstoffgehalt, maximale Einsatztiefe, Name dessen, der den Sauerstoffgehalt analysiert hat, Name des Tauchers, der dieses Nitroxtauchgerät benützen wird. Diese Daten sollten mit einem abwaschbaren Stift aufgeschrieben und nach dem Tauchen wieder vom Anhänger gelöscht werden.

Kreislauftauchgeräte (Rebreather)

Kreislauftauchgeräte werden seit vielen Jahrzehnten im militärischen Bereich verwendet und ermöglichen das Tauchen ohne verräterische Luftblasen. In den letzten Jahren wurden sie auch für Sporttaucher entwickelt. Wegen der Kosten und des Zeitaufwandes, die eine fachgerechte Verwendung mit sich bringen, haben sie sich bei der breiten Masse der Sporttaucher nicht durchgesetzt.

Die Rebreather sind jedoch für Filmer und Unterwasserfotografen interessant, die sich so ohne störende Blasengeräusche in der Unterwasserwelt bewegen können. Durch die Wiederaufbereitung der verbrauchten Atemluft muss für lange Tauchgänge wesentlich weniger Atemgasvorrat mitgenommen werden. Der Kauf eines Kreislaufgerätes ist nur mit einem entsprechenden Ausbildungsnachweis möglich. Die Vorbereitung des Tauchgeräts ist wesentlich zeitaufwändiger als bei Pressluft- oder Nitrox-Tauchgeräten.

Die Tarierung erfolgt zu 100 % mit dem Tarierjacket, da eine Ausatmung in einen Atembeutel erfolgt, kann nicht mit der Lunge tariert werden.

Das halb geschlossene System (SCR)

Beim halb geschlossenen System, wie z. B. dem Dräger Ray, atmet der Taucher durch das Ventilmundstück. Das ausgeatmete Gas wird durch den Ausatemschlauch in den Ausatembeutel geleitet. Von dort gelangt das Gas in die CO_2-Absorptionspatrone. Das überschüssige Gas wird aus dem Ausatembeutel durch das einstellbare Überdruckventil an die Umgebung abgegeben. Das von CO_2 gereinigte Ausatemgas strömt in den Einatembeutel, während gleichzeitig Frischgas über ein lungenautomatisches Bypassventil zugeführt wird. Von dort gelangt es wieder in den Einatemschlauch. Richtungsventile steuern die Flussrichtung. Der Kreislauf ist geschlossen.

Mit dem Dräger Ray kann nur mit einem fest eingestellten Nitrox-Gemisch (50 % N_2, 50 % O_2) sowie einer maximalen Einsatztiefe von 22 m getaucht werden, während das Dräger Dolphin durch verschiedene voreingestellte Dosierungseinsätze mit unterschiedlichen Sauerstoff-/Stickstoff-Gemischen verwendet werden kann.

Das Dräger Dolphin wurde für den Sporttaucher konstruiert und darf bis zu einer Tauchtiefe von 40 m eingesetzt werden.

Das geschlossene System (CCR)

Beim geschlossenen Kreislaufgerät, wie z. B. dem Buddy Inspiration, wird das ausgeatmete Gas wieder aufbereitet. Dies geschieht, indem das durch stille Verbrennung im Körper entstandene Kohlendioxyd durch chemische Bindung in einem Absorber (O_2-Scrubber) aus der Ausatemluft herausgefiltert wird. Ein Sauerstoffregler, ausgestattet mit drei Sauerstoffsensoren, überwacht den Sauerstoffgehalt im Atemgas und mischt, wenn nötig, über ein Magnetventil reinen Sauerstoff aus einer 3-l-Flasche zu.

Damit der Sauerstoffpartialdruck nicht über einen maximalen Druck ansteigt (1,6 bar), muss der reine Sauerstoff verdünnt werden, z. B. mit Pressluft. Durch diese Verdünnung kann tiefer getaucht werden als bis zur Tiefengrenze von 6 m für geschlossene Kreislaufgeräte mit reinem Sauerstoff. Die Tiefengrenze bei Verwendung von Luft als Verdünnungsgas liegt bei 50 m, bei Verwendung von Helium als Verdünnungsgas bei 100 m. Entscheidend sind Art und Menge der mitgeführten Atemgase für einen eventuellen offenen Notaufstieg. Sie müssen für den gesamten Tauchgang qualitativ und quantitativ ausreichen.

Flaschenventile 103

Geschlossenes Kreislaufsystem Buddy Inspiration

Flaschenventile

Die Bezeichnung des Gewindes, mit dem sich ein Ventil in eine Flaschen einschrauben lässt, z. B. M25/2ISO, ist sowohl an der Flaschenschulter des Tauchgeräts als auch am Ventil eingeprägt. Die Bezeichnungen müssen übereinstimmen. Ein einfaches Ventil lässt sich wie ein Wasserhahn gegen den Uhrzeigersinn öffnen und im Uhrzeigersinn schließen. Nach dem Öffnen wird das Ventil wieder eine halbe Umdrehung geschlossen, dies verhindert, dass der Ventilsitz durch seitliche Schläge beschädigt werden kann. Der Dichtsitz ist aus weichem Material, daher sollte das Ventil ohne Kraftaufwand geschlossen werden. Ein Wasserschutzrohr ragt von der Unterseite des Ventils in das Tauchgerät und verhindert, dass Schmutzpartikel und Feuchtigkeit in das Ventil gelangen, wenn die Flasche liegt oder auf den Kopf gestellt wird. Oft ist ein zusätz-

Monoventile, Ventilbrücken für Doppelgeräte und Ventile mit mehreren Abgängen

licher Feinfilter im Ventil bzw. am Wasserschutzrohr integriert, der Korrosionspartikel ausfiltert. Die Befestigung des Atemreglers erfolgt beim DIN-Ventil durch Einschrauben des Atemreglers in ein Innengewinde, die Abdichtung geschieht durch den O-Ring am Druckminderer. Beim INT-Ventil befindet sich der dichtende O-Ring am Flaschenventil, die Befestigung des Atemreglers erfolgt hier mit einem Bügel, der über das Ventil gestülpt und festgeschraubt wird. Doppelventile finden beim Tauchen mit Monogerät in kalten Gewässern und bei der Benutzung von zwei getrennten Atemreglern Verwendung.

Transport und Lagerung

Um das DIN-Ventil während des Transportes oder der Aufbewahrung zu schützen, empfiehlt sich die Verwendung eines einschraubbaren Ventilstopfens. Dadurch vermeidet man Verschmutzungen und Beschädigungen an den Gewindegängen. Für INT-Ventile sind spezielle Ventilkappen erhältlich, um dem Verlust des O-Ringes und einer Beschädigung der Dichtfläche vorzubeugen.

Instrumente

Taucheruhren

Heutzutage werden Taucheruhren hauptsächlich als Zusatzinstrument zum Tauchcomputer verwendet, selten in Verbindung mit Tiefenmesser und Tauchtabelle zur Tauchgangsplanung.

Instrumente sind sowohl als Arm- als auch als Konsolenmodell erhältlich.

Mindestausstattung
- Verschraubbare Krone und abgedichteter Boden
- Druckdicht bis 20 bar oder 200 m
- Kratzfestes Glas
- Stellring gegen den Uhrzeigersinn drehbar
- Eine verschraubbare Krone zum Ablesen der verstrichenen Tauchzeit

Bei digitalen Modellen ist oft ein Sensor integriert, der sich automatisch bei Kontakt mit Wasser aktiviert. Je nach Modell werden unterschiedliche Daten des Tauchgangs gespeichert, z. B. Tauchzeit, Tiefe, maximale Tiefe und Temperatur. In Verbindung mit einer Tauchtabelle können wir die ungefähre Stickstoffsättigung errechnen bzw. von der Tabelle ablesen. Das Armband sollte flexibel sein oder mit speziellen Verlängerungsstücken so angepasst werden können, dass man es über dem Tauchanzug tragen kann.

Tiefenmesser

Sie werden heute meist nur noch als zusätzliches Kontrollinstrument neben dem Tauchcomputer verwendet. Man unterscheidet zwei Arten.

Analoge Tiefenmesser
Durch die Zunahme des Umgebungsdrucks beim Abtauchen wird bei einfachen Modellen nur die aktuelle Tiefe angezeigt. Beim Modell mit Schleppzeiger zieht ein Zeiger einen anderen Zeiger mit sich, der dann bei der erreichten maximalen Tiefe stehen bleibt, während der erste Zeiger die aktuelle Tiefe angibt.

Digitale Tiefenmesser
Die Tiefenmessung erfolgt über einen Drucksensor, der sich bei Kontakt mit Wasser meistens selbst aktiviert und die zunehmende Tiefe ab 1,5 m speichert. Tauchzeit, maximale und aktuelle Tiefe werden beim Tauchen von einem Display angezeigt.

Tauchcomputer

Die mühsame Tauchgangsplanung mit Uhr, Tiefenmesser und Tauchtabelle erledigt der moderne Tauchcomputer automatisch. Im Gegensatz zur Tauchtabelle ermöglicht uns der Computer Tauchgänge in wechselnden Tiefen, so genannte Multilevel-Tauchgänge. Die angezeigten Daten für Sättigung und Entsättigung basieren auf einem theoretischen fest einprogrammierten Rechenmodell und theoretischen Gewebegruppen, nicht auf den tatsächlich vorhandenen Werten des Tauchers. Tauchgänge im Grenzbereich müssen deshalb unterlassen werden. Die theoretisch berücksichtigten Gewebegruppen bezeichnet man als Kompartimente. Moderne Tauchcomputer berücksichtigen durchschnittlich 12 verschiedene Kompartimente.

Nach dem Tauchgang speichert der Computer die aufgezeichneten Daten in einem elektronischen Logbuch. Bei vielen modernen Tauchcomputern können diese Daten über eine PC-Schnittstelle übertragen werden. Eine grafische Darstellung der Tauchgangsdaten, des getauchten Profils und deren Speicherung bzw. Bearbeitung und Auswertung wird so ermöglicht.

Tauchausrüstung

Die meisten modernen Tauchcomputer lassen sich von Luft auf Nitrox umstellen.

Grundanzeige während des Tauchgangs
- Tauchzeit
- aktuelle Tiefe
- maximale Tiefe
- verbleibende Nullzeit und einzuhaltende Dekompressionsstopps
- Überwachung der Aufstiegsgeschwindigkeit
- optische Warnanzeigen

Mögliche zusätzliche Anzeigen und Eigenschaften
- Temperaturanzeige
- Hintergrundbeleuchtung bei schlechter Sicht
- akustische Warnanzeigen und individuell einstellbare Parameter
- variable Höhenanzeige zum Bergseetauchen
- Verlauf der Stickstoffsättigung
- empfohlene Sicherheitsstopps
- Anzeige des Sauerstoffpartialdrucks (Nitroxrechner)
- verbleibender Atemgasvorrat in min (luftintegrierter Rechner)

Anzeige nach dem Tauchgang
- verbleibende Stickstoffsättigung in Stunden
- die Zeit, in der nicht geflogen werden darf
- verstrichene Zeit an der Oberfläche
- Daten der vorausgegangenen Tauchgänge
- Planer für die nächsten Tauchgänge

Je nach Hersteller und Modell werden nicht nur die für die Sättigung hauptsächlich verantwortlichen Faktoren wie die verbrachte Zeit in der Tiefe, sondern auch Aufstiegsgeschwindigkeit, Temperatur und erhöhter Luftverbrauch durch Anstrengung berücksichtigt. Bei einigen neuen Modellen kann der Taucher sogar stufenweise konservativere Rechenmodelle aktivieren, um die persönliche Sicherheit bei kalten, anstrengenden oder Mehrfachtauchgängen zu erhöhen.

Nitroxcomputer
Sie können sowohl als Rechner mit Luftmodell als auch durch manuelles Umstellen auf die verwendete Nitroxmischung als Nitroxtauchcomputer verwendet werden. Um die Sicherheit beim Tauchen mit Nitrox zu erhöhen, sollte das Luftmodell gewählt werden.

Nullzeitcomputer

Die einfachste und günstigste Version eines Tauchcomputers, ein Nullzeitrechner, basiert auf dem theoretischen Rechenmodell, bei dem der Taucher jederzeit zur Wasseroberfläche zurückkehren kann, ohne Dekompressionsstopps einhalten zu müssen. Warnhinweise werden meist nur optisch angezeigt.

Dekompressionscomputer (Deko-Computer)

Zusätzlich zu den Grundfunktionen werden abhängig von Modell und Hersteller eine Vielzahl von Informationen angezeigt, z. B. eventuell notwendige Dekompressionsstopps mit Zeit und Tiefe. Diese meist etwas teureren Modelle verfügen über zusätzliche Funktionen wie Nitroxtauglichkeit, automatische Höhenanpassung beim Bergseetauchen und zusätzlich zu den optischen auch akustische Warnsignale. Viele Modelle haben eine ganze Reihe von anderen Zusatzfunktionen wie akustische Warnsignale, Uhr und Weckfunktion, Temperaturmessung, automatische Höhenanpassung für Bergseetauchgänge, eine graphische Stickstoff-Sättigungsanzeige, empfohlener und verbindlicher Sicherheitsstopp oder Hintergrundbeleuchtung, die individuell eingestellt werden kann.

Luftintegrierte Tauchcomputer

Die Übertragung des Flaschendrucks findet über den direkten Anschluss am Hochdruckschlauch oder schlauchlos über einen Sender am Hochdruckabgang der Ersten Stufe auf den Tauchcomputer statt. Der Flaschendruck wird entweder im gleichen Display mit den Tauchgangsdaten oder in einem separaten Display zusammen mit der Zeit angezeigt, die der Taucher bei gleichem Luftverbrauch noch in dieser Tiefe verbleiben kann. Falls die verbleibende Nullzeit kürzer ist als die theoretische Luftzeit, wird bei manchen Computern nur noch die verbleibende Nullzeit angezeigt.
Bei Erreichen des individuell einstellbaren Mindestdrucks wird der Taucher akustisch über die noch verbliebene Reserve informiert.
Um seinen lebensnotwendigen Luftvorrat im Auge zu behalten, kann der Taucher statt eines luftintegrierten Tauchcomputers auch das klassische Finimeter verwenden.

Das Finimeter

Als Finimeter wird ein druckfestes Unterwassermanometer bezeichnet, das über einen Hochdruckschlauch am Hochdruckabgang der Ersten Stufe angeschlossen wird. Der Flaschendruck wird meistens in 10-bar-Schritten angezeigt, wobei die letzten 50 bar als optische Warnung rot markiert sind. Das Display ist fluoreszierend, leuchtet also bei trüben und dunklen Tauchgängen nach, wenn es vorher durch eine Lichtquelle angestrahlt wurde.

Kompass

Der Kompass erleichtert dem geübten Taucher selbst bei schlechter Sicht und großen Entfernungen vom Ziel die Navigation unter Wasser. Er ist als Arm- oder Konsolenmodell erhältlich. Minimodelle zum Aufschieben auf das Uhrenarmband dienen nur der groben Orientierung. Zum erfolgreichen Einsatz wird der Kompass möglichst weit vor dem Körper gehalten, der ganze Körper des Tauchers bildet so die Verlängerung der

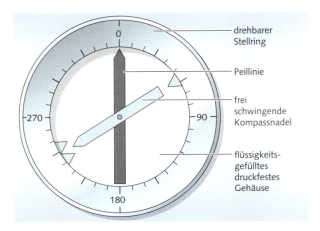

Kompass mit 360-Grad-Einteilung

Peillinie. Ein Kompass wird durch Metall und elektromagnetische Strahlung abgelenkt und darf nur mit genügend Sicherheitsabstand eingesetzt werden. Das Erlernen der korrekten Benützung des Kompasses ist Bestandteil des Spezialkurses Navigation.
Ein Unterwasserkompass sollte folgende Merkmale aufweisen:

Flüssigkeitsgefülltes Gehäuse
Durch die Flüssigkeit ist der Kompass druckfest, außerdem werden die Bewegungen der Kompassnadel gedämpft und das Ablesen erleichtert.

Frei bewegliche Kompassnadel oder Scheibe
Die Kompassnadel oder frei drehbare Scheibe sollte sich auch bei leichter Neigung des Kompasses noch leicht drehen ohne zu blockieren.

Stellring mit Gradeinteilung
Der drehbare Stellring verfügt über eine 360-Grad-Einteilung, anhand dieser numerischen Gradzahlen erfolgt die Navigation.

Peillinie
Ähnlich wie über Kimme und Korn erfolgt eine Peilung über oder seitlich am Kompass entlang. Diese Peillinie ist eine scheinbare Linie, die am Kompass vorn beginnt und durch den Körper des Tauchers, der sich »auf Kurs befindet«, hindurchgeht.

Fluoreszierende Zahlen und Gehäuseteile
Sie erleichtern das Tauchen bei Nacht und schlechter Sicht.

Konsolen

Konsolen dienen zur Aufbewahrung mehrerer Instrumente beim Tauchen. Die Kombinationsmöglichkeiten sind fast unbegrenzt. Meistens werden Finimeter, Tauchcomputer und Kompass zusammen verwendet. Beim Tauchen sollte die Konsole am Tarierjacket gesichert werden, damit sie nicht am Boden oder über das Korallenriff schleift und die darauf befindlichen Instrumente immer leicht erreichbar und ablesbar sind.

Tarierjackets

Tarierjackets, oft nur einfach Jacket genannt, ermöglichen es, unter Wasser einen schwerelosen Zustand herzustellen. Dieser wird neutrale Tarierung oder hydrostatisches Gleichgewicht genannt.
Das Tariergerät dient in erster Linie als:
- Tarierhilfe für den Taucher unter Wasser
- Schwimmhilfe an der Wasseroberfläche

Des Weiteren kommt es als Hilfe bei der Bergung von kleineren Gegenständen sowie als Hilfsgerät bei der Rettung und Bergung von verunglückten Schwimmern und Tauchern zur Anwendung.

Mindestanforderungen

- Integrierte Tragschale: Das Tauchgerät kann befestigt und somit bequem vom Taucher auf dem Rücken getragen werden.
- Verstellbare Bebänderung und Gurte, um das Tarierjacket individuell anzupassen.
- Mindestvolumen von 15 l Auftrieb, je mehr umso besser.
- Materialbeständigkeit gegen Umwelteinflüsse wie Salzwasser, UV-Strahlung, Chemikalien. Das Außenmaterial besteht bei modernen Jackets aus äußerst widerstandsfähigem Nylon, Cordura und Kevlarmischungen.
- Überdruckventil, um ein Platzen des Jackets zu verhindern.
- Ein Inflator, der über eine trennbare Inflatorkupplung und einen Mitteldruckschlauch mit dem Atemregler verbunden ist und eine blitzschnelle Füllung des Tarierjackets ermöglichen muss. **Achtung:** Bei Anschluss einer Hochdruckpfeife kann es zu vermindertem Luftdurchfluss kommen. Vor dem Kauf unbedingt ausprobieren, ob die schnelle Füllung des Tarierjackets dadurch beeinträchtig wird.
- Schnellablässe, die auch mit dicken Neoprenhandschuhen bedient werden können und ein vollständiges Entleeren der eingeschlossenen Luft ermöglichen.
- Mundaufblaseinrichtung, um im Notfall ein Befüllen des Tarierjackets mit der Ausatemluft gewährleisten zu können. Das Mundstück ist meist absichtlich sehr klein gewählt, damit keine Verwechslung mit Westenautomaten vorkommt.
- Signalpfeife, um im Notfall an der Wasseroberfläche auf sich aufmerksam machen zu können.

Verstellbare Brust- und Schultergurte sorgen für eine gute bequeme Passform, die individuell an die jeweilige Figur angepasst werden kann. Taschen, die vorzugsweise verschließbar sein sollten, und Befestigungsmöglichkeiten wie Haken, Ösen und D-Ringe ermöglichen das Mitführen und sichere Befestigen von Zusatzausrüstungen wie Lampe, Kamera und Ersatzteilen.
Die heutzutage verwendeten Tarierjackets sind in verschiedene Typenformen unterteilt.

Das Stab-Jacket
Es (engl. stabilizing = stabilisieren) hat einen Auftriebskörper, der sich über Brust und Rücken verteilt, um dem Taucher eine möglichst stabile und bequeme Lage im Wasser zu ermöglichen.

Tauchausrüstung

Oben links: Zweischaliges Stab-Jacket mit Innenbebänderung

Oben rechts: Moderne ADV-Jackets können individuell eingestellt werden.

Das Teck-Jacket besteht aus mehreren Einzelkomponenten, die nach Belieben ausgetauscht werden können.

Das Masterjacket der Firma Scubapro erfüllt als einziges Tarierjacket die Anforderungen für eine Rettungsweste und ermöglicht einem verunfallten Taucher bei Ohnmacht eine sichere Lage an der Wasseroberfläche. Der Taucher wird hier bei normaler Verteilung der Gewichtssysteme in Rückenlage gebracht. Durch das Prinzip drei umlaufender Luftringe wird eine stabile Lage über und unter Wasser ermöglicht.

Das Wing-Jacket
Es hat flügelähnliche (engl.: wing) Auftriebskörper am Rücken, die es dem Taucher ermöglichen eine waagrechte Position zu erreichen. Diese Jackets sind sehr beliebt bei Filmern und Fotografen.

Das ADV-Jacket
Die Auftriebskörper befinden sich meist an Schultern und Rücken; das Jacket ist über Schultergurte und Bebänderungen individuell einstellbar.

Teck-Jackets
Eine Modulbauweise ermöglicht die Verwendung von verschiedenen Auftriebskörpern, die je nach verwendeter Gerätekonfiguration Anwendung finden.

Bauweisen

Hinsichtlich der Bauweise unterscheidet man zwischen einschaligen und zweischaligen Tarierjackets.
Das einschalige Tarierjacket besteht aus einer verschweißten Blase, das zweischalige aus zwei getrennten Teilen, einer Innenblase und Außenhülle. Bei Beschädigungen kann sowohl die Außenhülle als auch Innenblase getrennt ersetzt werden.

Pflege
Nach dem Tauchgang sollte das Tarierjacket mit klarem Süßwasser gespült und das Wasser, das beim Tarieren in das Jacket eingedrungen ist, abgelassen werden. Nach einem Tauchurlaub im Salzwasser sollte der Schnellablass abgeschraubt und Süßwasser in das Tarierjacket gefüllt werden. Nach sorgfältigem Spülen und Ablassen des gesamten Wassers werden Salzreste entfernt, die die empfindliche Innenblase beschädigen könnten.

Gewichtssysteme

Taucher brauchen Blei, um den Auftrieb von Ausrüstungsgegenständen und des eigenen Körpers auszugleichen. Verwendete Gewichte sind gegossene Bleistücke, beschichtete Bleistücke (das nackte Metall wird mit einem Kunststoffüberzug versehen) und Bleischrot (kleine Bleikugeln in verschweißten Beuteln) in Gewichten von 0,5 bis 5 kg. Meistens werden jedoch 1- und 2-kg-Stücke verwendet. Fußgewichte sind ringförmige, mit Bleischrot gefüllte Gewichtssysteme, die Tauchern mit hohem Auftrieb an den Beinen (meistens Trockentauchern) eine bessere Wasserlage verschaffen sollen. Alle verwendeten Gewichtssysteme müssen für einen Notfall über ein Schnellabwurfsystem verfügen.

Der klassische Bleigurt

Das geläufigste System zum Mitführen von Gewichten ist der aus stabilem Gewebe bestehende Bleigurt. Auf diesen werden Bleistücke aufgefädelt oder eingehängt und nach Bedarf verteilt. Zusätzlich werden so genannte Bleistopper angebracht, die das Verrutschen der Bleistücke verhindern.

Taschenbleigurt/Softbleigurt

Eine Variante des klassischen Bleigurtes, der Taschenbleigurt, hat mehrere Taschen, die mit Klett- oder Reißverschluss geschlossen werden und in die das Blei gesteckt wird. Gewichte kann man schnell austauschen. Zum Tauchen mit dünnen Anzügen oder einfach für mehr Komfort gibt es eine Vielzahl von gepolsterten Versionen.
Das überstehende Ende des Bleigurtes sollte nicht länger als 15 bis 20 cm sein und darf nicht verknotet werden, um im Notfall die Schnellabwurfschnalle öffnen zu können.

Hosenträgergurt

Für Taucher mit Rückenproblemen kann ein so genannter Hosenträgergurt hilfreich sein, der nicht über der Hüfte, sondern als Hosenträgersystem getragen wird und damit ein Drücken der Bleigewichte auf die Lendenwirbel verhindert.

Integrierte Bleitaschen

Viele moderne Tarierjackets vereinen die Vorteile von Hosenträgergurt und gepolstertem Bleigurt durch integrierte Bleitaschen. Das Jacket liegt durch das Blei besser an, durch die gepolsterte Rückentragschale drückt und zwickt nichts und das Blei selbst kann nicht verrutschen.

Tauchanzüge

Ein Tauchanzug dient sowohl als Kälteschutz als auch als Schutz gegen Verletzungen oder Abschürfungen. Das am meisten verwendete Material ist ein mit feinsten Luftbläschen aufgeschäumtes Kautschukgemisch (Neopren). Zum bequemen An- und Ausziehen ist meist eine Stoffschicht aufgeklebt, die so genannte Kaschierung. Durch die Druckeinwirkung in der Tiefe wird das Material komprimiert, der Tauchanzug verliert an Auftrieb, die Isolierschicht wird »dünner«.

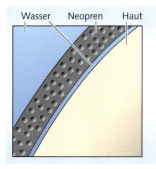

Links: Neoprenanzug an der Oberfläche

Rechts: Durch erhöhten Wasserdruck komprimierter Neoprenanzug während des Tauchgangs

Tauchanzüge 113

Je nach Wassertemperatur muss der richtige Kälteschutzanzug ausgewählt werden. Das Foto zeigt verschiedene Nasstauchmodelle.

Zusätzlich wird unter dieser Kaschierung oft eine Titaniumbeschichtung angebracht, die die Körperwärme des Tauchers reflektiert und für eine bessere Isolierung sorgt. Für Tropentauchanzüge wird auch Lycra (ein Nylongemisch) verwendet, das aus Komfortgründen mit Fleece und/oder Neopren beschichtet bzw. vermischt sein kann. Alle Anzüge sollten nach dem Tauchen mit Süßwasser gereinigt und ohne Knicke und Falten im Schatten zum Trocknen aufgehängt werden.

Nasstauchanzug

Wasser dringt in den Tauchanzug ein und liegt als dünne Schicht zwischen Haut und Tauchanzug. Da das von der Haut erwärmte Wasser leichter wird und nach oben steigt, sollte der Tauchanzug möglichst gut sitzen, um ein Nachströmen von kaltem Wasser an Arm-, Bein-, Halsöffnungen sowie am Reißverschluss zu vermeiden.
Die Materialstärke beträgt zwischen 2 und 7 mm. Der Tauchanzug ist entweder mit einem vertikal oder diagonal verlaufenden Front- oder einem Rückenreißverschluss ausgestattet. Arm- und Beinöffnungen sind zum besseren An- und Ausziehen meist ebenfalls mit Reißverschlüssen versehen.
Es gibt verschiedene Arten wie zum Beispiel den Shorty (ein dünner Anzug mit kurzen Armen und Beinen) oder eine Abwandlung davon mit langen Beinen und kurzen Armen oder den klassischen Overall mit langen Armen und Beinen. Am Overall selber oder an einer zusätzlichen Jacke ist bei den Kaltwassermodellen eine Kopfhaube angebracht. Manchmal wird sie als separate Kopfhaube beigelegt.
An den stark beanspruchten Stellen, wie zum Beispiel den Knien, befinden sich in den meisten Fällen spezielle Materialverstärkungen. Der Tauchanzug sollte innen und außen doppelt vernäht und geklebt sein, abgeklebte Nähte auf der Innenseite erhöhen den Tragekomfort des Anzuges.

Halbtrockentauchanzüge

So werden Nasstauchanzüge bezeichnet, die spezielle doppelte Dichtmanschetten an Armen und Beinen, überlappendes Neopren an den Reißverschlüssen oder einen gasdichten Reißverschluss besitzen. Das vom Körper erwärmte Wasser wird besser im Anzug gehalten, der Austausch durch kaltes Außenwasser fast gänzlich unterbunden. Die Kopfhaube ist im Gesichtsbereich oft mit Glatthautneopren (ohne Kaschierung) ausgestattet, um eine möglichst gute Abdichtung zu gewährleisten.

Trockentauchanzüge

Dabei handelt es sich um luftdicht abgeschlossene Tauchanzüge mit angeschweißten Füßlingen. Sie werden aus Neopren, komprimiertem Neopren und Trilaminat (drei zusammen verschweißte Materialien) hergestellt.

Neoprentrockentauchanzüge isolieren durch die im Neopren vorhandenen Luftbläschen. In sehr kaltem Wasser kann auch ein dünner Unterzieher getragen werden. Beim Trilaminatanzug ist das Tragen von speziellen Unterziehern mangels Eigenisolierung nötig. Unterzieher aus Fleece, Thermomaterial mit eingearbeiteten Titanpartikeln zur besseren Wärmeisolierung durch Reflektion der Körperwärme sind im Handel erhältlich. Es empfiehlt sich auch das Tragen von Funktionswäsche, also Unterwäsche, die Schweiß und Feuchtigkeit von der Haut wegtransportiert.

Das Anziehen eines Trockentauchanzuges erfolgt über den gasdichten Reißverschluss, der entweder quer über den Rücken oder über Rücken und Schulter verläuft. Am Hals sorgt eine Dichtmanschette dafür, dass auch hier kein Wasser eindringen kann.

Um die Hände vor Unterkühlung zu schützen, können Sie entweder herkömmliche Nasstauch-Handschuhe oder spezielle Trockentauch-Handschuhe tragen. Die Trocken-

Bei einem Tauchgang im kalten Wasser wird ein Trockentauchanzug getragen.

tauch-Handschuhe sind entweder fest mit dem Anzug verschweißt oder können über ein aufsteckbares Ringsystem vor dem Tauchgang aufgesteckt werden.

Regelmäßige Pflege und das Bestäuben der Latexmanschetten mit Talkum verlängern die Lebensdauer und erleichtern das Anziehen. Die Isolierung erfolgt durch die Luftschicht zwischen Anzug und Haut, da kein Wasser eindringen kann. Da die Luftschicht im Anzug mit zunehmender Tiefe komprimiert wird, muss beim Abtauchen über einen am Trockentauchanzug befindlichen Inflator Luft in den Anzug gegeben werden. Die sich beim Aufstieg ausdehnende Luft lassen Sie über ein separates Auslassventil ab, das sich meist an Arm oder Schulter befindet.

Da mit beschädigten Anzügen nicht mehr tariert werden kann, sollte aus Sicherheitsgründen immer auch ein Tarierjacket getragen werden. Tauchen Sie nur mit einem Trockentauchanzug, wenn Sie den Spezialkurs Trockentauchen erfolgreich abgeschlossen haben.

Kopfhauben und Handschuhe

Der Taucher verliert etwa 40 % seiner Körperwärme über den Kopf. Deshalb ist es notwendig, im kühleren Wasser Neoprenkopfhauben zu verwenden. Kopfhauben sind entweder bereits fest mit dem Tauchanzug bzw. dessen Jacke verbunden oder als separate Kopfhauben im Handel erhältlich. Die Eishaube ist eine zusätzliche dünne Kopfhaube, die nur Augen, Nasenöffnung und Mund freilässt und beim Tauchen in kalten Gewässern oder beim Eistauchen zusätzlich unter der Kopfhaube getragen werden kann.

Als zusätzlichen Kälteschutz empfiehlt sich das Tragen von Kopfhaube und Handschuhen.

116 Tauchausrüstung

Beim Tauchen in kalten Gewässern sollte der Taucher die Hände mit Tauchhandschuhen vor Auskühlung schützen, beim Wracktauchen vor Schnitten und Abschürfungen. Im mäßig kalten Wasser (bis 15 Grad Celsius) werden meist Fünffinger-Handschuhe verwendet, im kalten Wasser Dreifinger-Handschuhe oder Trockentauch-Handschuhe.

Kompressoren

Ohne Kompressor können wir unsere Tauchflaschen nicht füllen. Die geläufigsten Modelle sind mehrstufige Atemluftkompressoren, bei denen sich der Ansaugschlauch an einem gut belüfteten Ort befinden sollte.
Die Luft wird über einen Schlauch durch einen Grobfilter angesaugt. Durch einen weiteren Luftfilter, der feinen Schmutz wie Staub und Sand ausfiltert, gelangt sie in die erste Stufe. Von dort wird die Luft weiter über ein Saugventil in den Zylinder gesaugt und nach Verdichtung durch den Kolben über ein Druckventil mit einem Druck von ca. 5 bar über einen Zwischenkühler geleitet und an die zweite nächste Stufe weitergegeben. Dieser Vorgang wiederholt sich, bis der gewünschte Druck erreicht ist. Da sich die komprimierte Luft stark erwärmt, sind zwischen die einzelnen Stufen Kühlvorrichtungen geschaltet. Mehrere Öl- und Wasserabscheider stellen sicher, dass keine Feuchtigkeit in das zu befüllende Tauchgerät gelangen kann. Am Ende durchläuft die Luft noch eine Filterpatrone, die aus Aktivkohle und Molekularsieb besteht. Diese so genannte Triplexpatrone sorgt für trockene, geruchs- und geschmacksneutrale Luft. Ein einstellbares Sicherheitsventil überwacht den zu erreichenden Maximaldruck und schaltet den Kompressor bei dessen Erreichen aus.

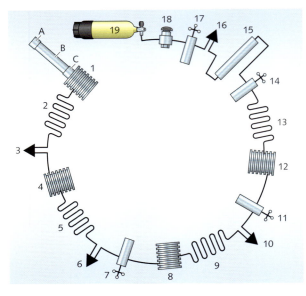

Luftverlauf in einem vierstufigen Atemluftkompressor
A *Grobfilter*
B *Ansaugschlauch*
C *Feinfilter*
1 *Erste Stufe*
2, 5, 9, 13 *Zwischenkühler*
3, 6, 10, 16 *Sicherheitsventil*
4 *Zweite Stufe*
7, 11, 14 *Öl-Wasserabscheider mit Ablassventil*
8 *Dritte Stufe*
12 *Vierte Stufe*
15 *Filterpatrone*
17 *Druckhalte- und Rückschlagventil*
18 *Füllventil*
19 *Tauchgerät*

Zusatzausrüstung 117

Die Zusatzausrüstung wird je nach Einsatzziel und Verwendungszweck ausgewählt.

Zusatzausrüstung

Die Zusatzausrüstung umfasst alle zusätzlichen Teile, die der Taucher je nach Einsatzzweck mit sich führen kann oder sollte.

Tauchtaschen

Da die Tauchausrüstung je nach Umfang ziemlich schwer sein kann, sind Taschen mit Rollen oder Rucksacksysteme erste Wahl für Reisende. Die Größe sollte für eine komplette Ausrüstung ausgelegt sein. Taschen und Rucksäcke für zwei komplette Ausrüstungen sind oft zu schwer und kaum noch zu heben bzw. zu tragen. »Abtropffreundliche« Staufächer für Füßlinge und Flossen sowie gepolsterte Taschen für Atemregler sind in der Zwischenzeit bei den meisten Taschen Standard.

Ersatzteile

Eine kleine wasserdichte Kunststoffbox sollte folgende Ersatzteile beinhalten:
- Ersatzmundstück und Kabelbinder für den Atemregler.
- Neoprenkleber, Nadel und stabiler Faden, um kleinere Reparaturen am Tauchanzug durchführen zu können.
- Ersatzmasken- und bei offenen Flossen ein Ersatzflossenband.
- Für erfahrene Taucher ist ein kleiner Werkzeugsatz mit Gabel- und Imbusschlüsseln sowie ein Ersatzteilset für den Atemregler zweckmäßig. Für fast alle Atemregler sind so genannte »Holidaykits« erhältlich, die alle für eine Wartung erforderlichen Teile enthalten.
- Ersatzleuchtkörper für Unterwasserlampen.
- DIN-/INT-Adapter bei Auslandsreisen.

Achtung: Das Öffnen eines Atemreglers durch nicht autorisiertes Fachpersonal führt nicht nur zum Verlust der Garantie, sondern kann auch für den Benutzer lebensgefährlich werden!

Tauchermesser

Ein kleines Tauchermesser oder eine Schere ist zu empfehlen, um sich damit bei einem Verfangen in Resten von Angelschnüren befreien zu können. Die dabei verwendeten Materialien sind hochwertiges rostfreies Edelstahl oder Titan. Moderne Tauchermesser können Sie sowohl am Bein als auch am Jacket oder mit speziellen Halterungen am Inflatorschlauch befestigen.

Signalmittel

Es gibt eine Vielzahl von optischen und akustischen Signalmitteln sowohl für unter als auch über Wasser.

Optische Signalmittel
- **Bojen und Tauchflaggen** sind in vielen Ländern zur Markierung und zum Kenntlichmachen des Tauchplatzes notwendig. Vorschrift dafür ist die Flagge Alpha des internationalen Flaggenalphabetes. In vielen Gebieten findet man dennoch auch die alte rote Flagge mit weißem Diagonal- oder Querbalken, teilweise mit abgebildetem Taucher. Es empfiehlt sich in jedem Fall die Mitnahme einer Signalboje, die an einer Leine kurz vor dem Aufstieg mit Luft gefüllt zur Wasseroberfläche gesendet wird, um den eigenen Standort kenntlich zu machen.
Eine Boje ist keine Garantie für sicheres Auftauchen, viele Surfer missbrauchen solche Signalbojen als Wendeboje und rauschen im Zentimeterabstand daran vorbei.
- **Signalblitzgeräte** sind handliche batteriebetriebene Blitzgeräte, die ein pulsierendes Dauerblitzlicht aussenden, sie werden nachts kilometerweit gesehen. Viele moderne Unterwasserlampen verfügen über eine SOS-Blinkfunktion, die bei Aktivierung das internationale Notzeichen SOS abgibt.
- **Schussgeräte für Leuchtkugeln/Nicosignal** sind sowohl am Tag als auch nachts sehr weit zu sehen. Es empfiehlt sich jedoch die Munition getrennt vom Schussgerät in einer wasserdicht verschließbaren Kapsel mit sich zu führen, da Salzwasser die Munition oft schnell unbrauchbar machen kann.

Achtung: Schussgeräte und Munition dürfen nicht in Flugzeugen mitgeführt werden, auch nicht im aufgegebenen Reisegepäck. Bitte beachten Sie die Vorschriften.

Alte (links) und internationale Taucherflagge Alpha (rechts)

Nur mit einer Unterwasserlampe können die absorbierten Farben wieder sichtbar gemacht werden.

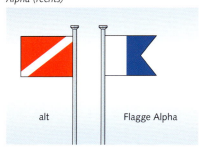

Akustische Signalmittel
- **Hochdruckpfeifen und Hupen**, die zwischen Inflatorkupplung und Inflatorschlauch befestigt werden können, lösen langsam die klassische Signalpfeife ab. Einige dieser Geräte verlangsamen den Luftdurchfluss zum Tarierjacket, so dass sich das Jacket im Notfall nicht schnell füllen lässt. Vor dem Kauf unbedingt ausprobieren! Diese Instrumente funktionieren jedoch nur mit genügend Restdruck in der Tauchflasche.
- **Tankbanger**, ein Gummiring mit Kunststoffkugel, der über die Tauchflasche gezogen wird und beim Ziehen an der Kugel auf das Metall der Tauchflasche knallt.
- Ein **Shaker** ist ein gefülltes Rohr mit Metallkugel, das beim Schütteln laut klappert.
- **Signalpfeifen** gehören zur Mindestausstattung jedes Tarierjackets und funktionieren ohne Batterien, Restluft usw.

Die Verwendung dieser Signalmittel sollte vor dem Tauchgang abgesprochen und ausschließlich auf den Notfall beschränkt sein. Taucher, die ihren Partner bei jedem Fisch mit einem Klappern, Klopfen oder Hupen nerven, brauchen sich nicht zu wundern, wenn dieser durch das vorausgegangene »Konzert« abgestumpft ist und in einem Notfall nicht mehr auf solche Signale reagiert.

Leinen und Hebeballons

Leinen
Verschiedene Leinenstärken, die meist auf Rollen, so genannte Reels gewickelt sind, dienen zum Befestigen von Signalbojen und zum Abmessen von Entfernungen. Stärkere Leinen in Signalfarben kommen beim Wrack-, Höhlen- und Eistauchen als Handleine zum Einsatz, um den Ausgang zu finden.

Hebeballons
Sie dienen zum Bergen schwerer Gegenstände, für die der Auftrieb des Tarierjackets nicht mehr ausreicht. Ein leerer Hebesack (oder mehrere, je nach Größe des Objektes) wird am Objekt befestigt und nach dem Prinzip des Archimedes mit Ausatemluft oder einem separaten Presslufttauchgerät gefüllt, bis der Auftrieb des Ballons minimal größer ist als der Abtrieb des zu bergenden Gegenstandes.

Beim Aufstieg muss die sich im Ballon ausdehnende Luft durch Ventile kontrolliert abgelassen werden, um ein »Durchschießen« (unkontrollierter Aufstieg) des Ballons zu verhindern.

Gegen das gefürchtete Umkippen des Hebeballons hat sich die Birnenform als am stabilsten erwiesen. Wenn ein Hebeballon zur Seite abkippt, verliert er seinen Auftrieb durch schlagartiges Ablassen aller Luft. Der zu bergende Gegenstand fällt unkontrolliert in die Tiefe.

Tauchlampen

Sie werden überall dort benötigt, wo das Umgebungslicht nicht mehr ausreicht. Die gewünschte Größe und Leistung (und damit auch der Preis) sind abhängig vom Einsatzzweck. Kleine batteriebetriebene Lampen eignen sich dazu, in ein kleines Loch hineinzuleuchten oder als Ersatzleuchte, um beim Ausfall der Hauptbeleuchtung noch die Tauchinstrumente ablesen zu können.

Größere Modelle verfügen über wiederaufladbare Akkus aus Nickel-Metall-Hydrid oder Nickel-Cadmium. Als Leuchtkörper kommen meist Halogen- oder Gasentladungslampen zum Einsatz.

Spotstrahler
Sie geben das Licht sehr gebündelt ab und eignen sich daher meist für schlechte Sichtweiten und zum Beleuchten kleiner Löcher und Spalten.

Breitstrahler
Beim Breitstrahler (Flood) wird das Licht in großer Streuung »weich« abgegeben. Breitstrahler besitzen eine geringere Blendwirkung als Spotstrahler.
Die Lichtabgabe erfolgt bei herkömmlichen Breitstrahlern kegelförmig. Das bedeutet, dass sich im Zentrum des Lichtkegels ein so genannter Hot-Spot bildet, weil dort mehr Licht auftrifft.
Lampen mit Hot-Spot sind zum Filmen und Fotografieren weniger geeignet, da sich das Licht nicht gleichmäßig über den beleuchteten Bereich ausbreitet.

Pflege
Spülen Sie die Lampen nach dem Tauchgang mit klarem Süßwasser und entleeren Sie den Akku, indem Sie die Lampe im Wasserbad brennen lassen, bis der Akku leer ist. Dadurch verhindern Sie beim Laden den mit der Zeit auftretenden unerwünschten Memory Effekt. Dies bedeutet, dass sich der Akku den Entladezustand »merkt«. Wird zum Beispiel immer eine zu 50 % entladene Lampe an das Ladegerät angeschlossen, verringert sich die Leistung des Akkus spürbar um die Hälfte.
Bei längerer Lagerung muss der Akku regelmäßig geladen und wieder entladen werden, um die Funktion aufrechtzuerhalten. Die vom jeweiligen Hersteller in der Bedienungsanleitung gegebenen Empfehlungen sind in jedem Fall einzuhalten.

Sinnvolle Eigenschaften und Zubehör
Hochwertige Lampen können in Stufen oder stufenlos »gedimmt« werden, um z. B. beim Betrachten eines schlafenden Fisches die Blendwirkung abzuschwächen. Die Akkuleistung einer Tauchlampe sollte bei 50 Watt für ca. 1 Stunde Brenndauer ausreichen. Bei vielen Lampen wird das Ende der Akkukapazität durch optische und/oder akustische Signale angezeigt. Zusätzlich verfügen manche der modernen Tauchlampen über eine SOS-Funktion. Bei Aktivierung des SOS-Schalters blinkt die Lampe das international bekannte SOS-Zeichen. Die Tauchlampe sollte wegen möglicher Überhitzung nicht außerhalb des Wassers eingeschaltet werden.
Bei Lampen mit Überlade- und Tiefentladeschutz kann der Akku durch eine elektronische Sperre weder überladen noch zu tief entladen werden, dies wirkt sich positiv aus auf die Lebensdauer des Akkus.
Die Einschaltstrombegrenzung schont die verwendeten Leuchtkörper. Es empfiehlt sich eine ausreichende Anzahl von Ersatzbirnchen mitzuführen. Es ist sinnvoll, eine schützende Neoprenhülle über das Lampengehäuse zu ziehen, um dieses vor Schlägen und Kratzern zu schützen.
Zur Befestigung oder Sicherung von Lampen, Unterwasserfotoapparaten oder -videokameras sind mittlerweile viele verschiedene Karabinerhaken, Klickverschlüsse, Klettbänder, Spiralkabel und Retriever (ausziehbare Schnüre, die sich nach Entlastung über ein Federsystem wieder selbst aufrollen) in unterschiedlichen Formen und Farben erhältlich.

Tauchpraxis

Ob mit ABC- oder kompletter Tauchausrüstung – sorgfältige Planung, Vorbereitung und Übung sind Voraussetzungen für ungetrübtes Tauchvergnügen.

Umweltschutz

Jeder sollte sich so am und im Gewässer verhalten, dass dieses nach Verlassen im gleichen oder besseren Zustand ist als vor seinem Besuch. Durch das Fehlverhalten einiger weniger wurden Tauchverbote verhängt, unter denen die breite Masse der Taucher zu leiden hat. Angler, Kanufahrer, Badegäste usw. haben die gleichen Rechte, das Gewässer zu nützen wie die Taucher.

Vor dem Tauchgang

Bildung von Fahrgemeinschaften und Nutzung von befestigten Zufahrten. Die Fahrzeuge sollten selbstverständlich nur auf ausgewiesenen Parkplätzen und nicht direkt am Gewässerufer abgestellt werden.

Mitnahme von bereits gefüllten Tauchgeräten
Die Aufstellung eines mit Verbrennungsmotor betriebenen Atemluftkompressors ist bei dem großen Netz von Füllstationen in Europa meistens unnötig. Menschen, Tiere und Pflanzen werden durch Lärm, Abgase, austretendes Öl und Schmierstoffe belastet. Das bei jedem Kompressor anfallende ölhaltige Kondensat muss so aufgefangen und entsorgt werden, dass zu keinem Zeitpunkt eine Gefahr für die Umwelt besteht.

Der Einstieg
- Nutzen Sie vorhandene Einstiege wie Badestege und Badestrände.
- Ausgewiesene Biotope, Naturschutz- und Laichschutzgebiete sind großräumig zu meiden, da Tiere sehr empfindlich auf Störungen reagieren. Brütende Vögel können ihre Nester verlassen und bei panikartigem Verlassen des Nestes können Jungvögel und Eier aus dem Nest geschleudert werden.

Während des Tauchgangs

Kein Sediment aufwirbeln
Sediment, das während des Ein- und Ausstiegs oder beim Tauchgang aufgewirbelt wird, bedeckt Pflanzen und Korallen. Diese benötigen jedoch Licht, um zu überleben. Wird die Belastung durch Sedimentation zu groß, kann keine Photosynthese mehr stattfinden, es kommt zum Absterben.
Viele Fischarten legen ihren Laich an Wasserpflanzen und am Gewässergrund ab. Legt sich aufgewirbeltes Sediment auf den Fischlaich, wird dieser durch Sauerstoffmangel zerstört und eine ganze Generation vernichtet.

Ausrüstung sichern
Beim Tauchen gibt es viele Möglichkeiten an Wasserpflanzen und Korallen hängen zu bleiben und diese abzureißen bzw. abzubrechen. Die Tauchausrüstung muss so befestigt sein, dass keine Schläuche ungesichert herumhängen, der Taucher muss immer ausreichend Abstand zu Wasserpflanzen bzw. Korallen halten.

Nicht stören, anfassen oder berühren
Schlafende oder winterstarre Fische dürfen nicht gestört werden. Bei winterstarren Fischen läuft der Stoffwechsel in der nahrungsarmen, kalten Jahreszeit extrem langsam ab, um Energie zu sparen. Werden Fische gestört, bedeutet dies einen erhöhten Energieverbrauch, der Fisch kann unter Umständen verhungern. Schlafende Fische reagieren mit panikartigen Fluchtreaktionen auf Anfassen und Störungen und können sich dabei leicht verletzen. Bei Nachttauchgängen ist deshalb ganz besonders darauf zu achten, Fische durch direktes Anleuchten nicht zu stören. Beim Anfassen, speziell mit Handschuhen, wird die empfindliche Schleimschicht verletzt, Infektionen und Pilzerkrankungen können auftreten.

Wasserpflanzen in heimischen Seen und Flüssen und natürlich Korallen reagieren extrem empfindlich auf Berührungen. Bei Korallen wird die lebende Oberflächenschicht bei Berührung geschädigt. Ein einziger unbedachter Flossenschlag oder Griff mit dem Handschuh kann jahrzehntelanges Wachstum vernichten. Taucher mit Tarierproblemen sollten das direkte Überschwimmen von Korallen und Wasserpflanzen vermeiden. Unsichere Taucher neigen dazu, sich im Riff hinzuknien oder auf die Flossen zu stellen, um die Hände zu schützen. Dabei ist die Beschädigung durch das Gewicht und die Auflagefläche der Knie und Beine wesentlich größer als beim vorsichtigen Festhalten mit zwei oder drei Fingern. Durch die Gewebestruktur des Tauchanzuges werden bei Kontakt große Mengen der schützenden Schleimschicht von Korallen entfernt, was diese wiederum enorm schädigt.

Keine Ausbildungstauchgänge in sensiblen Bereichen
Trainingstauchgänge mit unsicheren Tauchern sollten nur in Gewässern stattfinden, in denen es zu keinen Schädigungen der Fauna und Flora kommen kann. Viele Tauchclubs und -schulen haben aus diesem Grund künstliche Plattformen in Gewässern installiert.

Keine Handschuhe in warmen Gewässern
In Gewässern, die warm genug sind, um Korallenwachstum zu ermöglichen, sind Handschuhe überflüssig. Bei direktem Kontakt mit Handschuhen und Tauchanzug wird die Schutzschicht der Korallen oder Fische wesentlich stärker verletzt, als dies bei einer Berührung mit bloßer Haut der Fall ist. Handschuhe verleiten, in der irrigen Annahme geschützt zu sein, zum Anfassen von Korallen und Tieren. Sie schützen jedoch nicht vor ernsthaften Verletzungen durch gefährliche Meerestiere (siehe Seite 71).

Nicht füttern
Fische nicht füttern, da dies zu einer Veränderung der natürlichen Gewohnheiten führt, die bei Großfischen wie zum Beispiel Hai, Barrakuda, Muräne und Rochen für den Taucher gefährlich werden könnte.
Die Assoziation, dass ein Taucher stets Futter mit sich führt, kann beim Ausbleiben der erwarteten Fütterung bei manchen Fischen aggressives Verhalten auslösen.

Nichts sammeln, keine Souvenirs kaufen
Jedes kleine Muschel- oder Korallenstück erfüllt seinen Zweck im Kreislauf des Meeres. Muschel- und Schneckengehäuse dienen anderen Meerestieren als Behausung und zur Ablage von Eiern. Souvenirs wie mit Muschelschalen und Korallen verzierte Bilderrahmen, Ketten mit Haifischzähnen, Kämme aus Schildpatt, Schildkrötenpanzer oder Korallen sind überflüssig, denn durch den Kauf wird die Ausbeutung der Natur unterstützt. Auch drohen nicht nur bei der Einfuhr nach Europa drakonische Strafen, sondern oft schon bei der Ausfuhr aus dem Land, in dem diese Produkte gekauft wurden.

Abfallentsorgung unter Wasser
Abfälle wie Batterien, Öl und Farbbehälter, die das Gewässer schädigen oder Angelleinen, Netzreste, Plastiktüten u. Ä., die Tiere gefährden können, müssen entfernt und sachgemäß entsorgt werden. Leere Dosen und Flaschen, die keinerlei Schaden anrichten, können unter Umständen bereits Wohnort eines Wasserbewohners geworden sein, in diesem Fall muss Nutzen und Schaden abgewogen werden.

Nach dem Tauchgang

Abfallentsorgung, Reinigung des Tauchplatzes
- Alle mitgebrachten sowie die eingesammelten Abfälle mitnehmen oder sachgerecht entsorgen.
- Wieder verwendbare Rohstoffe wie Glas und Papier sollten bei Wertstoffsammelstellen abgeben werden.
- Grillen oder Lagerfeuer sollte ausschließlich an den dafür ausgewiesenen Plätzen erfolgen.

Es empfiehlt sich, ausreichendes Brennmaterial selbst mitzubringen und andere Gewässernutzer nicht durch Lärm, Schmutz und Rauch zu belästigen. Teller, Besteck und der mitgebrachte Grill sollten zu Hause und nicht am Gewässer gereinigt werden.

Planung und Vorbereitung eines Tauchgangs

Tauchen findet trotz der steigenden Anzahl von »Indoor-Tauchanlagen« zum Großteil im Freien statt. Bei der Planung eines Tauchgangs müssen deshalb die Umwelteinflüsse berücksichtig werden.

Umwelteinflüsse

Wind
Durch atmosphärische Druckunterschiede werden Luftmassen bewegt, die wir als Wind wahrnehmen. Die Windstärke wird in Beaufort in Zahlen zwischen 0 = Windstille bis 12 = Orkan gemessen. Wind bedeutet immer auch Wellen an Gewässern, die sich abhängig von Windrichtung und Stärke so hoch aufbauen können, dass Tauchen unmöglich wird.

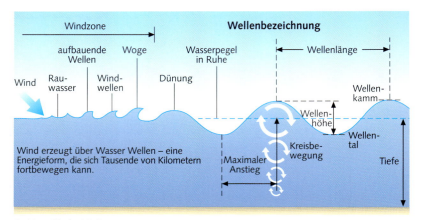

Fachbegriffe für Wellen

Wellen
Wellen entstehen meist durch Wind, Ursache können jedoch auch unterseeische Vulkanaktivitäten sein, die bedrohliche Ausmaße erreichen. Die Kraft des Windes, der über ein Gewässer streicht, führt zur Bildung von kleinen Wellenkämmen. Diese werden umso höher, je stärker der Wind ist und je länger er auf die Welle wirken kann. Durch das Auf und Ab der Wellen entsteht in den Wassermolekülen eine kreisförmige Energiebahn, die sich rasch fortpflanzt. Die Wellenenergie kann sich abhängig von Windstärke und Dauer über Tausende von Kilometern fortbewegen und ist umso größer, je stärker der Wind ist. Sie ist abhängig von der Wellenlänge bis in die Tiefe als Dünung spürbar.

Fachbegriffe für Wellen:
- **Wellenkamm** wird die höchste Erhöhung einer Welle genannt.
- **Wellental** ist der tiefste Punkt, den die Welle erreicht.
- **Wellenhöhe** ist der Höhenunterschied zwischen Wellenkamm und -tal.
- **Wellenlänge** wird aus der Entfernung von zwei Wellenkämmen ermittelt.
- **Wellenfrequenz** ist die Zeitdauer, in der zwei direkt aufeinander folgende Wellen einen festgelegten Punkt passieren.
- **Dünung** ist die bis in die Tiefe spürbare Wellenergie, die vom Taucher als schaukelnde Bewegung wahrgenommen wird und sich an der Wellenlänge orientiert. Ist der Abstand zwischen Wellenkämmen 10 m lang, so wird die Dünung bis in 10 m Tiefe wahrgenommen.

Der Ein- und Ausstieg an Gewässerufern und bei Tauchbooten wird umso schwieriger und gefährlicher, je höher die Wellen sind. Bei hohen Wellen besteht die Gefahr, dass zu viel Wasser in das Boot gelangt oder das Boot kentert. Abhängig von der Höhe der Wellen kann ein Rücksog entstehen, den sich der Taucher beim Abtauchen unter den Wellen hindurch zu Nutze machen kann. Weißes schäumendes Wasser in der Brandungszone enthält sehr viel Luft und wesentlich weniger Auftrieb als unbewegtes Wasser. Es kann schwierig sein, sich in solch einer Zone an der Oberfläche zu halten.

Planung und Vorbereitung **125**

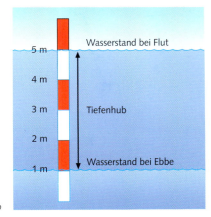

Tidenhub

Gezeiten

Die großen Wasserflächen der Ozeane unterliegen der Anziehungskraft des Mondes und der Sonne. Bedingt durch die kürzere Distanz des Mondes zur Erde sind die Anziehungskräfte des Mondes etwa doppelt so stark wie die der Sonne.

Durch die Anziehungskräfte von Sonne und Mond auf die Wassermassen der Weltmeere entstehen Differenzen in der Höhe des Wasserstandes. Diese Differenzen zwischen Höchst- und Niedrigwasserstand werden als Tidenhub bezeichnet.

Befinden sich Sonne und Mond auf einer Linie zur Erde, addieren sich die Anziehungskräfte und die Flut fällt höher aus als normal. Dieser Zustand tritt zweimal pro Monat jeweils bei Voll- und Neumond auf und wird als Springflut bezeichnet. Befinden sich Sonne und Mond jedoch im gegensätzlichen rechten Winkel zur Erde, heben sich die Anziehungskräfte teilweise auf. Ist der Tidenhub am schwächsten, wird dies als Nipptide bezeichnet.

Durch die Rotation der Erde und durch die Rotation des Mondes um die Erde kommt es zu einem Wechsel der Anziehungskräfte und der jeweiligen Wasserstände. Der

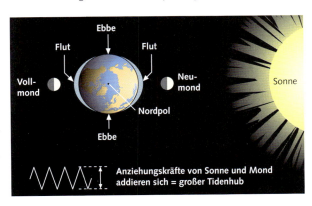

Addiert sich die Anziehungskraft des Mondes und der Sonne, treten große Unterschiede zwischen Hoch- und Niedrigwasserstand auf.

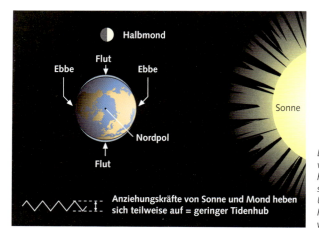

Die Anziehungskräfte von Sonne und Mond heben sich gegenseitig fast auf, der Unterschied zwischen Hoch- und Niedrigwasser ist sehr gering.

Wechsel der Gezeiten findet pro Tag viermal statt; jeweils zweimal täglich kommt es zu Ebbe und zu Flut.
- **Flut** = Wasser läuft durch die Gezeiten in ein Gebiet hinein, bis es seinen maximalen Höchststand erreicht hat.
- **Ebbe** = Wasser läuft bedingt durch die Gezeitenwirkung aus einem Gebiet heraus, bis der niedrigste Wasserstand erreicht ist.
- **Gezeitenwechsel** = der kurze Zeitraum zwischen Ebbe und Flut bzw. Flut und Ebbe, in dem es zu keinerlei Veränderung des Wasserstandes kommt.

Befindet sich der Wasserstand zwischen Ebbe und Flut, wird er als »auflaufend« bezeichnet, befindet er sich zwischen Flut und Ebbe nennt man ihn »ablaufend«. Je näher sich der Ort am Äquator befindet, umso niedriger ist der Tidenhub. Je weiter er entfernt ist, umso höher ist der Unterschied. Auf den Malediven, die sich nah am Äquator befinden, beträgt der Tidenhub meist nicht mehr als 1 m, im Norden Englands bis über 9 m. Für nahezu alle wichtigen Orte und Schifffahrtsrouten sind spezielle Tidenkalender erhältlich, in denen die genaue Uhrzeit des Hoch- und Niedrigwasserstandes vermerkt ist.

Durch die teilweise gewaltigen Wassermengen, die beim Wechsel von Ebbe und Flut bewegt werden, können starke Strömungen entstehen, die ein Betauchen unmöglich und lebensgefährlich machen. Die beste Zeit zum Tauchen ist immer die Zeit des Gezeitenwechsels, meist 30 min vor Erreichen bis 30 min nach dem Höchst- bzw. Niedrigstand.

Ortsunkundige müssen sich unbedingt bei örtlichen Tauchcentern, Fischern etc. nach den besten und sichersten Zeiten erkundigen. Oft ist in den lokalen Zeitungen bei der Wettermeldung vermerkt, wann Ebbe und Flut sind.

Strömungen

Strömungen können durch die Gezeiten, Wind, Erdrotation, Schwerkraft, jahreszeitliche Temperaturunterschiede oder Riffstrukturen entstehen. Das Auftreten von Strömungen kann im gleichen Tauchgebiet tageszeitlich große Unterschiede aufweisen. Die Strömungsgeschwindigkeit wird als Drift bezeichnet und deren Geschwindigkeit in

Knoten (1,85 km/h) gemessen. Unter Umständen können in manchen Gebieten gefährliche Wirbel und Abwärtsströmungen entstehen, die selbst erfahrene Taucher vor Probleme stellen. Auch hier ist man gut beraten, sich an ein örtliches, kundiges Tauchcenter zu wenden und die Tipps und Ratschläge strikt zu befolgen.

Die langfristige Planung

Grundsätzlich gilt: Plan your dive and dive your plan! Was so viel bedeutet wie: Plane deinen Tauchgang und tauche dann genau nach Plan. Jede Abweichung von der ursprünglichen Planung bedeutet einen Risikofaktor.

Sammeln Sie möglichst rechtzeitig Informationen über den geplanten Tauchplatz, entweder durch Kontaktaufnahme zu Tauchschulen, die sich vor Ort befinden, durch das Lesen von Tauchreiseberichten oder durch Erfahrungen anderer Taucher, die das Gebiet gut kennen. Wichtig ist, so viele Information wie möglich zu bekommen, um die Anforderungen an Mensch und Ausrüstung abschätzen zu können.

- Wo soll getaucht werden, gibt es Alternativen?
- Ist es überhaupt erlaubt dort zu tauchen?
- Welche Voraussetzungen muss der Taucher erfüllen, um dort tauchen zu dürfen?
- Wann soll der Tauchgang stattfinden?
- Müssen Ebbe und Flut berücksichtig werden?
- Wie komme ich zu diesem Tauchplatz: Fahrtrouten und Alternativen, Reservierungen für Flüge, Boote, Hotels, Campingplätze etc.?
- Was ist das Ziel dieses Tauchgangs? Möchte ich Übungen ausführen, fotografieren, filmen oder neue Gebiete erkunden?
- Wer kann und soll an diesem Tauchgang teilnehmen?
- Sind alle Taucher dafür ausgebildet und fit genug?
- Welche Ausrüstung wird für diesen Tauchgang benötigt?
- Welche Art von Kälteschutzanzug, welche Zusatzausrüstung und wie viele Tauchflaschen in welcher Größe werden gebraucht?
- Kann vor Ort Ausrüstung geliehen werden, ist eine Füllstation vor Ort?
- Gibt es Filme, Videokassetten und Batterien vor Ort zu kaufen?
- Werden Lampen benötigt, muss abgeklärt werden, ob die örtliche Energieversorgung für das Laden der Akkus ausreicht oder müssen Adapter besorgt werden?

Die mittelfristige Planung

Ausrüstung und Zusatzausrüstung werden auf Vollständigkeit und Funktion überprüft und gegebenenfalls vervollständigt:
- ABC-Ausrüstung auf Risse an Masken- und Flossenbändern sowie Undichtigkeiten an der Maske überprüfen.
- Tauchgeräte füllen.
- Atemregler mit alternativer Luftversorgung anschließen und Funktion überprüfen.
- Tarierjackets montieren und Inflators anschließen, Funktion prüfen.
- Entspricht der Tauchanzug den zu erwartenden Wassertemperaturen?

Die Ausrüstung wird so verpackt, dass sie während der Reise keinen Schaden nimmt und am Ankunftsort »aus der Tasche auf die Flasche« montiert werden kann, ohne dass die Ausrüstung großräumig ausgebreitet werden muss. Bei Flugreisen empfiehlt es sich, Tauchcomputer, Kameras und andere empfindliche Geräte ins Handgepäck zu nehmen.

Die Bestätigung aller Reservierungen und Informationen zum Tauchgebiet liegen den Tauchern vor, der aktuelle Wetterbericht wurde eingeholt.

Tauchbrevets, Logbücher und gültige ärztliche Bescheinigung liegen vor.

Vergessen Sie nicht die Erstellung eines schriftlichen Notfallplanes, der für alle erreichbar sein muss und mindestens Folgendes beinhalten sollte:
- Wo befindet sich das nächste Telefon oder Funkgerät?
- Wie funktioniert es?
- Wo befinden sich Notfallausrüstung und Erste-Hilfe-Koffer?
- Wer ist zu verständigen, welche Notfallnummer muss gewählt werden? Hilfreich ist auch das Festlegen von Formulierungen (durch Vorformulierung einer Checkliste wird dem nervösen Helfer so manches erleichtert).

Die Planung direkt vor dem Tauchgang

Am Tauchplatz angekommen wird zuerst überprüft, ob die vorgefundenen Konditionen einen Tauchgang zulassen oder ob Wind, Strömung, Wetter oder örtliche Vorschriften dagegen sprechen. Wetteränderungen und dadurch bedingte Wellen, Strömungen und Eintrübung des Wassers können die Durchführung des Tauchgangs erschweren oder verhindern.
- Wie sieht es am alternativ gewählten Tauchplatz aus?
- Sind alle Taucher für den geplanten Tauchgang ausgebildet, physisch und psychisch fit?
- Hat jemand Angst vor dem Tauchgang, weil er dazu gedrängt wurde?

Die Tauchgangsplanung sollte bei jemandem hinterlassen werden, der zu einem bestimmten Zeitpunkt überprüft, ob alle zurückgekehrt sind oder notfalls die Behörden verständigt.

Steht einem Tauchgang am ausgewählten Tauchplatz oder an der festgelegten Alternative nichts im Wege, kann mit dem Briefing und der Montage des Tauchgeräts begonnen werden.

Briefing vor dem Tauchgang

Direkt vor der Montage der Tauchausrüstung und dem Anlegen des Tauchanzuges wird vom Gruppenführer eine Tauchgangsbesprechung, ein so genanntes Briefing, durchgeführt. Dieses Briefing sollte enthalten:
- **Zweck des Tauchgangs:** Welche Übungen sollen während des Tauchgangs durchgeführt werden? Soll zum Beispiel nach etwas gesucht werden oder möchte man ein unbekanntes Gebiet erforschen? Alle teilnehmenden Taucher müssen sich über den Zweck des Tauchgangs einig sein. Übungen, die während des Tauchgangs durchge-

führt werden sollen, müssen vor dem Tauchgang genau erklärt und eventuell demonstriert werden.
- **Gruppeneinteilung:** Wer taucht mit wem, auf welcher Seite soll sich der Tauchpartner befinden?
- **Tiefe und Dauer des Tauchgangs:** Welche maximale Tiefe soll aufgesucht werden, wie lange wird getaucht?
- **Tauchgangsprofil:** Anhand einer Skizze werden der Tauchplatz und der Ablauf dargestellt: Tiefenverlauf des Tauchgangs und einzuhaltende Sicherheitsstopps. Grundsätzlich muss von tief nach flach getaucht werden, Wiederholungstauchgänge müssen flacher sein als die vorherigen Tauchgänge.
- **Richtung:** Eventuell einzuhaltende Kompasskurse, natürliche Orientierungspunkte unter Wasser, Strömungen. Muss zum Einstieg zurückgetaucht werden?
- **Ein- und Ausstiegsmethode:** Wie kommen die Taucher am sichersten ins Wasser und wieder heraus?
- **Notfallverfahren:** Wo befinden sich Notfallplan und Notfallausrüstung? Was ist bei Trennung vom Tauchpartner, Fehlfunktionen von Ausrüstung etc. zu beachten?
- **Signale:** Welche Unterwasserzeichen und Sonderzeichen sollen verwendet werden?
- **Mögliche Gefahrenpunkte:** Beachten Sie Bootsverkehr, Strömungen und andere Hindernisse.

Kommunikation unter Wasser

Unter Wasser sind wir ohne aufwändige technische Hilfsmittel unserer Sprache beraubt und müssen daher auf andere Möglichkeiten der Kommunikation zurückgreifen. Alle Standard- und Zusatzzeichen müssen vor dem Tauchgang abgesprochen und eventuell wiederholt werden, damit es zu keinen Missverständnissen kommt.

Akustische Signale

Durch Klopfen an die Tauchflasche, Betätigen einer über den Inflator gespeisten Pressluftpfeife oder ähnlichem Zubehör kann man aufgrund der schnellen Schallübertragung unter Wasser weit hörbare Signale abgeben. Diese Signalmittel sollten nur im Notfall verwendet werden, um andere Taucher nicht durch ständiges Klopfen und Hupen zu nerven.

Leinensignale

Bei extrem eingeschränkten Sichtverhältnissen, beim Eistauchen, beim Höhlentauchen und in der Berufstaucherei werden spezielle Leinensignale verwendet, um dem Tauchpartner oder bereitstehendem Hilfspersonal Zeichen und Anweisungen zu geben.

Optische Signale

Beim Tauchen geschieht die Kommunikation in erster Linie durch international standardisierte Handzeichen. Beim Nachttauchen werden die gängigen Handzeichen im Lichtschein der Lampe direkt vor dem Körper ausgeführt, um eine Blendung des Tauchpartners zu vermeiden; oder es wird durch kreisförmige Bewegung der Lampe »OK – alles in Ordnung« signalisiert. Auf- und Abbewegen der Tauchlampe bedeutet »irgendetwas ist nicht in Ordnung«.

International standardisierte Signalzeichen erleichtern die Kommunikation beim Tauchen.

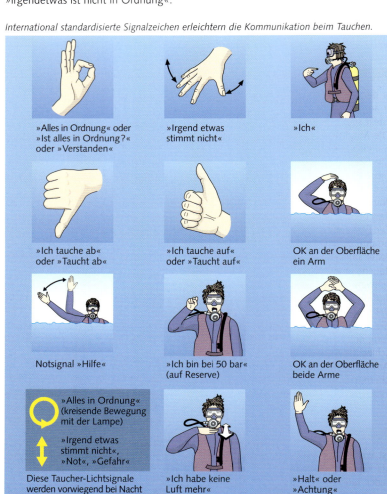

Gruppeneinteilung und Führung

Der Tauchgang sollte von dem oder den Tauchern geführt werden, die den höchsten Ausbildungsstand und/oder die meiste Taucherfahrung an dem zu betauchenden Tauchplatz aufweisen. Dabei muss ein Gruppenführer die Verantwortung übernehmen für:
- den oder die Tauchpartner.
- die verwendete Tauchausrüstung.
- die Durchführung des Tauchgangs.

Die Tauchpartner

Vor dem Tauchgang muss die physische und psychische Verfassung und Bereitschaft, der angemessene Ausbildungsstand bzw. die Taucherfahrung aller Teilnehmer sichergestellt sein.
- Die Mitglieder der Gruppe sollten so eingeteilt werden, dass unerfahrene Taucher mit einem erfahrenen Buddy tauchen.
- Die Gruppe muss sich immer nach dem schwächsten Mitglied richten, tauchen z. B. nicht alle Gruppenmitglieder mit Nitrox, muss nach dem konservativeren Luftmodell des Tauchcomputers getaucht werden.
- Muss ein Gruppenmitglied den Tauchgang beenden, wird es mindestens von zwei Tauchern begleitet, bis die Person sicher an Land oder im Boot ist.
- Die Festlegung der Gruppengröße sollte abhängig von Sichtverhältnissen und Taucherfahrung erfolgen, ideal sind Zweierteams.
- Jeder Taucher hat seinen festen, ihm zugeteilten Tauchpartner.
- Taucht eine ungerade Anzahl von Tauchern, z. B. mit drei Gruppenmitgliedern, schwimmt der einzelne Taucher in jedem Fall vor dem ihm folgenden Partnerteam. Auf diese Weise ist die Sicherheit aller Gruppenmitglieder am besten gewährleistet.
- Bei größeren Gruppen übernimmt normalerweise der Taucher die Führung, der über die meiste Erfahrung verfügt. Der Gruppenführer ist verantwortlich für die Einhaltung des Tauchgangsplans. Unerfahrene Taucher schwimmen direkt hinter oder bei schlechter Sicht neben dem Gruppenführer, so dass Handkontakt möglich ist.
- Am Ende der Gruppe befindet sich dann ein Partnerteam, gebildet aus den Tauchern, die nach dem Gruppenführer am meisten Taucherfahrung aufweisen.

Die verwendete Tauchausrüstung

- Ist die Tauchausrüstung aller Teilnehmer für diesen Tauchgang angemessen, vollständig und funktionstüchtig?
- Jeder Taucher muss mit der Ausrüstung seines Tauchpartners (Schnellablässe, alternative Luftversorgung etc.) vertraut sein. Der Gruppenführer muss auf eine sorgfältige Durchführung des Partnerchecks achten.
- Wissen alle Taucher, wie die eventuell mitgenommene Sonderausrüstung bedient wird?

Der Tauchgang

Planung vor dem Tauchgang
- Zweck, Ort, Dauer, Tiefe etc. des Tauchgangs ist allen Beteiligten klar.
- Handzeichen, Sonderzeichen wurden wiederholt und abgesprochen.

Beim Tauchgang
- Einhaltung der Tauchgangsplanung.
- Zusammenhalten der Tauchgruppe.
- Sicherstellen, dass alle mit genug Restluft den Ausstieg erreichen etc.
- Hilfeleistung bei Problemen und Notfällen.

Tauchgangsnachbesprechung
- Wurde der Tauchgang so durchgeführt, wie in der Tauchgangsplanung besprochen?
- Wurden alle Übungen erfolgreich praktiziert?
- Gab es Probleme bei den Übungen?
- Welche Vorschläge für den Einzelnen gibt es, um den Tauchstil etc. zu verbessern?

Tauchtabellen

Warum soll heute im Zeitalter des Computers noch jemand den Umgang mit der Tauchtabelle lernen, wenn er anschließend einem Tauchcomputer verwendet? Die Antwort ist sehr einfach: Tauchtabellen benötigen keine Akkus oder Batterien, um zu funktionieren, sie sind preisgünstig, handlich und können unterstützend bei der Tauchgangsplanung eingesetzt werden. Sollte es während eines Tauchurlaubes zum Ausfall des Tauchcomputers kommen, können Sie nach Entsättigung weitere Tauchgänge mit Tauchtabelle, Uhr und Tiefenmesser planen und durchführen.

Geschichte der Tauchtabellen

Fast alle heute erhältlichen Tauchtabellen basieren auf einem vom Physiker John Scott Haldane 1906 entwickelten mathematischen Dekompressionsmodell. Sie wurden zuerst für den Bereich der kommerziellen Berufs- und Militärtaucher weiter entwickelt und in dieser Form von Sporttauchern übernommen. Verschiedene Institutionen und Tauchsportorganisationen passten die Tabellen den Bedürfnissen des Sporttauchers an. Durch ständig neue Erkenntnisse unterliegt die Dekompressionsforschung einem ständigen Wandel. Je nach Tauchsportorganisation oder Hersteller von Tauchcomputern können erhebliche Unterschiede in der Berechnung der Sättigung oder Entsättigung auftreten.

Tabellen für Tauchgänge mit Nitrox

Für die Standard-Nitrox-Gemische, bei denen der Sauerstoffanteil 32 oder 36 % beträgt, sind spezielle Tauchtabellen erhältlich.

Nullzeittabellen

Diese sind ausschließlich für das Tauchen innerhalb der Nullzeit konzipiert. Sollte die Nullzeit versehentlich überschritten werden, muss abhängig von der Dauer der Nullzeitüberschreitung auf 5 m eine Notfalldekompression durchgeführt werden.

Dekompressionstabellen

Sie ermöglichen dem Taucher sowohl Nullzeit- als auch dekompressionspflichtige Tauchgänge zu planen und durchzuführen. Austauchstufen und Zeiten sind, abhängig von Grundzeit und Tauchtiefe, fest vorgegeben.

Tauchen mit Tauchtabellen

Beim Tauchen mit Tauchtabellen wird von einem Rechteckprofil ausgegangen, d. h., der Taucher begibt sich nach dem Abstieg auf seine maximale Tiefe und bleibt dort, bis der Aufstieg eingeleitet wird. Die Grundregeln dabei sind generell, dass der erste Tauchgang der tiefste sein muss, gefolgt von immer flacheren Tauchgängen. Dekompressionstauchgänge sollen auf jeden Fall vermieden werden und sind in vielen Ländern sogar verboten. Die beim Sporttauchen gebräuchlichen Multilevelprofile, also das Aufsuchen und Betauchen verschiedener Tiefen während eines Tauchgangs, können mit den meisten Tauchtabellen nicht sicher geplant und berechnet werden. Ausnahmen sind das WHEEL von PADI® und die Tabelle des British Sub Aqua Club®. Für Multileveltauchgänge sind Tauchcomputer erforderlich.

Gewebegruppen und theoretische Gewebe

Da kein Tauchcomputer und keine -tabelle die im menschlichen Körper und den verschiedenen Geweben stattfindenden Sättigungs- und Entsättigungsvorgänge zu 100 % berücksichtigen kann, werden die zur Berechnung herangezogenen Gewebegruppen als Kompartimente oder theoretische Gewebe bezeichnet.
Abhängig von Tauchsportorganisation und Hersteller von Tauchcomputern berücksichtigt man eine unterschiedliche Anzahl von theoretischen Geweben, die bei gleichem Tauchprofil zu Unterschieden in der Berechnung führen.

Dekompressionsregeln

Bei der Verwendung der Tauchtabelle oder eines Tauchcomputers müssen die folgenden Regeln eingehalten werden, um das Risiko einer DCI zu vermeiden:
- Die maximale Aufstiegsgeschwindigkeit von 10 m pro min niemals überschreiten.
- Vorgeschriebene Dekompressionsstopps einhalten.
- Sichere Tauchgangsprofile: die größte Tiefe zuerst aufsuchen, dann immer flacher werdend tauchen.
- Kein Jojo-Tauchen.
- Wiederholungstauchgänge nicht tiefer als vorausgegangene.

- Nach neuesten Erkenntnissen reduziert ein Tiefenstopp in der Hälfte der maximal erreichten Tauchtiefe die Bildung von Mikrobläschen.
- Sicherheitsstopp in 3 bis 6 m Tiefe nach jedem Tauchgang für mindestens 5 min.
- Lange Oberflächenpausen zwischen den Tauchgängen, um vermehrt Stickstoff abgeben zu können.
- Direkt nach dem Tauchen nicht Fliegen oder größere Höhen aufsuchen.

Begriffe der Tauchtabellen

Tauchtiefe
Das ist die größte erreichte Tiefe beim Tauchgang.

Tauchzeit
Als Tauchzeit bezeichnet man die gesamte unter Wasser verbrachte Zeit, inklusive Ab- und Aufstieg und die eventuell erforderlichen Austauchpausen.

Grundzeit
Als Grundzeit wird die gesamte in der Tiefe verbrachte Zeit bezeichnet, auch die für den Abstieg benötigte Zeit.

Nullzeit
Das ist die maximal in einer Tiefe erlaubte Verweildauer, bei der beim Aufstieg noch keine Austauchpausen erforderlich sind.

Dekompressionsstopp (Dekostopp)
Kommt es zu einer Überschreitung der Nullzeit, muss dem Körper zusätzlich Zeit gegeben werden, um in vorgegebenen Tiefen den überschüssigen Stickstoff abgeben zu können.

Wiederholungstauchgang
Jeder Tauchgang, der innerhalb einer Zeit stattfindet, in der sich noch Reststickstoff im Körper befindet, wird als Wiederholungstauchgang bezeichnet. Durch die zusätzliche Stickstoffaufnahme wird die kritische Grenze für eine Stickstoffübersättigung bei einem Wiederholungstauchgang viel schneller erreicht.

Wiederholungsgruppe
Abhängig von Tiefe und Zeit des vorausgegangenen Tauchgangs ergibt sich eine Wiederholungsgruppe, die für die Berechnung des nachfolgenden Tauchgangs erforderlich ist. Sie kann einfach am Ende der Spalte abgelesen werden, in der die Grundzeit steht.

Reststickstoff
Wird ein weiterer Tauchgang durchgeführt, bevor die Gewebe den überschüssigen Stickstoff abgegeben haben, addiert sich die Wirkung des im Gewebe verbliebenen Reststickstoffes zu dem neu aufgenommenen Stickstoff.

Zeitzuschlag
Bei der Tauchgangsplanung für einen Wiederholungstauchgang mit der Tauchtabelle wird der Reststickstoff in Form eines Zeitzuschlages auf die Grundzeit beim nachfolgenden Tauchgang berücksichtigt.

Tauchtabellen

Oberflächenpause
Die an der Wasseroberfläche verbrachte Zeit zwischen den Tauchgängen oder vor dem Fliegen.

Regeln für die Verwendung

Tauchen in Höhenlagen und Bergseetauchen
Auf jeder Tabelle ist der Höhenbereich aufgedruckt, für den diese Tabelle gültig ist. Für Tauchgänge in größerer Höhe sind spezielle Tauchtabellen erforderlich und erhältlich.

Tauchtiefe
Auch wenn der Taucher nicht die gesamte Grundzeit auf der maximalen Tiefe verbracht hat, muss der Tauchgang so berechnet werden, als ob der Taucher die gesamte Grundzeit auf maximaler Tiefe verbracht hätte.

Flachere Tauchgänge
Findet der Tauchgang in einer Tiefe statt, die flacher als die niedrigste aufgedruckte Tiefenangabe ist, wird der Tauchgang so gerechnet, als wäre er die gesamte Zeit auf z. B. 12 m gewesen.

Zwischenwerte
Befindet sich der Taucher in einer Tiefe, die sich zwischen zwei Tiefenangaben der Tabelle befindet, wird immer mit der tieferen gerechnet. Dasselbe gilt für die Grundzeit. Bei Zwischenwerten wird immer der nächsthöhere Wert gerechnet.

Kurze Anstrengung beim Tauchen
Es muss die nächsthöhere Zeitstufe berücksichtigt werden, da durch die Anstrengung mehr Stickstoff aufgenommen wurde.

Kälte
Bei Kälte bzw. Tauchgängen, die in kaltem Wasser gemacht werden, wird in der Regel die nächsthöhere Zeitstufe abgelesen.

Lang andauernde Anstrengung
Durch die vermehrte Stickstoffbelastung wird in den meisten Fällen ein Zeitzuschlag von 50 % zur Grundzeit gerechnet.

Fliegen nach dem Tauchen
Einer Studie von DAN (Divers Alert Network) zufolge, die sich mit der Problematik Fliegen nach dem Tauchen beschäftigt, wurde festgestellt, dass der Taucher abhängig von seinen vorausgegangenen Tauchgängen folgende Wartezeit vor dem Fliegen einhalten sollte:
- nach einem einzelnen Nullzeittauchgang mindestens 18 Stunden
- nach zwei Nullzeittauchgängen an einem Tag mindestens 24 Stunden
- nach mehreren Nullzeittauchgängen über mehrere Tage oder dekompressionspflichtigen Tauchgängen 36 bis 48 Stunden

Diese Studie wurde über 4 Jahre betrieben und 2001 im »Alert Diver«, der von DAN regelmäßig veröffentlichten Zeitschrift für Mitglieder, abgedruckt.

Berechnung des Atemgasverbrauchs

Tiefe und Dauer des Tauchgangs sind in Verbindung mit Anstrengung, Kälte etc. die maßgebenden Faktoren für den Verbrauch des Atemgases. Zur Berechnung des Verbrauchs muss der Taucher zuerst feststellen, wie hoch sein Atemminutenvolumen (die Menge an Atemgas, die er pro min bei 1 bar verbraucht) ist. Es wird empfohlen, die Berechnung des Atemminutenvolumens (AMV) unter verschiedenen Belastungszuständen (leicht, mittel, schwer) durchzuführen, um eine möglichst genaue Tauchgangsplanung vornehmen zu können. Dies geschieht dadurch, dass er in einer bestimmten Tiefe zum Beispiel 10 m (2 bar) eine bestimmte Zeit taucht und anschließend den verbleibenden Restdruck abliest.

Beispiel 1:

Errechnung des Atemminutenvolumens (AMV)
Ein Taucher verbringt mit einer 10-l-Flasche, die mit 200 bar gefüllt ist, 20 min auf einer Tiefe von 10 m und hat dabei 60 bar verbraucht. Die verbrauchte Luftmenge errechnet sich aus folgender Formel:

$$AMV = \frac{(Fülldruck - Restdruck) \times Flaschenvolumen}{Tauchzeit \times Gesamtdruck}$$

$$AMV = \frac{(200\ bar - 140\ bar) \times 10\ l}{20\ min \times 2\ bar}$$

$AMV = 15\ l/min$

Dies ergibt ein AMV von 15 l/min.

Beispiel 2:

Umsetzung des AMV bei der Tauchgangsplanung zur Tauchzeitberechnung
Der Taucher hat sein persönliches AMV von 15 l/min festgestellt und plant nun einen Tauchgang: Die Gesamttauchzeit beträgt 30 min, aufgesucht werden soll eine Tiefe von 20 m. Zur Verfügung steht eine 10-l-Flasche, die mit 200 bar gefüllt ist = 2000 bar/l Luft).
Vor Beginn der Berechnung wird die Reserve von 50 bar abgezogen. Die Reserve darf nicht in die Berechnung einbezogen werden und ist eine echte Notfallreserve.
Fülldruck 200 bar – Reserve 50 bar = Restluft 150 bar
Die übrig gebliebenen 150 bar werden mit der Flaschengröße multipliziert, um die zur Verfügung stehende Luftmenge zu erhalten:
10 l × 150 bar =1500 bar/l
Abstieg und Aufstieg werden so gerechnet, als wäre der Taucher die gesamte Zeit auf maximaler Tiefe.

Der Luftverbrauch muss auf der Tiefe berechnet werden, auf der der Dekompressionsstopp tatsächlich stattfindet. Ist zum Beispiel ein Dekompressionsstopp auf 6 m für 5 min erforderlich, wird bei einem AMV von 15 l/min die benötigte Luftmenge folgendermaßen berechnet:

1,6 bar × 15 l/min = 24 bar/l pro min

Bei einem Luftverbrauch von 24 bar/l pro min benötigt man in 5 min 120 bar/l.

Umrechung des AMV auf die Tauchtiefe
Das AMV bei 1 bar beträgt 15 l/min.
Die Tauchtiefe 20 m entspricht einem Umgebungsdruck von 3 bar.
Die Tauchzeit ist 30 min vom Verlassen der Oberfläche bis zum Wiedererreichen der Oberfläche.
Der zur Verfügung stehende Luftvorrat beträgt 1500 bar/l.

15 l/min × 3 bar = 45 bar/l pro min

Bei einem Luftverbrauch von 45 bar/l pro min benötigt man in 30 min 1350 bar/l.

Da 1500 bar/l zur Verfügung stehen, kann der Taucher diesen Tauchgang gefahrlos durchführen.
Luftverbrauchsberechnungen dieser Art sind gute Beispiele, wie man das Gesetz von Boyle-Mariotte in der Praxis anwenden kann. Sie setzen jedoch voraus, dass ein klassisches Tabellenprofil getaucht wird, bei dem sich der Taucher zu 100 % an die Planung hält.

Vereinfachte Luftverbrauchsberechnung

Beispiel: Nach 10 min stellt der Taucher fest, dass in seiner ursprünglich mit 200 bar gefüllten Flasche nur noch 150 bar Restdruck übrig sind, er hat in 10 min 50 bar verbraucht. Die nach Abzug der Reserve von 50 bar verbleibenden 100 bar reichen theoretisch für weitere 20 min. Abhängig von der Tauchtiefe wird die für Aufstieg, Sicherheitsstopp oder notwendige Dekompressionsstopps benötigte Zeit abgezogen.
Der Taucher befindet sich z. B. bei einem Nullzeittauchgang auf 20 m, braucht mindestens 3 min für den Aufstieg (maximale Aufstiegsgeschwindigkeit 10 m/min) und möchte 5 min Sicherheitsstopp machen.
Diese 8 min werden von den errechneten 20 min abgezogen, der Taucher kann also im Falle eines Nullzeittauchgangs noch 12 min in der Tiefe verbleiben. In der Praxis hat der Taucher natürlich noch länger Luft, da während des Aufstiegs und beim Sicherheitsstopp, bedingt durch die geringere Tiefe, weniger Luft benötigt wird. Der Sicherheitsstopp kann so noch weiter ausgedehnt werden.
Achtung: Diese Art der vereinfachten Berechnung des Luftverbrauchs funktioniert in der Praxis nur, wenn ein normales Tauchprofil getaucht wird, bei dem man den tiefsten Punkt am Beginn des Tauchganges erreicht und anschließend immer flacher taucht.

Zusammenbauen und Überprüfen des Tauchgeräts

Überprüfen der ABC-Ausrüstung

- *Tauchmaske*: Das Maskenband muss frei von Rissen sein, die Maske locker und ohne Druckstellen dicht am Gesicht anliegen. Wurde die Maske länger gelagert, empfiehlt sich die Anwendung eines Antibeschlagmittels.
- *Schnorchel*: Kontrolle des Mundstückes auf abgebissene Beißwarzen, Befestigung links an der Tauchmaske, um den von rechts kommenden Atemregler nicht zu behindern. Der Schnorchel kann wahlweise auch im oder am Tarierjacket befestigt werden oder an speziell erhältlichen Halterungen am Tragegurt des Tarierjackets.
- *Flossen*: Überprüfung der Flossenbänder bei offenen Flossen bzw. des Fußteils der geschlossenen Flossen auf Beschädigungen. Lassen sich vorhandene Verschlüsse auch leicht mit Handschuhen bedienen?

Überprüfen des Tauchgeräts

- Gültiger TÜV-Stempel entsprechend den gesetzlichen Vorschriften des Landes
- Überprüfung des Flaschendrucks mit Prüfmanometer
- Überprüfung des Sauerstoffgehaltes beim Nitroxtauchgerät

Montage des Tauchgeräts

Die Pressluft- oder Nitroxflasche wird in eine stehende Position vor dem Taucher gebracht, so dass die Ventilöffnung vom Taucher wegzeigt. Dadurch steht das Tauchgerät genauso vor einem, wie es danach auf dem Rücken sein wird. Das erleichtert die richtige Montage des Atemreglers. Beim Zusammenbau muss immer eine Hand an der Flasche sein, um sie vor dem Umfallen zu schützen. Das Tauchgerät darf niemals unbeaufsichtigt stehen gelassen werden, sondern muss bei Unterbrechungen der Montage hingelegt oder vom Tauchpartner festgehalten werden!

Flaschenventil

Die Ventilöffnung wird auf Verschmutzung (Sand/Wasser) überprüft und gegebenenfalls durch ein kurzes Öffnen des Ventils gereinigt. Dabei schirmt eine Hand die Ventilöffnung ab, um die Ohren der Umstehenden zu schonen. Bei einem INT-Ventil wird der darin befindliche O-Ring auf Beschädigungen untersucht und gegebenenfalls ausgewechselt.

Tarierjacket

Durch Aufblasen über das Inflator-Mundstück überprüfen Sie das Jacket auf Undichtigkeiten und die Funktion der Mundaufblaseinrichtung.

Zusammenbau und Überprüfen des Tauchgeräts

Das Anfeuchten des Flaschengurtes verhindert ein Durchrutschen des Tauchgeräts.

Das Tarierjacket wird so befestigt, dass sich der obere Rand in etwa auf Höhe des Flaschenventils befindet.

Nach Überprüfung des Tarierjackets auf sichtbare Beschädigungen wird der Befestigungsgurt angefeuchtet und über die Tauchflasche gesteckt. Wird ein trockener Gurt verwendet, kann die Tauchflasche durch Ausdehnung des Gurtes im Wasser locker werden und eventuell durchrutschen.

Das Tarierjacket wird vorzugsweise auf der Seite fixiert, in die die Öffnung des Ventils zeigt. Durch Anheben des Tauchgeräts am Tragegriff des Jackets kontrollieren Sie den festen Sitz.

Atemregler im drucklosen Zustand

Erste Stufe Atemregler DIN/INT
Die Schutzkappe der Ersten Stufe des Atemreglers wird abgenommen und auf das Vorhandensein des O-Ringes überprüft, ebenso auf Beschädigungen und Verschmutzungen sowie locker sitzende Mittel- und Hochdruckschläuche.

Montage: Beim DIN-Atemregler wird die Erste Stufe locker mit zwei Fingern und ohne Kraftanstrengung in das Flaschenventil eingeschraubt, so dass sich der Mitteldruckschlauch der Zweiten Stufe des Hauptatemreglers an der rechten Seite und der Inflatorschlauch auf der linken Seite befindet.

Der INT-Anschluss oder Bügeladapter wird vorsichtig über das Flaschenventil gesteckt und mittels der angebrachten Schraube fingerfest ohne Gewalt angezogen.

Der Zweitautomat oder Oktopus sollte sich normalerweise ebenfalls auf der rechten Seite befinden, das Finimeter oder der luftintegrierte Tauchcomputer auf der linken. Je nach persönlichen Bedürfnissen gibt es verschiedene Montagemöglichkeiten.

Das Einschrauben der Ersten Stufe beim DIN-Ventil sollte ohne Kraftaufwand möglich sein.

Beim langsamen Öffnen des Flaschenventils sollte das Finimeter mit der Glasseite gegen das Tauchgerät gehalten werden.

Die Zweite Stufe im drucklosen Zustand

Bei einer Leihausrüstung prüft man den Atemregler auf Undichtigkeit, bevor die Flasche geöffnet und damit Druck aufgebaut wird. Dabei wird versucht, abwechselnd mit dem drucklosen Atemregler und der alternativen Luftversorgung im Mund einzuatmen. Dies ist bei einem funktionierenden Atemregler nicht möglich. Falls jedoch Luft kommt, ist der Atemregler oder dessen Mundstück, die Ein- oder Ausatemmembran schadhaft und muss ausgetauscht werden. Beim Abtauchen würde sonst bei einer schadhaften Ein- oder Ausatemmembran Wasser in die Zweite Stufe eindringen.

Finimeter

Das Finimeter wird mit der Glasseite gegen die Flasche, das Tarierjacket oder den Boden gehalten, um bei einer Beschädigung eine Verletzung der Umstehenden oder der eigenen Person zu verhindern. Das Flaschenventil wird langsam und vorsichtig geöffnet und danach wieder mit einer viertel bzw. halben Umdrehung geschlossen. Dieses Zurückdrehen verhindert, dass sich die Flasche nach Beendigung des Tauchgangs nicht mehr schließen lässt oder der Ventilsitz im Flaschenventil bei seitlichen Schlägen beschädigt wird. Tritt irgendwo Atemgas aus, sollte das Ventil sofort wieder geschlossen und die Fehlerquelle gesucht werden (siehe mögliche Fehlerquellen). Nun wird überprüft, ob der angezeigte Flaschendruck mit der in der Tauchgangsplanung berücksichtigten Luftmenge übereinstimmt. Falls das nicht der Fall ist, muss die Tauchgangsplanung dementsprechend geändert oder das Tauchgerät gegen ein volles gewechselt werden.

Zusammenbau und Überprüfen des Tauchgeräts 141

Um eine fehlerfreie Anzeige des analogen Finimeters zu garantieren, sollte es regelmäßig überprüft werden: Nach dem Öffnen der Tauchflasche und der Druckanzeige auf dem Finimeter wird das Flaschenventil wieder geschlossen. Der verbleibende Druck bleibt nun in den Hoch- und Mitteldruckschläuchen konstant, die Druckanzeige auf dem Finimeter darf sich jetzt nicht verändern, es sei denn es befindet sich ein Leck an der Ersten bzw. Zweiten Stufe oder den Schläuchen. Nun wird mit dem Finimeter in der einen Hand und der Zweiten Stufe des Atemreglers in der anderen ganz leicht die Luftdusche betätigt und das Abfallen des Drucks auf dem Finimeter beobachtet. Bleibt die Nadel irgendwo hängen, bewegt sie sich ruckartig oder bleibt gar ganz stehen, ist dieser Druckmesser mit Sicherheit nicht zum Tauchen geeignet.

Das fertig montierte Tarierjacket

Beim allerersten Gebrauch, bei ungewohnter Leihausrüstung, langer Lagerung oder nach starker Verschmutzung sollte die fehlerfreie Funktion von Inflator, Schnellablass und Überdruckventil geprüft werden.
Der Inflatorschlauch wird mittels Zurückziehen der Inflatorkupplung am Inflator des Tarierjackets befestigt und durch eine kurze Zugprobe auf richtige Befestigung überprüft. Prüfen Sie durch kurzen Druck des Einlassknopfes, ob dieser nicht hängen bleibt und sich das Jacket dann von selber aufbläst. Dann wird der Einlassknopf so lange gedrückt, bis bei prall gefülltem Jacket das Überdruckventil anspricht und Luft entweicht. Anschließend lassen Sie das Tarierjacket aufgeblasen stehen und beobachten, ob es den Druck hält oder in sich zusammenfällt. Hält es den Druck, sollten Sie sich mit den Ein- und Ablassventilen vertraut machen und deren Funktion testen. Dazu gehören selbstverständlich auch die Mundaufblasvorrichtung und ein eventuell vorhandener Westenautomat.
Das Aufblasen des Tarierjackets mit dem Mund sollte man in regelmäßigen Abständen aus Trainingszwecken durchführen. Die Überprüfung der Funktion des Westenautomates erfolgt wie beim Hauptatemregler durch Ein- und Ausatmen – zuerst im drucklosen Zustand, dann mit angeschlossenem Tauchgerät.

Während der Montage muss die Inflatorkupplung zurückgezogen gehalten werden.

142 Tauchpraxis

Sowohl der Hauptatemregler als auch die alternative Luftversorgung müssen überprüft werden.

Überprüfung der Atemregler bei geöffnetem Flaschenventil

Als letztes wird die Funktion der Zweiten Stufen bzw. der Zweiten Stufe und einer anderen alternativen Luftversorgung (zum Beispiel Oktopus oder Westenautomat) überprüft. Dies geschieht durch Ein- und Ausatmen. Der Atemregler sollte leicht Luft geben, auch das Ausatmen sollte ohne spürbaren Widerstand möglich sein. Bei manchen Atemreglern ist im trockenen Zustand ein Flattern der Ausatemmembran zu hören, das ist normal und beeinträchtigt keinesfalls die Funktion.

Achtung: Das spielerische Drücken der Luftdusche reicht nicht für eine Funktionsüberprüfung aus.

Mögliche Fehlerquellen

Die Erste Stufe bläst ab
- Der O-Ring der Ersten Stufe (DIN-Ventil) ist nicht vorhanden oder beschädigt.
- Die Erste Stufe DIN ist nicht weit genug eingeschraubt.
- Das INT-Ventil oder der O-Ring am Flachenventil sind beschädigt oder nicht vorhanden.
- Der Mittel- oder Hochdruckschlauch ist nicht richtig an der Ersten bzw. Zweiten Stufe verschraubt, die O-Ringe der Verbindungen sind defekt.

Abhilfe
- Die Erste Stufe richtig am Flaschenventil befestigen.
- Defekte oder fehlende O-Ringe durch Fachpersonal austauschen lassen.
- Verschraubungen der Hoch- und Mitteldruckschläuche nachziehen.

Zusammenbau und Überprüfen des Tauchgeräts 143

Die Zweite Stufe bläst ab
- Die Luftdusche des Atemreglers wurde betätigt und ist durch Schmutzpartikel eingeklemmt.
- Der Ventilsitz der Zweiten Stufe ist verschlissen oder defekt.
- Der Ventilsitz der Ersten Stufe ist defekt, die Zweite Stufe funktioniert nach dem »down-stream«-Prinzip als Überdruckventil und bläst nach Aufbau des Druckes ständig ab. Meist bläst die Zweite Stufe nach Aufbau des Mitteldrucks ab, nach dem Betätigen der Luftdusche hört dies auf und fängt nach ein paar Sekunden wieder an.

Vermeidung
Kontakt des Atemreglers mit verschmutztem Untergrund sollte durch die Verwendung von Matten oder Plastikplanen vermieden werden. Einhaltung der Wartungsintervalle.

Abhilfe
Entfernen Sie alle sichtbaren Schmutzpartikel und lassen Sie die Zweite Stufe durch Fachpersonal öffnen und auf Verschmutzungen überprüfen.

Luftaustritt am Hochdruck- oder Mitteldruckschlauch
- Schläuche sind defekt und porös.

Abhilfe
Poröse Schläuche müssen sofort ausgetauscht werden.

Das Finimeter bläst ab
Am Übergang zwischen Hochdruckschlauch und Finimeter befindet sich ein Drehgelenk. Dort befindet sich ein Dichtbolzen mit zwei winzigen O-Ringen, die auf Grund der ständigen Bewegung natürlichem Verschleiß unterliegen.

Abhilfe
Neues Drehgelenk einsetzen bzw. O-Ringe am Drehgelenk austauschen.

Das Tarierjacket verliert Druck
- Die Hülle des Jackets bzw. der Weste ist schadhaft.
- Der Inflatorschlauch oder der Schnellablass ist undicht.
- Das Auslassventil ist durch Schmutz verunreinigt oder nicht richtig eingeschraubt, es ist defekt bzw. die Dichtung ist verrutscht.

Abhilfe
Inflator, Ablässe und Weste regelmäßig durch Fachpersonal reinigen und überprüfen lassen. Bei Beschädigungen der Hülle ist gegebenenfalls eine Reparatur oder ein Austausch möglich.

Das Tarierjacket bläst sich selbst auf
Durch Eindringen von Sand und Schmutzpartikel in den Inflator, Korrosion und Verkalken des darin befindlichen Ventils kann der Einlassknopf des Inflators bei Betätigung hängen bleiben, das Jacket wird aufgeblasen. Ist das Ventil in der Inflatorkupplung des Mitteldruckschlauches defekt, kann es ebenfalls zum unkontrollierten Einströmen von Luft in das Tarierjacket kommen.

Vermeidung und Abhilfe
Regelmäßige Ausrüstungsüberprüfung, kein Kontakt mit Schmutz und Sandpartikeln sowie regelmäßige Wartung und Überprüfung.

Das Anziehen des Tauchanzugs erfolgt nach kompletter Montage des Tauchgeräts.

Ein leichtes Vorbeugen verhindert das Abrutschen des Bleigurtes beim Anlegen.

Anziehen und Anlegen des Tauchgeräts

Nach gegenseitiger Überprüfung des Tauchgeräts wird der Tauchanzug angelegt. Bei Verwendung eines Bleigurtes folgt dieser als Nächster, er sollte an beiden Enden festgehalten und vorsichtig um die Hüften gelegt werden. Das Vorbeugen des Oberkörpers verhindert ein Abrutschen des Bleigurtes.

Die Schnellabwurfschnalle wird geschlossen und so positioniert, dass man sie mit einem Griff öffnen kann. Bringen Sie die Gewichte für bleiintegrierte Tarierjackets **nach** dem Anziehen des Jackets an, um das Hochheben des Gerätes zu erleichtern.

Das Tauchgerät wird in eine stehende Position gebracht und die Schultergurte des Tarierjackets auf weiteste Öffnung gestellt. Dies erleichtert das Anziehen bei großvolumigen Tauchanzügen. Nun kann das Tauchgerät auf eine Bank oder einen Mauervorsprung abgestellt und angelegt werden.

Der Tauchpartner hält das Tauchgerät fest, um ein Umfallen zu vermeiden. Ist keine Mauer, Bank oder Ähnliches vorhanden, hilft der Tauchpartner beim Anlegen.

Das Tauchgerät wird vom Partner mit einer Hand am Flaschenventil und mit der anderen am Flaschenboden langsam aus den Beinen heraus hochgehoben und auf einem abgewinkelten Bein abgestützt. Dies ermöglicht ein ermüdungsfreies Halten des kompletten Tauchgeräts.

Alle Begurtungen und Schließen werden vorschriftsmäßig angelegt, die Ausrüstung auf korrekten Sitz überprüft.

Achtung: Ziehen Sie das Tauchgerät nicht über den Kopf an! Erstens bedeutet es eine enorme Belastung für die Bandscheiben und zweitens verliert man auf schaukelnden Booten oder ungleichmäßigem Untergrund leicht das Gleichgewicht. Der Taucher fällt möglicherweise auf seine wartenden Kameraden, verletzt diese oder sich selbst.

Zusammenbau und Überprüfen des Tauchgeräts

Partnercheck

Ist das Tauchgerät vollständig angelegt, muss ein Buddy-/oder Partnercheck durchgeführt werden. Beide Tauchpartner überprüfen gegenseitig die Ausrüstung des anderen. Alle Begurtungen werden auf festen Sitz kontrolliert, die Befestigung der Tauchflasche überprüft. Die Tauchpartner müssen sich gegenseitig mit dem Gebrauch der folgenden Ausrüstungsteile vertraut machen, um im Notfall schnell Hilfe leisten zu können:
- Schnellabwurfsysteme für das verwendete Gewichtssystem
- Funktion des Flaschenventils oder der Flaschenventile
- Funktion einer vorhandenen Reserveschaltung
- Funktion des Hauptatemreglers und der alternativen Luftversorgung
- Bebänderung und Verschlüsse des Tarierjackets
- Ein- und Auslässe bei Tariermitteln und Trockentauchanzügen
- Bedienung und Funktion der mitgeführten Zusatzausrüstung

Die Schnellabwurfschnalle des Bleigurtes oder des verwendeten Gewichtssystems muss leicht erreichbar sein und darf z. B. nicht durch Verknoten des überstehenden Bleigurtrestes behindert werden.

Das Flaschenventil wird auf vollständige Öffnung kontrolliert, die zur Verfügung stehende Luftmenge nochmals am Finimeter oder luftintegrierten Tauchcomputer überprüft. Ist dies nicht schon vorher geschehen, muss die Funktion des Atemreglers und der alternativen Luftversorgung sichergestellt sein. Dies geschieht durch Ein- und Ausatmen, um die Funktion von Ein- und Ausatemmembran zu überprüfen. Nach vollständiger Überprüfung der Ausrüstung des Tauchpartners sollten nochmals kurz die wichtigsten Punkte der Tauchgangsplanung wiederholt werden (siehe Seite 128 f., Briefing vor dem Tauchgang), erst dann erfolgt der Einstieg ins Gewässer.

Ist das Tauchgerät komplett angelegt, signalisiert man dem Tauchpartner »O.K.«.

Vor dem Tauchgang überprüfen beide Tauchpartner nochmals gegenseitig die richtige Funktion und den Sitz der Tauchausrüstung.

Der Einstieg

Jedes Gewässer ist ein bisschen anders und so gibt es natürlich eine Vielzahl von Möglichkeiten hinein- und auch wieder herauszukommen. Ob flach, tief, steinig, sandig, schlammig, felsig, ob kleine oder große Wellen, mit und ohne Strömung, jedes Gewässer erfordert unterschiedliche Ein- und Ausstiegstechniken. Die Tauchmaske sollte aber in jedem Fall als Erstes aufgesetzt werden.

Einstiegsmöglichkeiten vom Strand

Am einfachsten kommt man bei flach abfallenden Gewässern ohne Brandung ins Wasser. Nach dem Anlegen von Tauchgerät und Maske waten Sie vorsichtig mit schlurfenden Schritten ins Wasser. Passen Sie dabei auf, dass Sie nicht aus Versehen über Hindernisse stolpern oder in tropischen Gewässern auf Stachelrochen, Steinfische oder Ähnliches treten. Das Anlegen der Flossen erfolgt im hüfttiefen Wasser, mit Maske auf dem Gesicht, Schnorchel oder Atemregler im Mund und leicht aufgeblasenem Jacket.
Befindet sich die Tauchmaske auf dem Gesicht, kann mit Schnorchel oder Atemregler im Mund der korrekte Sitz der Flossenbebänderung überprüft werden. Bei Wind und Wellengang verhindert der im Mund befindliche Atemregler außerdem das versehentliche Einatmen von Spritzwasser.

Einstieg vom Strand bei Wellen und Brandung

Bei leichter Brandung in weitgehend hindernisfreien Gewässern empfiehlt es sich die gesamte Ausrüstung inklusive Maske und Flossen vor dem Einstieg ins Wasser anzulegen und dann vorsichtig rückwärts mit schlurfenden Schritten (eventuell Hand in Hand mit dem/der Tauchpartner/in) bis ins hüfttiefe Wasser zu waten. Der Schnorchel bzw. Atemregler befindet sich bereits im Mund, die Tauchmaske ist aufgesetzt und wird mit der Hand vor dem Wegspülen gesichert. Beide Partner tauchen nach Erreichen des hüfttiefen Wassers sofort unter den Wellen hindurch ab und nutzen den Sog der Wellen aus. Einstiege bei Wellen und Strömung an hindernisreichen Einstiegen sind sehr gefährlich und sollten deshalb unterlassen werden.

Einstiegsmöglichkeiten vom Boot oder Steg

Springen Sie nur, wenn die Wassertiefe ausreicht und keine Hindernisse im Weg sind. Nicht ausreichend befestigte Gegenstände lösen sich häufig beim Einstieg, deshalb sollte nach erfolgtem Sprung bzw. Abrollen sofort die Vollständigkeit der Ausrüstung überprüft werden. Wenn nicht anders vereinbart, wird bei allen Sprüngen und Abrollverfahren normalerweise dem Boot vor dem Abtauchen »O.K.« signalisiert. Bei stärkeren Strömungen kann es erforderlich sein, dass beide Partner gemeinsam springen und sofort abtauchen müssen. Um eine Trennung vom Tauchpartner zu vermeiden, sollten beide direkt nebeneinander auf der gleichen Seite des Bootes einspringen.

Bei Spreizschritt werden mit einer Hand Tauchmaske und Atemregler gesichert, mit der anderen das Tauchgerät.

Der Spreizsprung

Der Spreizsprung in tiefes Wasser erfolgt vom Beckenrand des Schwimmbades, vom Boot oder von einer Hafenmauer. Mit leicht aufgeblasenem Tarierjacket wird ein großer Schritt nach vorn ausgeführt. Die Beine sind beim Eintreffen ins Wasser gespreizt. Ein Schnorcheltaucher sollte beim Sprung den Schnorchel mit den Zähnen und die Maske mit einer oder beiden Händen festhalten. Der Gerätetaucher hält mit einer Hand die Maske und den im Mund befindlichen Atemregler, die andere Hand greift in die Gerätebebänderung bzw. Schultergurte des Jackets und zieht diese stramm nach unten. Das verhindert ein Verrutschen des Tauchgeräts und damit eine mögliche Verletzung am Hinterkopf durch die Erste Stufe des Atemreglers. Nach dem Sprung sofort die Einstiegsstelle freimachen, damit der nächste Taucher folgen kann. Der Schnorchler bzw. Taucher kann auch mit geschlossenen und gestreckten Beinen in aufrechter Position ins tiefe Wasser springen. Achten Sie auf ausreichenden Abstand zum Becken- bzw. Bootsrand, um zu verhindern, dass der Kopf oder das Tauchgerät mit dem Becken- bzw. Bootsrand kollidiert.

Die Rolle rückwärts

Sie eignet sich besonders als Einstieg von Schlauchbooten und wird deswegen bei der Ausbildung mit ABC-Ausrüstung und Tauchgerät trainiert, bis jeder die Scheu verloren hat, sich rückwärts fallen zu lassen. Sie hocken entweder am Beckenrand oder sitzen auf der Außenwulst des Schlauchbootes. Machen Sie einen runden Rücken und stützen Sie die Ellbogen leicht oberhalb der Knie auf. Wie beim Spreizsprung und beim aufrechten Sprung hält eine Hand Maske und Atemregler, die andere Hand zieht die Bebänderung stramm nach unten. Lassen Sie sich ohne viel Schwung nach hinten ins Wasser rollen, dabei halten Sie Maske und Atemregler so lange fest, bis Sie sich vollständig im bzw. unter Wasser befinden. Nach kurzer Orientierung zum Tauchpartner

Ein idealer Einstieg aus niedrigen Höhen wie Schlauchbooten ist die Rolle rückwärts.

signalisieren Sie dem Boot »O.K.« und machen die Einstiegstelle frei. Der richtige Sitz des Maskenbandes sollte auf jeden Fall sofort überprüft werden, da es manchmal durch die Bewegung nach oben verrutschen kann.

Der Tauchgang

Nach dem Einstieg ins Wasser tauchen die Gruppenmitglieder gemeinsam bis zu der vorher vereinbarten Tiefe ab. Hat ein Taucher beispielsweise Probleme beim Druckausgleich, bleibt sein zugeteilter Partner bei ihm und steigt langsam mit ihm ab. Beim Tauchen mit einem unbekannten Partner empfiehlt sich ein kurzer Check der notwendigen Sicherheitsübungen, um zu garantieren, dass dieser im Notfall in der Lage ist schnell und routiniert zu handeln.

Sicherheitsorientierte Tauchschulen im In- und Ausland führen mit jedem Neuankömmling einen Checktauchgang durch, der mindestens die folgenden drei Standardübungen beinhaltet:

- Schnelles und richtiges Reagieren, wenn der Tauchpartner signalisiert, dass er keine Luft mehr hat. Atmen aus einer alternativen Luftversorgung; dabei sollten die Rollen als Spender und Empfänger getauscht werden.
- Komplettes Fluten und Ausblasen der Maske, Abnehmen der Maske und Atmen ohne Tauchmaske. Wer diese für die Zertifizierung zum CMAS*-Taucher oder Open Water Diver notwendige Übung nicht beherrscht, neigt beim geringsten Eindringen von Wasser in die Maske zu Panik.
- In kurzer Zeit eine neutrale Tarierung herstellen, um den richtigen Umgang mit dem Tariermittel zu demonstrieren.

Beim Tauchen vom verankerten Boot sollte der Gruppenführer oder ein anderer erfahrener Taucher den Sitz des Ankers kontrollieren.

Die Partnerteams beginnen nun den eigentlichen Tauchgang exakt nach dem vorher vereinbarten Tauchgangsplan in der vereinbarten Position zum Tauchpartner. Im Idealfall schwimmen beide auf Augenhöhe nebeneinander, der Tauchpartner sollte mit maximal drei Flossenschlägen erreichbar sein. Bei Strömung oder schlechter Sicht wird so nahe beim Tauchpartner getaucht, dass ein Kontakt über Hand oder Seil möglich ist. Kinder müssen sich immer in unmittelbarer Griffweite des Gruppenführers befinden. Auftretende Probleme können so blitzschnell erkannt und gemeinsam gelöst werden. Tauchen mit einem Partner in unmittelbarer Nähe erhöht nicht nur die Sicherheit, sondern macht auch mehr Spaß. Vier Augen sehen immer mehr als zwei. Und was gibt es schöneres, als das Erlebnis Tauchen mit jemandem zu teilen, der genauso begeistert ist wie man selbst.

Die Faktoren der Tarierung

Viele Faktoren müssen berücksichtig werden, wenn wir unter Wasser im hydrostatischen Gleichgewicht schwerelos dahin gleiten möchten: die Art und Dicke des verwendeten Tauchanzuges, die Bleimenge, die Größe und das Gewicht des eigenen Körpers sowie des verwendeten Tauchgerätes ebenso wie der Atemregler und Zusatzausrüstung wie Lampen. Die Art des Gewässers, Süß- oder Salzwasser, und die Dichte des Wassers spielen ebenfalls eine große Rolle.
Der klassische Tauchanzug aus Neopren besteht aus mit Luftbläschen aufgeschäumtem Kautschukmaterial, das mit zunehmender Tiefe (wir erinnern uns an das Gesetz von Boyle-Mariotte) komprimiert wird, bis der Tauchanzug selbst keinen oder nur noch sehr wenig Auftrieb hat. Je nach Art des verwendeten Tauchanzuges und Tauchgerätes sind Bleigewichte erforderlich, um den Auftrieb des Tauchanzugs auszugleichen und ein Abtauchen zu ermöglichen.

Durch seine stromlinienförmige Wasserlage hat Taucher B einen geringeren Kraftaufwand als Taucher A, der durch die schlechte Tarierung auch einen höheren Luftverbrauch hat und zudem Sediment aufwirbelt.

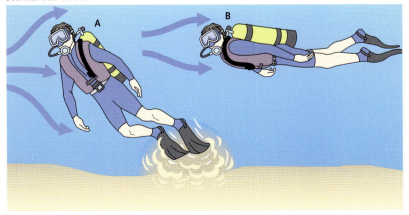

Je weiter wir abtauchen, umso mehr wird der Tauchanzug komprimiert, die Menge des von uns verdrängten Wassers nimmt ab, wir bekommen Abtrieb. Dieser Abtrieb bzw. der Verlust des Auftriebes wird durch Einfüllen von Luft in das Tarierjacket bzw. den Trockentauchanzug ausgeglichen, damit in jeder Tiefe ein hydrostatisches Gleichgewicht (neutrale Tarierung) hergestellt werden kann. Ein gut austarierter Taucher hat einen geringeren Strömungswiderstand als ein schlecht austarierter, der durch eine zu hohe Bleimenge im Wasser »steht« und nicht schwebt.

Tariercheck

Ein Tariercheck vor dem Tauchgang in unbekannten Gewässern oder mit unbekannter Ausrüstung ist unbedingt erforderlich. Dabei sollte der Taucher mit leerem Tarierjacket und einem normalen Atemzug bis auf Augenhöhe im Wasser absinken und eine normale Atmung durch den Schnorchel möglich sein. Bei der Verwendung von Aluminiumflaschen empfiehlt sich die Mitnahme von einem zusätzlichen Kilogramm Blei, da diese Flaschen am Ende des Tauchgangs Auftrieb bekommen können. Überprüfen Sie am Ende des Tauchgangs nochmals die Bleimenge. Sie sollten mit ca. 50 bar Restdruck, leerem Tarierjacket und normaler Atmung in 3 m Tiefe neutral tariert sein.

Die Atmung, der Schlüssel zur perfekten Tarierung

Die natürliche Atmung des Menschen besteht aus einer Einatemphase, auf die ohne Pause die Ausatemphase folgt. Je nach Anstrengung besteht nach der Ausatmung eine mehr oder weniger lange Atempause.

Beim Tauchanfänger wird die Atmung unter Wasser jedoch meist in das genaue Gegenteil verkehrt. Nach der Einatmung wird die Luft angehalten und nach der Ausatmung wird sofort wieder eingeatmet. Durch die ständig in der Lunge gehaltene Luft und deren Auftrieb benötigt der Taucher wesentlich mehr Blei, um unter Wasser zu bleiben. Diese erhöhte Bleimenge jedoch führt dazu, dass der Taucher nach

Normale Atmung (links) und empfohlene Atmung beim Tauchen (rechts)

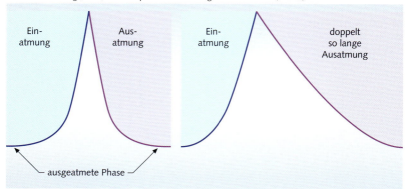

Die Faktoren der Tarierung 151

Der richtige Umgang mit dem Tarierjacket in Verbindung mit einer natürlichen Atemtechnik ist Voraussetzung für stressfreies Schweben unter Wasser.

dem Ausatmen sofort wie ein Stein absinkt und dies durch das sofortige Einatmen korrigiert.
Während des Tauchkurses steht meist nicht viel Zeit zur Verfügung, die vom Unterbewusstsein gesteuerte falsche Atmung zu korrigieren, da sich sowohl Tauchanfänger als auch Tauchlehrer darauf konzentrieren, die notwendigen Übungen zu absolvieren.
Der erhöhte Luftverbrauch des Tauchanfängers bei dem Tauchkurs und danach führt meist dazu, dass der Taucher versucht die Luft lange anzuhalten, um Luft zu sparen, damit er mit den erfahrenen Tauchern mithalten kann.
Abgesehen von der Tatsache, dass Luftanhalten beim Tauchen zu Lungenschädigungen führen kann, verbraucht der Taucher auch wesentlich mehr Luft, da er mit der Lunge tariert, anstatt mit dem Tarierjacket. Wird mit jedem Atemzug ein Liter Luft mehr eingeatmet, um die erhöhte Bleimenge auszugleichen, addiert sich diese scheinbar kleine Menge bei ca. 10 Atemzügen pro min schon auf 10 l pro min. Umgerechnet auf 20 min Tauchzeit in 20 m Wassertiefe (3 bar) ergibt das einen Mehrverbrauch von 600 bar/l Luft pro min.
Abhilfe schafft eine konsequente, bewusste Konzentration auf die natürliche Atmung. Es ist keinesfalls einfach, die Atmung so umzustellen, da das Unterbewusstsein anfangs zum Luftanhalten stimuliert. Durch Konzentration, Üben und mit einem kleinen Trick kann man das jedoch verhindern: Verlängern Sie die Phase der Ausatmung. Die Ausatemphase sollte dann mindestens doppelt so lange wie die Einatemphase dauern. Nach ca. 2 Sekunden Einatmung folgt sofort eine etwa vier Sekunden lange Ausatmung.
Durch Umstellung auf den natürlichen Atemrhythmus ist man entspannter und hat daher auch einen niedrigeren Luftverbrauch. Sie benötigen weniger Blei, da die Lunge länger im ausgeatmeten Zustand ist und deshalb nicht so viel Auftrieb verursacht. Das wirkt sich natürlich auch positiv auf die Lage des Tauchers im Wasser aus. Er liegt im Wasser und spart Kraft und Energie durch die Stromlinienform, statt unnötig Kraft und Energie zu verschwenden.

Navigation beim Tauchgang

Um nicht die Orientierung zu verlieren und sicher zum gewählten Ausstiegspunkt zu gelangen, müssen die Grundregeln der Navigation unter Wasser sicher beherrscht werden.

Navigation ergibt sich immer aus dem Zusammenspiel von Zeit, Tiefe und zurückgelegter Strecke in Verbindung mit natürlichen Gegebenheiten oder einem Kompasskurs. Um Entfernungen unter Wasser abschätzen zu können, sollte der Taucher an der Wasseroberfläche eine genau abgemessene Strecke langsam abschwimmen und sowohl die Flossenschläge oder Flossenzyklen (je ein Flossenschlag pro Bein) als auch die Zeit notieren. Wird z. B. für eine Strecke von 50 m eine Zeit von 2 min gebraucht, in der der Taucher 100 Flossenschläge oder 50 Flossenzyklen absolviert hat, kann dies bei gleichem Tempo zur Entfernungsbestimmung unter Wasser verwendet werden.

Wenn Sie wissen, wie viele Zentimeter Ihre Armspanne beträgt (Entfernung bei ausgestreckten Armen von den Fingerspitzen der rechten bis zu den Fingerspitzen der linken Hand), können Sie auch ohne Hilfsmittel kleinere Entfernungen abmessen.

Natürliche Navigation

Bereits vor dem Tauchgang können von einem erhöhten Standpunkt aus der Riffverlauf oder andere markante Punkte erkannt und in die Tauchgangsplanung aufgenommen werden. Ist dies nicht möglich, kann sich die Gruppe anhand von Riffkarten, die oft auf Tauchbasen oder in Tauchreiseführern zu finden sind, grob orientieren. Markante Punkte sind dort meist mit genauer Tiefen- und Entfernungsangabe verzeichnet. Unter Wasser erfolgt die Orientierung durch:

Strömung und Gezeiten
Der Tauchgang sollte so geplant werden, dass sich die örtlich auftretenden Strömungen nicht während eines Tauchgangs verändern (Tidenkalender etc.).

Lichteinfall, Schatten
Selbst bei trübem Wasser ist der eigene Schatten sehr gut zu erkennen. Ist er am Anfang des Tauchgangs rechts vom Taucher, muss er beim Rückweg links sein.

Bodenbeschaffenheit und markante Punkte
Anhand von Sandriefen, Felsblöcken, Seegraswiesen und markanten Punkten wie z. B. Felsnasen oder Überhängen, ist eine Orientierung relativ einfach, wenn der Tauchplatz abwechslungsreich gestaltet ist. Während des Tauchgangs sollte man sich jedoch öfter umdrehen und sich den Platz aus dem Blickwinkel betrachten, den man auf dem Rückweg hat.

Zeit und Tiefe
Merkt sich der Taucher jetzt noch, nach wie vielen Minuten er welchen markanten Punkt in welcher Tiefe passiert hat, braucht er, um sicher zurückzukehren nur genau entgegengesetzt zurücktauchen. Wir empfehlen als Hilfsmittel eine Schreibtafel auf der markante Punkte, Zeiten und Tiefen genau festgehalten werden können.

Navigation beim Tauchgang **153**

Kompassrose

Kompassnavigation

In manchen Gewässern ist die Orientierung mangels markanter Punkte, schlechter Sicht usw. manchmal nur sehr eingeschränkt möglich. Der Taucher benötigt in solchen Situationen ein technisches Hilfsmittel, den Kompass. Bei richtiger Anwendung und Handhabung hilft der Kompass auch bei eingeschränkter Sicht das gewünschte Ziel sicher zu finden. Er basiert auf physikalischen Gesetzmäßigkeiten und kann durch magnetische Gegenstände (Uhrenarmband, anderer Kompass oder Metallansammlungen z. B. von Schiffswracks) und elektromagnetische Strahlung (Unterwasserlampe) abgelenkt werden. Deshalb muss der Kompass immer mit genügend Abstand zu diesen verwendet werden. Beim Nachttauchen wird deshalb ein Tauchpartner mit der Handhabung des Kompasses betraut, während der andere schräg von oben mit einem ausreichenden Abstand auf den Kompass leuchtet, um eine Ablenkung durch die Lampe zu verhindern.

Die gebräuchlichsten Kompasskurse beim Tauchen sind der einfache Direkt- und Gegenkurs sowie der Rechteckkurs.

Der Direkt- und Gegen- oder Umkehrkurs dienen dazu, an einen speziellen Punkt zu gelangen, dort zu tauchen und wieder zurück zum Einstieg zu kommen ohne zwischendurch auftauchen zu müssen. Dabei wird der Stellring auf die gewünschte Gradzahl eingestellt und nach Erreichen des Zieles sowie einer 180-Grad-Drehung zum Ausgangsort zurückgetaucht.

Direkt- und Umkehrkurs

154 Tauchpraxis

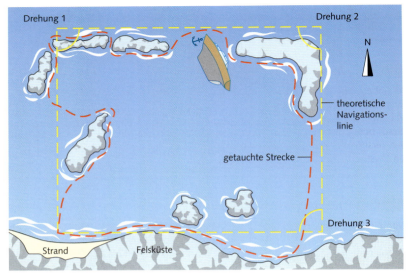

Praktische Anwendung eines theoretischen Rechteckkurses

Der Rechteckkurs dient dazu, z. B. vom Ufer aus an ein Riff zu tauchen, dort nach einer 90-Grad-Drehung parallel zum Ufer am Riff entlang, nach einer 90-Grad-Wende wieder zum Ufer und nach einer vierten 90-Grad-Drehung zurück zum Einstieg zu gelangen.
In Kombination mit natürlicher Navigation und Kompassnavigation lassen sich die besten Ergebnisse erzielen.
Am Stellring wird der gewünschte Kurs eingestellt und dann über den Kompass blickend langsam in die gewünschte Richtung geschwommen. Der Kompass muss dabei horizontal gehalten werden, um ein Verkanten der Kompassnadel zu vermeiden. Diese muss zu jedem Zeitpunkt frei schwingen können.
Der Tauchpartner befindet sich vorzugsweise auf Armkontakt und kann bei schlechter Sicht von oben den Kompass beleuchten. Eigenbeleuchtung könnte durch die Nähe der Unterwasserlampe zum Kompass zu Missweisungen führen.

Die theoretische Peillinie zieht sich vom Kompass durch die Mitte des Tauchers hindurch. Der Kompass wird mit beiden Händen so gehalten, dass die Nadel frei schwingen kann.

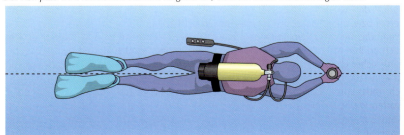

Notfallmanagement während des Tauchgangs

Verfangen und Hängen bleiben

Bei unbedachtem Tauchen kann es vorkommen, dass sich der Taucher in einer Leine, einem Kabel oder Fischernetz verfängt und hängen bleibt. Jetzt heißt es Ruhe zu bewahren und durch Hand-, Licht- oder Klopfzeichen den Tauchpartner zu verständigen. Dieser befreit den Betroffenen dann vorsichtig mit einem Messer oder einer Schere. Der Versuch sich selbst aus einem Netz zu befreien, endet meist nur mit noch größeren Verstrickungen.

Trennung vom Tauchpartner

Wird ein Taucher oder ein Teil der Gruppe von den anderen getrennt, so ist die vor dem Tauchgang abgesprochene Handlungsabfolge einzuhalten. International hat sich die folgende Verfahrensweise durchgesetzt: Eine Minute die nähere Umgebung absuchen, dabei um 360 Grad drehen. Ist der Tauchpartner nicht zu sehen, wird unter Einhaltung der Aufstiegsgeschwindigkeit der Aufstieg eingeleitet.
Wenn der Taucher mit seinem Tauchpartner allein am Tauchplatz ist, kann bei ruhiger Wasseroberfläche nach Luftblasen Ausschau gehalten und in der Blasenspur zum Partner abgetaucht werden. Sind jedoch mehrere Taucher und Gruppen unterwegs, muss der vorher abgesprochene Notfallplan eingeleitet werden. Zur eigenen Sicherheit sollten Sie ein wiederholtes Abtauchen und alleiniges Suchen nach dem Tauchpartner unterlassen.

Bei Verlust der Tarierungskontrolle

Sollte ein Tauchpartner den Ein- und Auslassknopf beim Inflator verwechseln oder sich das Tarierjacket aufgrund eines defekten oder verschmutzten Inflators selbst aufblasen, muss sofort der Schnellablass betätigt und die Inflatorkupplung vom Inflator getrennt werden, um ein Durchschießen zur Oberfläche zu verhindern. Der Tauchgang kann auch mit abgekoppeltem Inflator durch Benutzung der Mundaufblaseinrichtung fortgesetzt werden (siehe Praxis Übungen, Übungen unter Wasser).
Kommt es durch ein defektes Tarierjacket oder Abreißen des Inflatorschlauches zum Verlust des Auftriebs, kann der Taucher durch Flossenschlagen oder Festhalten am Ankerseil bzw. an einer Felswand ein Absinken verhindern.
Wenn das Tarierjacketvolumen des Tauchpartners ausreichend groß ist, kann man sich auch an ihm festhalten, während er mehr Luft in das Jacket füllt, und so den Tauchgang sicher beenden.
Ist kein Tauchpartner in Reichweite und ein Aufstieg durch Flossenschlagen nicht möglich, muss sofort Gewicht abgeworfen werden. Können die Gewichte einzeln abgeworfen werden, muss zumindest so viel abgegeben werden, dass der Taucher keinen Abtrieb mehr hat. Sonst muss man den Bleigurt ganz abwerfen. Nun wird der Aufstieg eingeleitet.

Achtung: Durch die Ausdehnung der Luftbläschen im Tauchanzug bei Druckentlastung und der durch Aufregung verstärkten Atmung wird der Aufstieg immer schneller. Um ein Überschreiten der Aufstiegsgeschwindigkeit und die Möglichkeit eines Dekompressionsunfalles zu vermeiden, muss der Aufstieg mit allen Mitteln durch Festhalten an Felsen, Ankerleinen oder durch Querlegen des Körpers etc. abgebremst werden.

Probleme mit dem Atemregler

Moderne Atemregler sind so konzipiert, dass sie bei Versagen nicht blockieren, sondern vermehrt Luft abgeben (siehe Seite 96 f., Down-Stream-Ventil). Ist der Ventilsitz beschädigt oder kommt es im kalten Wasser zum Vereisen des Atemreglers, »bläst der Automat ab«, das heißt, er gibt zu viel Luft ab.

Vereisung der Ersten Stufe
Die aus der Flasche kommende Luft entspannt sich in der Ersten Stufe und kühlt stark ab. Wenn durch hohe Atemfrequenz oder bei gleichzeitigem Atmen aus dem Hauptautomat oder der alternativen Luftversorgung und Bedienung des Inflators viel Luft durch die Erste Stufe strömt, kann es in allen Gewässern, deren Temperatur 15 Grad Celsius oder weniger beträgt, zu einer Vereisung kommen. Die durch Entspannung abgekühlte Luft kann Temperaturen von unter minus 50 Grad Celsius erreichen.
Durch die starke Abkühlung oder Restfeuchtigkeit in der Atemluft ist eine Bildung von Eiskristallen möglich, die ein Schließen des Ventilsitzes verhindern. Luft strömt weiter nach, es bildet sich mehr Eis und die Erste Stufe bläst unkontrolliert ab.

Vereisung der Zweiten Stufe
Bedingt durch die Kunststoffkonstruktion der meisten Zweiten Stufen erwärmt sich die durch Entspannung abgekühlte Luft nicht so schnell auf die Umgebungstemperatur. Es kann zur Bildung von Eiskristallen am Ventilsitz kommen, der dann nicht mehr schließt. Durch das offen gehaltene Ventil strömt weiter Luft nach, die Vereisung wird immer schlimmer.

Abhilfe
Ventilabgang zudrehen, Wechsel auf alternative Luftversorgung (eigene oder Partner), die sich vorzugsweise an einem eigenen, separat absperrbaren Ventilabgang befinden muss. Höher tauchen in wärmere Wasserschichten. Nach 2 bis 5 min kann das Ventil vorsichtig wieder geöffnet werden.

Vermeidung
Verwenden Sie nur eine Ausrüstung, die für das Tauchen in kalten Gewässern geeignet ist. Getrennte Ventilabgänge, die separat absperrbar sind, sind ein Muss für Kaltwassertauchgänge, ebenso die regelmäßige Wartung und Überprüfung des Tauchgeräts auf eingedrungene Feuchtigkeit.

Nicht ausreichender Luftvorrat

Bemerkt der Taucher während des Tauchganges, dass der Luftvorrat nicht ausreicht, gibt es mehrere Möglichkeiten des Aufstiegs.

Aufstieg mit alternativer Luftversorgung

Dem Partner wird das Notfallsignal »Ich habe keine Luft mehr« gezeigt und mit Hilfe seiner oder einer mitgeführten separaten alternativen Luftversorgung der Tauchgang beendet.

Aufstieg unter Wechselatmung

Sollte der Tauchpartner nur mit einem einzigen Atemregler ausgestattet sein, muss unter Wechseln der Luftversorgung aufgestiegen werden. Dabei atmen beide Partner jeweils zweimal aus dem Atemregler des Spenders, der so gehalten wird, dass die Luftdusche für den Empfänger stets erreichbar ist.

Da das Wechseln eines Atemreglers unter echten Notfallbedingungen sehr schwierig ist und in den meisten Fällen zur Erhöhung des Stressfaktors führt, hat sich das Mitführen einer alternativen Luftversorgung weltweit als Standard durchgesetzt.

Kontrolliert schwimmender Notaufstieg

Sollte der unwahrscheinliche Fall auftreten, dass der Tauchpartner nicht in erreichbarer Nähe und der Luftvorrat plötzlich zu Ende ist, kann der Taucher unter Ausnutzung der Restluft in der Lunge und in den Mitteldruckschläuchen aus einer Tiefe von maximal 12 m zur Oberfläche aufsteigen. Durch das Höhersteigen wird in den meisten Fällen noch ein Atemzug möglich. Die Ausatemluft wird kontinuierlich beim langsamen Schwimmen nach oben abgegeben und zwar so, dass nur die überschüssige Luft entweicht und die Lunge ihren Füllungszustand beibehält. Während des Aufstiegs hält man die rechte Hand über den Kopf und taucht unter langsamer Sichtdrehung auf. An der Wasseroberfläche wird das Tarierjacket mit dem Mund aufgeblasen.

Ausfall des Tauchcomputers

Fällt ein Tauchcomputer aus, muss unter Einhaltung der Aufstiegsgeschwindigkeit sofort in eine Tiefe, die flacher als 9 m ist, aufgetaucht und dort so lange wie möglich verweilt werden, um überschüssigen Stickstoff abzugeben. Stehen keine Ersatzinstrumente wie Uhr und Tiefenmesser zur Verfügung, muss der Taucher langsamer aufsteigen als die allerfeinsten Luftbläschen. An einem Referenzseil oder einer Riffwand kann mit den Armen eine Spanne abgemessen werden, die etwa einem Meter entspricht. Diese Spanne darf entsprechend einer Aufstiegsgeschwindigkeit von 10 m pro min maximal in 6 sec überwunden werden.

Nichteinhaltung eines Dekompressionsstopps

Sollte es durch Instrumentenausfall oder falsche Planung und Durchführung eines Tauchgangs dazu kommen, dass ein Dekompressionsstopp nicht durchgeführt werden kann, sollte der Taucher nach Verlassen des Wassers:
- reinen Sauerstoff atmen,
- mindestens 2 l kohlensäurefreie Flüssigkeit zu sich nehmen,
- auf Symptome einer DCS achten,
- mindestens 24 Stunden nicht wieder ins Wasser gehen.

Probleme beim Tauchpartner

Fehlreaktionen des Tauchpartners
Durch den Einfluss der Stickstoffnarkose, Unwohlsein, Medikamente, Alkoholgenuss etc. kann es zu Fehlreaktionen des Tauchers kommen, die für ihn oder seinen Partner gefährlich werden können. In diesem Fall muss der Tauchgang durch langsames Aufsteigen beendet werden. Ist der Tauchpartner zu erschöpft, um alleine ans Ufer zu gelangen, wird er vom Tauchpartner gezogen oder geschoben.

Der Tauchpartner reagiert nicht mehr unter Wasser
Durch vorsichtiges Anfassen sofort Kontakt zum Verunfallten herstellen und versuchen, die Ursache herauszufinden. Reagiert der Tauchpartner jetzt, kann das Problem gemeinsam gelöst werden. Bei Bewusstlosigkeit muss der verunfallte Taucher umgehend zur Wasseroberfläche gebracht werden. Um Lungenüberdruckverletzungen zu vermeiden, müssen die Atemwege durch Überstreckung des Kopfes offen gehalten werden. Der Atemregler des Verunfallten muss beim Aufstieg festgehalten werden, da er durch das Erschlaffen der Gesichtsmuskulatur dem Bewusstlosen aus dem Mund fallen kann. Einen herausgefallenen Atemregler wieder in den Mund zu stecken, ist jedoch Zeitverschwendung. Zur eigenen Sicherheit muss die Aufstiegsgeschwindigkeit in jedem Fall eingehalten werden.

Der Taucher reagiert nicht mehr an der Wasseroberfläche
- Körperlichen Kontakt mit dem Taucher herstellen und versuchen ihn anzusprechen.
- Erfolgt keine Reaktion, den Taucher in Rückenlage bringen und für Auftrieb sorgen, in dem das Tarierjacket des Verunfallten aufgeblasen und Gewichtssysteme abgenommen werden.
- Notsignal geben: Versuchen durch Winken, Rufen oder abgesprochene Notsignale andere Personen aufmerksam zu machen, um Hilfe zu bekommen.
- Atmung überprüfen: Bewegt sich der Brustkorb, gibt es Atemgeräusche?

Bei Atemstillstand muss die Beatmung nach dem Überstrecken der Atemwege und Freiräumen des Mundes mit zwei Atemstößen begonnen werden. Danach wird alle 5 Sekunden ein weiterer Atemstoß gegeben. Während der Beatmung muss der Bewusstlose schnellstmöglich zum Ufer oder Boot gebracht werden.

Es gibt folgende Beatmungsmöglichkeiten: Mund zu Mund, Mund zu Nase, über einen ventillosen Schnorchel oder eine Beatmungsmaske.

Ein Eindringen von Wasser in die Atemwege während der Beatmung vermeiden Sie am besten durch die richtige Verwendung einer Beatmungsmaske. Mund und Nase sind umschlossen, die Maske verfügt über ein Ein- und Auslassventil sowie über einen Sauerstoffanschluss.

Um eine Bergung an das Ufer oder ins Boot zu erleichtern, wird die Tauchausrüstung während des Transportes durch Schieben oder Ziehen abgelegt und gleichzeitig wird im Fünf-Sekunden-Rhythmus beatmet. Unmittelbar vor der schnellst möglichen Bergung an Land oder auf das Boot muss der Verunfallte nochmals mit mehreren Beatmungen versorgt werden.

Der Taucher ist an Land oder im Boot und reagiert nicht mehr
Bei Atemstillstand weitere Beatmung und Kontrolle von Puls und Kreislauf. Sind Atmung und Puls vorhanden, müssen eventuell aufgetretene Verletzungen versorgt wer-

den, der Verletzte wird entsprechend seinem Zustand gelagert. Es sollte keine Zeit durch unsinnige Versuche vergeudet werden, einen Stimmritzenkrampf zu lösen oder eventuell eingedrungenes Wasser aus den Lungen zu entleeren.
Ist kein Puls vorhanden, muss mit Herzdruckmassage begonnen werden.

Herz-Lungen-Wiederbelebung

Bei Ausfall der Vitalfunktionen muss der Betroffene unter ständiger Beatmung an der Wasseroberfläche so schnell wie möglich an Land oder ins Boot gebracht werden.
Die Herzdruckmassage kann nur auf hartem Untergrund durchgeführt werden. Dabei ist darauf zu achten, dass der Kopf des Verunfallten nicht höher als auf Herzniveau liegt.
Bei schrägen Ufern muss der Verunfallte so gelagert werden, dass der Kopf im Zweifelsfall etwas tiefer liegt (siehe auch Seite 82 f.).

Auftauchen

Muss ein Taucher wegen eines Problems auftauchen, sollte er von mindestens zwei anderen Gruppenmitgliedern sicher zum Boot oder zum Ufer begleitet werden. Er darf keinesfalls alleine an die Wasseroberfläche oder zum Ufer zurückgeschickt werden. Es muss sichergestellt sein, dass er auch in das Boot einsteigt bzw. an Land ist, bevor der Rest der Gruppe wieder gemeinsam abtaucht.
Bei der Verwendung von Tauchcomputern sollte sich das Partnerteam an einem konservativen Rechenmodell orientieren. Der Gruppenführer kontrolliert Luftverbrauch und Tarierung, so dass alle Taucher mit genügend Luft beim vereinbarten Ausstiegspunkt ankommen. Nach dem Signal »Aufstieg« und der Bestätigung durch »O.K.« wird der Aufstieg eingeleitet. Die Aufstiegsgeschwindigkeit muss in jeder Phase eingehalten werden. Nach einem Sicherheitsstopp von mindestens 5 min in einer Tiefe, die nicht geringer als 3 m ist, erfolgt der Ausstieg.

Ausstieg

Die Tauchmaske bleibt in jedem Fall auf dem Gesicht, bis der Taucher im Boot oder ganz an Land ist. Die Möglichkeit seine Tauchmaske zu verlieren ist besonders groß, wenn diese auf die Stirn geschoben wird.

Flach abfallende Gewässer
Die Taucher werden bis ins flache Wasser des Uferbereiches tauchen und nach Ablegen der Flossen ans Ufer waten.

Ausstieg aus dem tiefen Wasser über eine Bootsleiter
Dabei kann es abhängig vom Typ der Leiter erforderlich sein, die Flossen anzubehalten und mit vollständiger Ausrüstung ins Boot zu steigen. Im Normalfall schwimmt der Taucher an die Seite der Leiter, die den Wellen abgewandt ist, und reicht zuerst Zusatzausrüstung wie Lampe, Kamera nach oben, dann die Flossen. Ist kein Wellengang oder keine starke Strömung und leidet der Taucher unter Rückenproblemen, kann das

Gewichtssystem und das Tauchgerät abgelegt und von Helfern nach oben gereicht werden.

Achtung: Der Tauchpartner muss so lange von der Leiter fernbleiben, bis der Taucher vor ihm sicher ins Boot gestiegen ist. Es besteht die Gefahr, dass der Einsteigende abrutscht und dem unter ihm wartenden auf den Kopf fällt.

Ausstieg aus dem tiefen Wasser ohne Leiter beim Bootstauchen

Sollte das Boot über keine Leiter verfügen, was bei den meisten Schlauchbooten der Fall ist, wird zuerst das Gewichtssystem abgelegt und ins Boot gereicht. Danach folgt nach Wechseln von Atemregler auf den Schnorchel das Ablegen des Tauchgeräts mit leicht aufgeblasenem Tarierjacket. Ein Helfer zieht das Tauchgerät ins Boot oder befestigt es außen. Der Taucher fasst mit beiden Händen an die Befestigungsgriffe oder den Bootsrand, taucht kurz mit den Schultern ins Wasser und holt Schwung für den Ausstieg. Durch kräftiges Flossenschlagen und gleichzeitiges Hochziehen mit den Armen erfolgt der Einstieg ins Boot.

Am Beckenrand

Die gleiche Reihenfolge gilt beim Üben dieser Ausstiegsmethode im Schwimmbad. Nach dem Ablegen der Gewichtssysteme am Beckenrand wird das Tarierjacket leicht aufgeblasen und dann das Tauchgerät ausgezogen. Der Taucher legt den Atemregler an den Rand des Beckens und sichert ihn mit einer Hand. Nach erfolgtem Ausstieg hebt er das Tauchgerät aus dem Wasser. Dabei darauf achten, dass nicht aus dem runden Rücken heraus gehoben wird.

Besondere Tauchbedingungen

Tauchen mit Kindern

Das Auftreten von dekompressionsbedingten Erkrankungen ist von sehr vielen verschiedenen Faktoren abhängig und kann selbst bei Erwachsenen meist nicht eindeutig geklärt werden. Bei den meisten Tauchgängen entstehen mikroskopisch kleine Stickstoffblasen, die zu keinerlei unmittelbaren Symptomen führen, aber Langzeitschäden hervorrufen können.

Unter allen Umständen sollte verhindert werden, dass ein junger, sich im Wachstum befindlicher Organismus Bedingungen ausgesetzt wird, die ihm schaden könnten. Deshalb sollten folgende Richtlinien strikt eingehalten werden:

- Das Gewässer sollte schwimmbadähnliche Bedingungen hinsichtlich Temperatur und Sichtweite aufweisen. Keine Wellen oder Strömungen.
- Konservative Begrenzung der Tauchzeit; sobald das Kind anfängt zu frieren, muss der Tauchgang sofort beendet werden. Empfehlung: nicht länger als 30 min tauchen.
- Ausschließlich Nullzeittauchgänge.
- Keine anstrengenden Tauchgänge.
- Wiederholungstauchgänge vermeiden.
- Strikte Einhaltung der empfohlenen Tiefenlimits.

Besondere Tauchbedingungen 161

Mit einem perfektem Kälteschutz und der Einhaltung der für Kinder geltenden Zeit- und Tiefenlimits steht dem sicheren Tauchen mit Kindern nichts mehr im Weg.

- Passende, kindergerechte Ausrüstung; besonders wichtig ist ein perfekt sitzender Kälteschutzanzug, da Kinder sehr viel schneller Körperwärme verlieren als Erwachsene.

Bei Beachtung der genannten Kriterien können verantwortungsvolle Eltern und Tauchausbilder den Kindern nahezu risikofrei die Schönheiten der Unterwasserwelt zeigen und sie dafür begeistern.

Ausrüstung des Tauchbegleiters
Vollständige Tauchausrüstung mit alternativer Luftversorgung.
Achtung: Diese muss unbedingt über ein kindgerechtes kleines Mundstück verfügen.
Der Gruppenführer oder Tauchlehrer darf durch keinerlei andere Aktivitäten wie Fotografieren oder Filmen abgelenkt sein. Bei Bedarf kann ein anderer erfahrener Taucher die Aufgabe des Fotografen übernehmen.
Achtung: Das Kind muss sich immer in unmittelbarer »Griffnähe« des erfahrenen Tauchpartners befinden. Keinesfalls dürfen Kinder eigene Gruppen bilden.

Tauchtauglichkeit bei Kindern
Jedes Kind sollte vor Beginn einer geplanten Ausbildung von einem speziell dafür ausgebildeten Tauchmediziner nach den Richtlinien der Gesellschaft für Überdruckmedizin (GTÜM) in Zusammenarbeit mit dem Kinder- bzw. Hausarzt untersucht werden.
Man kann für die Tauchausbildung keine starre Altersgrenze festlegen, da jedes Kind physisch und psychisch unterschiedlich entwickelt ist. Unter 8 Jahren ist jedoch die Lunge noch nicht vollständig ausgereift. Ab dem 16. Lebensjahr geht man von einer uneingeschränkten Tauchtauglichkeit aus.

Unterschiede zwischen Kindern und Erwachsenen

Kinder lernen sehr schnell etwas, das sie interessiert und legen dabei mehr Wert auf Lob und Anerkennung als Erwachsene. Deshalb erlernen sie meist die notwendigen Fertigkeiten der Tauchpraxis wesentlich leichter als viele Erwachsene.

Kinder reagieren viel spontaner und instinktiv auf Probleme und Stress, sie denken weniger über ihr Handeln und die daraus resultierenden Konsequenzen nach. Sie sind sehr schnell für etwas zu begeistern, können sich jedoch nicht so lange auf eine Sache konzentrieren und haben durch ihr eingeschränktes Wahrnehmungsvermögen kein Gefühl für Gefahr.

Kinder können sich selber und ihren Tauchpartner durch Fehlverhalten in Gefahr bringen. Sie sind keine »kleinen Erwachsenen« und müssen bei allen Tauchgängen von einem erfahrenen erwachsenen Tauchpartner beaufsichtigt werden.

Atemwege

Die oberen und unteren Atemwege sind bei Kindern im Vergleich zu der Größe der luftgefüllten Hohlräume enger als beim Erwachsenen. Durch den veränderten Luftstrom ändert sich auch der Gasaustausch und die Ventilierung der Lunge.

Gefahr besteht bei tiefen Tauchgängen durch erhöhte Atemarbeit und durch die hohe Dichte der Luft. Werden die Atemwege gereizt, z. B. beim Inhalieren von Wassertropfen oder bei Übungen wie dem Atmen aus einer alternativen Luftversorgung, kann es durch das noch nicht voll ausgebildete vegetative Nervensystem zum Verkrampfen der Bronchien und zum Stimmritzenkrampf kommen.

Häufig leiden Kinder bei relativ engen Atemwegen unter Asthma, das aber nach der Pubertät wieder verschwindet. Ein durch die extrem kalte und trockene Luft hervorgerufener Asthmaanfall unter Wasser birgt bei unkontrolliertem Aufstieg die Gefahren von Lungenüberdehnung und Arterieller Gasembolie. Das gleiche gilt bei Heuschnupfen und anderen Allergien.

Nach Ansicht der Taucherärzte besteht bei Kindern aufgrund der instinktiven Handlungen bei Atemproblemen ein wesentlich höheres Risiko für einen unkontrollierten Aufstieg als bei Erwachsenen.

Ohren

Die Eustachische Röhre ist bei Kindern meist stärker gekrümmt und enger als bei Erwachsenen. Daraus resultierende Druckausgleichsprobleme machen Kinder anfälliger für Barotraumen. Hinzu kommt, dass Kinder in ihrer Begeisterung den Druckausgleich meist erst durchführen, wenn sie durch leichten Schmerz daran erinnert werden. Barotraumen der Ohren und leichte Überdehnungen des Trommelfelles gehören deshalb zu den am meisten vorkommenden Verletzungen. Es muss darauf geachtet werden, dass Kinder frühzeitig und regelmäßig den Druckausgleich durchführen.

Das Herz-Kreislauf-System

Kinder haben einen relativ hohen Ruhepuls, deshalb sind bei Belastung kaum Sicherheitsreserven durch weiteres Ansteigen des Pulses vorhanden. Da sich beim Tauchen der Druck im kleinen Kreislauf (Herz/Lunge) erhöht, muss in jedem Fall eine Belastung der Kinder beim Tauchen vermieden werden. Besteht der Verdacht, dass sich das Kind übermäßig angestrengt hat, sollten sofort alle Tätigkeiten eingestellt werden, um die Atmung und den Puls auf das normale Maß absinken zu lassen.

Unterkühlung
Das Verhältnis von Körperoberfläche zum Gewicht ist bei Kindern größer als bei Erwachsenen, daher wird Wärme schneller abgeführt, sie frieren schneller. Kinder geben dies aber oft nicht zu. Deshalb ist besonders auf Zittern oder blaue Lippen zu achten, um eine Unterkühlung zu vermeiden. Tauchgänge mit Kindern sollten nur im warmen Wasser und mit ausreichendem Kälteschutz durchgeführt werden.

Der Effekt der Atemgasgemische in der Tiefe
Bei Kindern ist die Hirnstromaktivität noch nicht voll ausgebildet. Der narkotische Effekt von Stickstoff tritt deshalb eher ein als beim Erwachsenen. Das Gleiche gilt für das Atmen von anderen Gasen unter höherem Partialdruck wie Sauerstoff oder Kohlendioxyd: Kinder sind wesentlich anfälliger durch den noch nicht ausgereiften Organismus. Deshalb ist die strikte Einhaltung von kindgerechten Tiefenlimits unbedingt erforderlich.

Dekompressionskrankheit
Kinder haben eine höhere Atemfrequenz als Erwachsene, sie atmen öfter aber flacher. Inwieweit dies die Stickstoffsättigung beeinflusst, ist nicht hinreichend erforscht. Es gibt Theorien darüber, dass es unter Umständen bei Kindern durch die Stickstoffsättigung zu einer Schädigung an der Knochenhaut und zu Wachstumsstörungen der langen Röhrenknochen kommen kann. Das Knochenmark ist besser durchblutet als beim Erwachsenen. Stickstoffsättigung und Entsättigung verlaufen anders. Die beste Vorsorge ist ein sehr konservatives Begrenzen von Zeit und Tiefe.

Körperliche Leistungsfähigkeit
Kinder sind körperlich nicht so belastbar wie Erwachsene, die Ausrüstung sollte deshalb außerhalb des Wassers nicht getragen werden. Nasse Sachen müssen gleich ausgezogen werden und für trockene Wechselkleidung muss gesorgt sein.

Ausrüstung für Kinder
Viele Hersteller bieten mittlerweile kindgerechte Tauchausrüstungen an. Es gibt kleine, leichte Atemregler mit besonders kleinen Mundstücken sowie spezielle Tarierjackets für Kinder, die »mitwachsen« und sich in der Länge verstellen lassen. Legen Sie Wert auf bestmöglichste Passform bei der ABC-Ausrüstung und beim Kälteschutz.

Was sonst noch beachtet werden muss
Kinder werden nie eigenverantwortliche Tauchpartner sein, rechnen Sie nicht damit, dass sie einem Erwachsenen im Notfall Hilfe leisten können. Sie reagieren oft spontan. Jeder, der mit Kindern taucht, sollte sich stets die damit verbundenen Risiken für das Kind und sich selbst vor Augen führen. Viele der Gefahren beim Tauchen, für Kinder sowie für Erwachsene, werden wahrscheinlich nie zu 100 % belegbar sein. Jedoch sollte jeder Erwachsene und jeder Tauchausbilder alles in seiner Macht stehende tun, um die Risiken für Kinder und für sich selbst so gering wie möglich zu halten. Denken Sie daran: Kinder verlangen eine besondere Betreuung und ein Höchstmaß an Konzentration und Aufmerksamkeit unter Wasser.
Sollen z. B. Foto- und Videoaufnahmen von Kindern unter Wasser angefertigt werden, muss in jedem Fall ein erfahrener und dafür ausgebildeter Taucher die direkte Aufsicht übernehmen, während ein anderer Taucher sich auf die Foto- und Videoaufnahmen konzentriert.

Die einfachste Möglichkeit entfernte Tauchplätze zu erkunden bietet das Bootstauchen.

Bootstauchen

Der einfachste und bequemste Weg vom Ufer entfernte Tauchplätze zu erreichen, ist die Fahrt mit dem Boot. Dabei müssen jedoch einige Regeln beachtet werden:
- Bestimmungen des zu befahrenden Gewässers.
- Eigenschaften wie Wellen, Strömungen, Tidenhub etc.
- Das Tauchboot muss in Größe und Ausstattung den zu erwartenden Bedingungen nicht nur entsprechen, sondern sie übertreffen. Es muss zum Beispiel ausreichend motorisiert sein, um bei einem Wetterumschwung sicher in den Hafen zu gelangen.

Der Bootsführer sollte das Gebiet gut kennen und hinsichtlich Strömungen, Gefahrenpunkten etc. einschätzen können. Seekarten geben Aufschluss über interessante Punkte wie Wracks und Untiefen.

Alle Entfernungen sind in Seemeilen (sm, eine Seemeile = 1,852 Kilometer) angegeben. Die Geschwindigkeit eines Bootes wird in Knoten gemessen. Ein Knoten ist eine Seemeile pro Stunde.

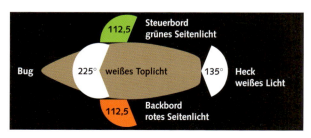

Fachbegriffe für das Bootstauchen

Besondere Tauchbedingungen

Begriffe
- Bug: ist vorn beim Boot
- Heck: ist hinten beim Boot
- Steuerbord: in Fahrtrichtung rechts
- Backbord: in Fahrtrichtung links
- Luv: die ungeschützte, dem Wind zugewandte Seite
- Lee: die geschützte, dem Wind abgewandte Seite

Ausstattung des Tauchbootes
Als Kunde sollte man auf Tauchbooten ein sehr kritisches Auge auf die Notausrüstung und den Zustand des Bootes werfen. Es sollte auf jeden Fall vorhanden sein:
- Alle notwendigen Boots- und Ausweispapiere, Genehmigungen etc.
- Erste-Hilfe-Ausrüstung: Wasserdichter Notfallkoffer mit Sauerstoff und Erste-Hilfe-Box
- Je nach Land vorgeschriebene Taucherboje oder Taucherflagge
- Schwimmwesten oder Rettungswesten; bei großen Booten Rettungsboote oder Rettungsflöße
- Bootsleiter zum bequemen Einsteigen
- Lange Strömungsleine mit Schwimmkörper am Ende
- Bei verankertem Boot eine »Dekoleine« mit Gewichten und daran befestigt eventuell ein komplettes Tauchgerät inklusive alternativer Luftversorgung
- Ersatztauchausrüstung, Ersatztauchflaschen
- Verschiedene Seile (Tampen) zum Festmachen von Ausrüstung
- Navigationsmittel: z. B. Kompass, Seekarte, Satellitennavigation (GPS) und Sonar (Echolot)
- Pumpe, um eingedrungenes Wasser zu entfernen (Lenzpumpe), bei kleinen Booten Behälter zum Wasserschöpfen
- Signalmittel für Notfälle: rote Leuchtkugeln, Leuchtraketen oder Knallsignale, wasserdichte starke Taschenlampe mit Ersatzbatterien, Signalhorn oder Pfeife
- Ankerseil in ausreichender Stärke mit Anker und Ersatzanker, der der zu erwartenden Grundbeschaffenheit entspricht
- Ausreichend Treibstoff und Motorisierung, um auch bei Wetterwechsel sicher in den Hafen zu kommen
- Trinkwasser
- Ersatzteilbox: Ersatzzündkerzen mit Kerzenschlüssel, Gabel- und Ringschlüssel, Drahtbürste Zange etc.
- Paddel bei kleineren Booten

Da auf den meisten Booten kein üppiges Platzangebot herrscht, sollte die Tauchausrüstung so gepackt werden, dass sie »aus der Tasche auf die Flasche« montiert werden kann.
Je nach örtlichen Vorschriften und Gesetzgebungen ist auf ausreichende Beleuchtung des Bootes zu achten. Diese kann jedoch von Land zu Land große Unterschiede aufweisen. Der Bootsführer muss sich dementsprechend kundig machen.
Als gängige Positionslampen gelten:
- Weißes Toplicht mit 225-Grad-Leuchtwinkel zum Bug
- Weißes Hecklicht mit 135-Grad-Leuchtwinkel vom Heck weg
- Grüne Steuerbordlampen und rote Backbord-Seitenbeleuchtung mit je 112,5-Grad-Leuchtwinkel

166 Tauchpraxis

Muss das Boot fest gemacht werden, sollte die Umwelt durch Verwendung vorhandener Leinen oder Bojen geschont werden. Wenn Ankern unumgänglich ist, sollte man auf Sandgrund ankern, um eine Beschädigung des Riffes zu vermeiden.
Für die Länge des Ankerseils bzw. der Kette gelten folgende Regeln:
- Ankern nur mit Seil: Die Seillänge muss mindestens der 10- bis 15fachen Wassertiefe entsprechen.
- Ankern mit Ankerkette: Länge der Kette mindestens 3fache Wassertiefe.
- Ankern mit Ankerseil und Kettenvorlauf: Länge des ausgebrachten Seils inklusive mindestens 5 m langem Kettenvorlauf mindestens 5fache Wassertiefe.

Nach dem Abtauchen sollte der Sitz des Ankers kontrolliert werden.

Knoten

Das Erlernen und ständige Üben von Standardknoten erleichtert dem Taucher den Umgang mit Schnüren und Seilen. Das betrifft nicht nur das Bootstauchen, sondern auch das Vertäuen und Verzurren von Gegenständen und Tauchausrüstung.

Die wichtigsten Knoten, nicht nur für Bootsführer

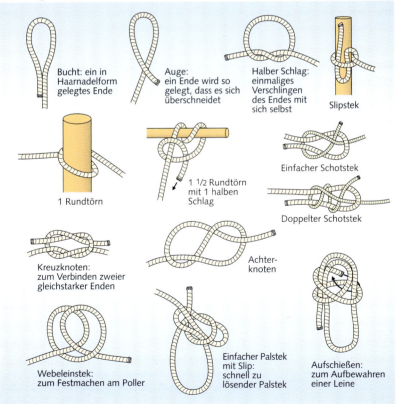

Tauchen in Höhenlagen

Bergseen bieten dem Taucher allein schon von der Kulisse über Wasser ein spektakuläres Erlebnis. Wird dann der Tauchgang im kalten, aber meist kristallklaren Wasser durchgeführt, kennt die Begeisterung meist keine Grenzen mehr. Für das Tauchen in Höhenlagen, und damit sind alle Gewässer gemeint, die höher als 700 m über Meeresspiegel liegen, bedarf es spezieller Vorgehensweisen. Es empfiehlt sich ein Ruhetag in der Höhe, um den Körper zu akklimatisieren.

Der Luftdruck nimmt in der Höhe pro 500 m um 0,05 bar ab. In 2000 m Höhe beträgt der Umgebungsdruck deshalb nur noch 0,8 bar gegenüber 1,0 bar auf Meereshöhe. Durch die Reduzierung des Umgebungsdrucks kommt es zu einer Stickstoffabgabe aus dem Körpergewebe. Beim Tauchgang steht der hohe Stickstoffpartialdruck in der Atemluft dem reduzierten Stickstoffpartialdruck im Körpergewebe gegenüber. Stickstoff gelangt durch das im Vergleich zur Meereshöhe erhöhte Druckgefälle vermehrt ins Gewebe.

Wird zum Beispiel ein Tauchgang auf 2000 m über Meereshöhe in einer Tiefe von 20 m durchgeführt, beträgt der Umgebungsdruck an der Oberfläche 0,8 bar, der Gesamtdruck in 40 m Tiefe 4,8 bar. Im Verhältnis zur Oberfläche befindet sich der Taucher unter einem Druck, der sechsmal höher ist als der Druck an der Wasseroberfläche. Auf Meereshöhe (1 bar) entspräche derselbe Tauchgang nur einem fünfmal höheren Druck. Durch den Druckunterschied zwischen reduziertem Umgebungsdruck und Gesamtdruck in der Tiefe kommt es zu einer höheren Stickstoffsättigung als auf Meereshöhe. Um dies zu berücksichtigen, wurden spezielle Tauchtabellen für Höhenlagen entwickelt.

Erfolgt die Tiefenmessung beim Bergseetauchen durch Membran- oder Bourdon-Rohr-Tiefenmesser, muss berücksichtigt werden, dass diese bedingt durch den reduzierten Luftdruck an der Oberfläche eine verringerte Tiefe anzeigen. Beim einfachen Boyle-Mariotte-Tiefenmesser wird hingegen eine höhere Tiefe angezeigt als die tatsächlich erreichte. Moderne Tauchcomputer passen sich automatisch dem veränderten Luftdruck an oder können manuell auf einen Bergseemodus umgeschaltet werden. Wiederholungstauchgänge sowie tiefe und anstrengende Tauchgänge sollten jedoch vermieden werden.

Tauchgänge im kalten Wasser und Eistauchen

Tauchgänge unter Eis erfordern eine spezielle Ausbildung (Absolvierung des Spezialkurses Eistauchen) und angepasste Ausrüstung. Der Körper muss durch spezielle Kälteschutzanzüge, am besten durch einen Trockentauchanzug, vor Unterkühlung geschützt werden. Bei Verwendung von herkömmlichen Nasstauchanzügen sollte die Tauchzeit auf ein Minimum beschränkt werden, um Unterkühlungen zu vermeiden. Durch Verwendung einer Eishaube (siehe Seite 115) wird der Kopf zusätzlich geschützt. Zwei getrennt voneinander funktionierende Atemregler müssen sich an zwei getrennt absperrbaren Ventilabgängen befinden. Falls es zum Vereisen eines Atemreglers kommt, steht eine unabhängige alternative Luftversorgung zur Verfügung.

Beim Tauchen unter Eis besteht keine direkte Aufstiegsmöglichkeit zur Wasseroberfläche. Psychisch labile Menschen können Platzangst und Panik bekommen. Der Ein- und Ausstieg muss durch Helfer eisfrei gehalten werden. Es empfiehlt sich, mindestens zwei weitere im Halbkreis zum Hauptloch angeordnete Ausstiegslöcher anzulegen. Zumindest der Gruppenführer muss durch Verwendung eines Sicherungsseiles ständigen Kontakt mit dem Sicherungspersonal an der Oberfläche haben. Tauchen ohne Seil bedeutet unverzeihlichen Leichtsinn, da die Navigation unter Eis äußerst schwierig ist. Tauchen mit Seilsicherung erfordert eine genaue Absprache über die verwendeten Signale.

Nachttauchen

Tauchgänge, die in der Dämmerung oder nachts durchgeführt werden, haben einen ganz besonderen Reiz. Während dieser Zeit können oft Tiere beobachtet werden, die sich bei Tageslicht selten blicken lassen. Ein direktes Anleuchten sollten Sie jedoch vermeiden, um schlafende Fische nicht zu stören. Fluchtreaktionen schlaftrunkener Fische, die geblendet oder berührt wurden, enden für diese meist mit einer Verletzung. Der Tauchplatz sollte zumindest dem Gruppenführer von Tauchgängen bei Tageslicht gut bekannt sein. Wie bei allen Tauchgängen ist eine sorgfältige Planung und Absprache erforderlich.
Das Vorbereiten und Überprüfen der Ausrüstung erfolgt am besten noch bei Tageslicht. Ordnung am Tauchplatz ist höchstes Gebot!
Da Nachttauchen eine zusätzliche psychische Belastung darstellt, sollte die Auswahl der Tauchpartner so erfolgen, dass keine Gefährdung durch unsichere, untrainierte Gruppenmitglieder besteht. Die Gruppen sollten möglichst klein gehalten werden, es sollte sich nie mehr als ein Anfänger in einer Gruppe mit zwei erfahrenen Nachttauchern befinden.

Sonderausrüstung

Jeder Taucher muss eine eigene Unterwasserlampe mit sich führen, pro Gruppe ist außerdem mindestens eine Ersatzlampe erforderlich. Besser ist es jedoch, wenn jeder Taucher eine Ersatzlampe mitführt, die bei Ausfall der Hauptlichtquelle ein Beleuchten der Instrumente und gefahrloses Aufsteigen ermöglicht.
Die Ein- und Ausstiegstellen müssen durch Lichtquellen in Form von Leuchtstäben, Blitzlichtern oder Lampen deutlich markiert werden.

Strömungstauchen

Tauchen in der Strömung von Flüssen, Kanälen und im Meer kann bei richtiger Durchführung entspannend und unterhaltsam sein, da die Unterwasserwelt wie in einem Film vorbeizieht. Muss zum Einstieg zurückgekehrt werden, ist der Tauchgang immer gegen die Strömung zu beginnen, mit nachlassender Kraft kann man so mühelos zum Ausstieg zurücktauchen.
Die entspannteste Art von Strömungstauchen findet vom treibenden Boot statt. Nach dem Abstieg lassen sich die Taucher einfach am Riff entlang treiben und werden vom Boot, das den Luftblasen gefolgt ist, »eingesammelt«.
Je näher der Taucher am Riff ist, umso schwächer ist die Strömung. Durch Verwirbelungen an kleinen Felsblöcken und Korallen wird die Hauptströmung gebremst. Hinter größeren Fels- und Korallenblocks ist immer ein kleiner Strömungsschatten, der vom Taucher für eine kurze Verschnaufpause genutzt werden kann. Hilfreich bei der Suche

nach ruhigen Plätzen ist die Beobachtung der Fische. Wo immer sie nah am Riff reglos stehen, ist die Strömung schwächer.
Bei der Tauchgangsplanung muss der erhöhte Luftverbrauch durch die Kraftanstrengung berücksichtigt und während des Tauchgangs bei sich selbst und dem Tauchpartner überwacht werden.

Tauchen mit Nitrox

Als Nitrox wird generell jede Atemgasmischung bezeichnet, die aus den Hauptbestandteilen **Nitr**ogen (Stickstoff) und **Ox**ygen (Sauerstoff) besteht. Für Nitrox werden auch Bezeichnungen wie zum Beispiel Safe Air (ANDI), EAN (Enriched Air Nitrox), NOAAI oder NOAAII verwendet. Die im Sporttauchbereich verwendeten Gemische haben einen Sauerstoffgehalt zwischen 22 und maximal 40 %. Dies wird durch die Zahl hinter der Bezeichnung EAN 32 oder Nitrox 32 angegeben. EAN 32 enthält somit 32 % O_2.
Beim Tauchen mit Nitrox sollten für die Tauchgangsplanung normale Lufttabellen oder Luftcomputer benützt werden, um zusätzliche Sicherheit zu gewinnen. Bei einer Ausnützung der theoretisch wesentlich längeren Nullzeiten wird der Sicherheitspuffer verschenkt.

Unterschied von Nitrox gegenüber Atemluft

Vorteile
- Reduzierter Stickstoffgehalt, damit geringeres Risiko eines Tiefenrausches oder eines Dekompressionsunfalles.
- Bei Wiederholungstauchgängen reduziert sich die Stickstoffsättigung bei der Verwendung von Nitrox 32 gegenüber Atemluft um mehr als 50 %.
- Die möglichen Nullzeiten werden erheblich verlängert.

Nachteile
- Durch den erhöhten Sauerstoffanteil muss die errechnete maximale Einsatztiefe genau eingehalten werden, da eine Sauerstoffvergiftung eintreten kann.

Tauchgänge mit Nitrox sind nichts für Tiefenjäger, sondern für sicherheitsbewusste Taucher, die gerne etwas mehr Sicherheitspuffer haben möchten. Es ist für alle, die gerne mehrere Tauchgänge an mehreren Tagen absolvieren, das ideale Atemgas, da der Körper nicht so sehr belastet wird.

Internationale Regelung
Außerhalb Deutschlands hat sich in den meisten Ländern die internationale Vorgehensweise durchgesetzt. Bis zu einer Sauerstoffkonzentration von 40 % wird normale Tauchausrüstung ohne jegliche Umbauten verwendet.

Regelung in Deutschland
Jedes Gasgemisch, das mehr als 21 % Sauerstoff enthält, ist in Deutschland zurzeit laut Druckgasverordnung so zu behandeln und zu kennzeichnen, als wäre es reiner Sauerstoff. Die gesamte Tauchausrüstung (Atemregler, Inflatoranschluss, Finimeter oder Nitrox-Tauchcomputer, Anschluss für Trockentauchanzug) und deren Anschlüsse müssen mit speziellen Verfahren gereinigt, sauerstoffrein und dementsprechend gekennzeichnet sein. Es dürfen sich keinerlei Reste von Schmiermitteln, Ölen und

Fetten daran befinden, da sich sonst das Atemgemisch entzünden kann. Atemregler für Atemluft können nicht an einem Nitroxventil, Nitroxatemregler nicht an einem Flaschenventil für Atemluft angebracht werden. Der Flaschenhals des Tauchgeräts muss weiß gestrichen und mit dem Zusatz Sauerstoff-TG (Tauchgerät) gekennzeichnet sein.

Flaschenkennzeichnung
Nitrox-Tauchgeräte müssen durch einen 15 cm breiten Rundumaufkleber mit dem Aufdruck Nitrox gekennzeichnet sein. Ein spezieller Prüfaufkleber oder Anhänger, der den Sauerstoffanteil in %, das Prüfdatum, den Namen des Benutzers und die theoretische maximale Einsatztiefe angibt, ist lebenswichtig für den Anwender. Ein Nitroxtauchgerät, das der Benutzer nicht selbst mit einem Sauerstoffanalysegerät überprüft hat, darf nicht benutzt werden.

Füllen des Nitrox-Tauchgerätes
Da die verwendeten höheren Sauerstoffkonzentrationen in Verbindung mit anderen Gemischen und Materialien zu Oxydation und Explosion führen können, ist das Befüllen mit Nitrox-Gemischen nur von speziell dafür ausgebildeten Fachkräften erlaubt.

Tauchen mit Nitroxcomputern
Nitroxcomputer bieten den Vorteil, dass sie auf die verwendete Mischung programmiert werden können und den Tauchgang dementsprechend berechnen. Der Sicherheitsgewinn von Nitrox wird dann jedoch gegen verlängerte Nullzeiten eingetauscht. Es empfiehlt sich, den Tauchcomputer nur auf den entsprechenden Nitroxanteil umzustellen:
- wenn beide Tauchpartner mit derselben Nitroxmischung tauchen,
- beide Tauchpartner den Tauchgang entsprechend abgesprochen und geplant haben,
- der Tauchplatz es wirklich Wert ist, den Sicherheitsgewinn gegen eine verlängerte Nullzeit einzutauschen.

Tauchen mit Fotoapparat und Videokamera

Was gibt es Schöneres, als von seinen Tauchgängen tolle Bilder oder Filme mitzubringen? Von der einfachen Schnappschusskamera bis hin zu Profigeräten, der Markt bietet eine schier unübersichtliche Menge an Foto- und Videoausrüstung für jeden Geschmack (und Geldbeutel). Leider wird oft viel zu früh mit dem Filmen und Fotografieren begonnen, die Ergebnisse sind meist dementsprechend unbefriedigend.

Ab wann sollte mit dem Fotografieren oder Filmen begonnen werden?
Der Taucher muss die Tarierung so beherrschen, dass alles »automatisch« abläuft. Schwebt der Fotograf oder Filmer ohne Bewegung im Wasser, verhalten sich die Fische auch nicht scheu. Wird jedoch wild atmend und mit Armen und Beinen rudernd Jagd gemacht, ergreifen sicher alle Wasserbewohner die Flucht.

Befestigung
Die Kamera muss sicher am Jacket befestigt werden, damit zum Fotografieren beide Hände frei sind. Im Handel sind elastische Spiralkabel und Retriever erhältlich. Bei Retrievern wird über eine Feder auf Zug Schnur abgegeben und automatisch oder auf

Besondere Tauchbedingungen 171

Das sichere Beherrschen der im Grundkurs erlernten Tauchfertigkeiten ist Voraussetzung für ungetrübten Genuss beim Filmen und Fotografieren.

Knopfdruck wieder eingerollt. Bei dieser Anschaffung sollte man auf gute Qualität achten.

Sicherheit
Jeder angehende Filmer und Fotograf sollte sich verinnerlichen, dass es keine Aufnahme wert ist, die eigene Sicherheit oder die Sicherheit des Tauchpartners zu gefährden. Mancher Taucher setzt sich selbst enorm unter Druck, weil er am Ende des Urlaubes möglichst viele tolle Aufnahmen vorzeigen möchte. Dabei wird oft alles vergessen, was im Tauchkurs gelernt wurde. Der Tauchpartner, Tiefe, Zeit, Luftverbrauch sind unwichtig, wenn das lang ersehnte Objekt der Begierde plötzlich auftaucht.
Urlaub sollte entspannend sein. Nach entsprechender Absprache vor dem Tauchgang kann der Partner die notwendigen Kontrollfunktionen übernehmen und gleichzeitig nach neuen Motiven Ausschau halten, während der Filmer oder Fotograf mit dem Aufnehmen beschäftigt ist.

Pflege der Ausrüstung
Vor jedem Tauchgang müssen die O-Ringe aus der Nut genommen und auf Verschmutzungen und Beschädigungen kontrolliert werden. Der O-Ring muss mit einem dafür zugelassenen Silikonfett hauchdünn behandelt werden, um geschmeidig zu bleiben. Nach der Behandlung sollte kein Fettfilm zu sehen sein. Vor dem Einsetzen des O-Ringes ist die Nut zu kontrollieren und zu reinigen. Ein einzelnes Sandkorn, Haar oder anderes Schmutzteilchen kann einen Wassereinbruch ins Gehäuse verursachen.
Nach dem Tauchgang wird die Ausrüstung mit klarem Süßwasser gespült. Dabei sollten bewegliche Teile bewegt werden, um die darunter sitzenden O-Ringe von Restsalz zu befreien. Ausblasen mit Pressluft unter Hochdruck sollte nur sehr vorsichtig angewandt werden, es kann die empfindliche Elektronik und Schalter am Gehäuse und der Kamera beschädigen.

Solotauchen

Tauchen ohne Tauchpartner ist nichts für Unterwasser-Rambos, die sich für unsterblich und unverwüstlich halten, sondern vielmehr für Unterwasserfotografen und -filmer, die ungestört ihrer »Beute« nachstellen möchten, ohne auf den Tauchpartner achten zu müssen. Auf den meisten Tauchbasen ist das Tauchen ohne Tauchpartner jedoch strikt untersagt und führt meist zum sofortigen Ausschluss aus dem Tauchprogramm. Es erfordert große taucherische Erfahrung, körperliche Fitness und eine spezielle Ausrüstung wie zum Beispiel mindestens zwei komplett voneinander getrennte Atemgasversorgungen, eine zweite Tauchmaske und Instrumente in doppelter Ausfertigung. Die Tiefe des Solotauchgangs sollte nicht mehr betragen als die eineinhalbfache Tiefe dessen, was beim Schnorcheln mühelos erreicht werden kann.

Stillstand ist Rückschritt

Nach Beendigung des ersten internationalen Brevets stehen dem Taucher eine Vielzahl von Fort- und Weiterbildungsmöglichkeiten sowie Gelegenheiten seine erworbenen Kenntnisse anzuwenden offen. Ob im Tauchurlaub oder im heimischen Gewässer, der interessierte Taucher bildet sich fort und lernt stets dazu. Ständiges Anwenden und Verfeinern der im Grundkurs erworbenen Kenntnisse in Verbindung mit regelmäßiger Weiterbildung vermitteln die Sicherheit, die für die Durchführung entspannter Tauchgänge notwendig ist.

Tauchvereine

Wer es gerne geselliger mag, wird eher zu einer Mitgliedschaft in einem Verein tendieren. Die angebotenen Möglichkeiten umfassen meist Aktivitäten im Hallenbad und Freiwassertauchgänge mit Begleitung durch erfahrene Vereinsmitglieder. Oft werden auch Gruppenfahrten über das Wochenende angeboten oder auch Tauchurlaube in Zusammenarbeit mit Reiseveranstaltern. Tauchausbilder, die im Verein Weiterbildungskurse anbieten, tun dies in ihrer Freizeit, da sie nicht kommerziell als Tauchlehrer arbeiten. Je nach ausgeübtem Beruf und der Menge der Zeit, die sie bereit sind, in die Vereinsarbeit zu investieren, kann sich ein Weiterbildungskurs über einen längeren Zeitraum hinziehen. Leihausrüstungen sind meist nur in begrenzter Anzahl vorhanden.

Kommerzielle Tauchschulen und Basen

Kommerzielle Tauchschulen bieten oft gegen geringe Gebühr ein wöchentliches Schwimmbadtraining an. Entweder mit ABC-Ausrüstung, um fit zu bleiben, oder als Auffrischung mit Tauchgerät nach längerer Tauchpause. Weiterbildungskurse sind fester Bestandteil des Kursprogramms und werden regelmäßig in festen Abständen angeboten. Leihausrüstungen sind meist in großer Anzahl und unterschiedlichen Größen, auch Sondergrößen, vorhanden. Viele Tauchshops organisieren und begleiten Tauchurlaube für Einzel- und Gruppenreisen sowie Wochenend-Kurztrips zu Nahzielen.

Stillstand ist Rückschritt 173

Prachtwimpelfisch (Heniochus monocerus)

Tauchurlaub

Von Kurz- und Wochenendtrips bis hin zu Fernreisen, je nach Geschmack und Geldbeutel gibt es eine Vielzahl von Angeboten für den reiselustigen Taucher. Wie überall sollte der Taucher die Angebote genau studieren und Preise und Leistungen vergleichen. Die Reisen in ferne Länder sind eher das Metier einiger weniger Tauchreiseveranstalter, die sich darauf spezialisiert haben. Das Personal dieser Spezialveranstalter taucht meistens selbst leidenschaftlich, kennt die angebotenen Tauchgebiete, Tauchbasen und Hotels persönlich und kann Informationen aus erster Hand liefern. Teilweise kann man den Flug, die Unterkunft und das Tauchen vorher komplett als Paket buchen. Das ist meist wesentlich günstiger als die Tauchpakete vor Ort zu kaufen bzw. zu buchen. Planen Sie nach längerer Tauchpause eine oder mehrere Übungsstunden im Pool oder heimatlichen Gewässer ein, um die notwendigen Sicherheitsübungen für Atmung und Tarierungskontrolle zu wiederholen. Dann können Sie am Urlaubsort völlig stressfrei mit dem Tauchen beginnen.

Informationsquellen

Bei der Wahl des Tauchzieles sollten Sie sich vorab so ausgiebig wie möglich über die Einreisebestimmungen informieren. Auskünfte und Informationen erteilen:

- Das Auswärtige Amt: www.auswaertiges-amt.de
- Das Gesundheitsamt (Informationen über benötigte Schutzimpfungen und mögliche Risikogebiete)
- Kataloge der Tauchreiseveranstalter
- Reisebeschreibungen in Tauchsportmagazinen
- Tauchreiseführer
- Offizielle Internetseiten der Tourismusbehörde vor Ort

Informationen über die Tauchbasis, -gebiete und örtlichen Gegebenheiten können am besten in Erfahrung gebracht werden bei:

- Tauchreiseveranstaltern, die das Gebiet aus eigener Erfahrung kennen
- Internetforen, in denen zahlreiche Taucher eigene Erfahrungen veröffentlichen wie z. B. www.tauchen.de oder www.taucher.net
- Internetseiten der Tauchbasis
- Berichte in Tauchsportmagazinen und deren Internetforen

Reisevorbereitungen und Checkliste

- Reservierungen und Buchungen wurden schriftlich bestätigt.
- Reisepass, Ausweispapiere sind noch ausreichend lange gültig.
- Ist ein Internationaler Führerschein notwendig?
- Bei den Materialwerten einer kompletten Tauchausrüstung wird der Abschluss einer Reisegepäckversicherung dringend empfohlen.
- Je nach Reiseziel ist der Abschluss einer Reisekrankenversicherung sinnvoll.
- Erforderliche Visadokumente wurden rechtzeitig beantragt.
- Sind Schutzimpfungen notwendig?

Persönliche notwendige Dinge
Legen Sie sich eine Liste von allen persönlich benötigten Dingen an und besorgen Sie diese rechtzeitig vor Reiseantritt. Dazu gehören z. B.:

- benötigte Medikamente

- spezielle Kleidung und Sonnenschutz
- Toilettenartikel wie Cremes, Duschgels, Zahnpasta und Bürste

Tauchausrüstung
- Tauchbrevet, Logbuch und ärztliche Tauchtauglichkeitsbescheinigung
- ABC-Ausrüstung (Maske, Schnorchel und Flossen)
- Ersatzmaske und Ersatz-Flossenband
- Füßlinge bei offenen Flossen
- Nasstauchanzug den Temperaturen angepasst oder Trockentauchanzug mit Unterzieher
- Kopfhaube
- Handschuhe
- Neoprenkleber, Nadel und Faden für kleinere Reparaturen
- Gewichtssystem: Bleigurt, Taschengurt, Hosenträgergurt oder integrierte Bleitaschen
- Gewichte
- Tarierjacket
- Luft- oder Nitroxtauchgerät, dem geplanten Tauchgang entsprechend eventuell gefüllt und überprüft.
- Reservetauchgerät
- Sauerstoffanalysegerät, falls benötigt
- Atemregler mit Inflatorschlauch und Finimeter oder luftintegriertem Tauchcomputer
- Alternative Luftversorgung
- Ersatzmundstück
- Reserveatemregler
- DIN- oder INT-Bügeladapter oder Einschraubadapter
- Tauchcomputer oder Tiefenmesser
- Uhr
- Schere oder Messer
- Wasserdichte Box mit: Werkzeugsatz, Silikonfett, Kabelbindern und Ersatzteilen

Notfall und Signalmittel
- Taucherflagge oder große Signalboje, Markierungsboje
- Notfallkoffer mit Erste-Hilfe-Ausrüstung und Sauerstoff
- Notfallplan mit Notfalladressen und Telefonnummern
- Markierungsleuchte oder Signalblitzgerät
- Unterwasserlampe mit Ladegerät, Ersatzakku und Ersatzleuchtmittel
- Ersatzlampe
- akustische Signalmittel wie Pfeifen und Hupen
- Taschensignalboje mit abrollbarer Leine (auch als Strömungsboje zu verwenden)
- Funkgerät, mobiles Telefon

Zusatzausrüstung
Je nach Art des Tauchgangs kann Zusatz- oder Spezialausrüstung erforderlich sein, dazu gehören unter anderem:
- Schreibtafel mit Ersatzstiften, Spitzer und Radiergummi
- Karabiner und Leinen zur Befestigung
- Fotoapparat oder Videokamera mit Ersatzfilmen und Videobändern
- Unterwassergehäuse mit Ersatz O-Ringen und Schmiermitteln

Leichter als auf Tauchsafaris lassen sich kaum Tauchgänge durchführen.

- Silikatgel zum Trockenhalten des Unterwassergehäuses
- Ersatzakkus, Batterien, Leuchtmittel
- Ladegerät, entsprechend der zu erwartenden Stromversorgung
- Adapter für Netzstecker
- abrollbare Markierungsleine (Reel)

Ein Wort zu Leihausrüstungen
Fehlende Ausrüstungsteile können entweder beim Tauchsportfachgeschäft zu Hause oder am Urlaubsort geliehen werden.
- Vorteil des Tauchladens zu Hause: Die Ausrüstung kann vorher anprobiert und oft sogar ausprobiert werden. Meistens ist das Ausleihen der Ausrüstung günstiger als im Ausland.
- Vorteil der Tauchbasis vor Ort: Sie müssen die Ausrüstung nicht transportieren, bei defekten Ausrüstungsteilen kann an Ort und Stelle unproblematisch umgetauscht werden.

Es muss jedoch sicher sein, dass Sie eine gut funktionierende und gut gewartete Ausrüstung in Ihrer Größe am Zielort bekommen. Keine Tauchbasis hat unendlich viele Leihausrüstungen, gerade in der Hochsaison kann es zu Engpässen kommen.
Kontaktieren Sie die Tauchbasis möglichst vorher und reservieren Sie die benötigte Ausrüstung. Lassen Sie sich Ihre Reservierung schriftlich bestätigen.

Landgestützte Tauchbasen
Nichttauchende Familienangehörige haben hier viele Möglichkeiten einen schönen Urlaub zu genießen und können vielleicht selbst einmal an einem Schnuppertauchgang teilnehmen. Ausrüstung ist meist in größerer Anzahl vorhanden, verschiedene Fortbildungskurse finden statt. Tauchgänge werden je nach Ausbildungs- und Erfahrungsstand angeboten.

Tauchsafaris mit dem Boot
Bootssafaris bieten die Möglichkeit quasi aus dem Bett heraus jeden Tag andere Tauchplätze zu erkunden. Leihausrüstung ist meist nur in geringer Anzahl vorhanden. Das Freizeitangebot für nichttauchende Begleitung beschränkt sich außer bei sehr großen Schiffen auf ein Minimum. Die Tauchgänge stellen gewisse Ansprüche an die Erfahrung und Selbstständigkeit der Taucher, da meist keine direkte Tauchgangsbegleitung angeboten wird. Diese Art von Urlaub ist sicher keine Alternative für Personen, die seekrank werden.

Medikamente und Tauchen

Bei einem Aufenthalt in manchen tropischen Ländern wird eine Malariaprophylaxe wie zum Beispiel Lariam oder Resochin empfohlen. Die meisten dieser Medikamente haben starke Nebenwirkungen und sind daher für die Tauchferien nicht geeignet. Generell können Medikamente zu unerwünschten Nebenwirkungen führen. Erkundigen Sie sich bei einem erfahrenen Tauchmediziner, welche Alternativen es gibt.

Ohreninfektionen

Die häufigste Form ist eine Entzündung des äußeren Gehörgangs, die durch Plankton und Bakterien, die in den aufgeweichten Gehörgang eindringen, hervorgerufen wird.

Warnzeichen
Die Infektion macht sich anfangs durch Juckreiz im Gehörgang bemerkbar. Das Kratzen mit dem Finger oder Ohrenstäbchen führt meist zu mikroskopisch kleinen Verletzungen, die den Verlauf der Infektion negativ beeinflussen.

Vorbeugung
Das Spülen des Gehörgangs nach dem Tauchen mit warmem reinem Süßwasser mit einer Ohrspritze spült Salzreste etc. zuverlässig aus dem Gehörgang.
Grundsätzlich muss die Verträglichkeit aller Mittel vor dem Tauchurlaub vorsichtig getestet werden. Manche Mischungen können Reizungen oder allergische Reaktionen auslösen.
Die angewendeten Mittel sollten grundsätzlich körperwarm in den Gehörgang eingebracht werden, um eine zusätzliche Reizung zu vermeiden. Die bekannteste ist die »Ehmsche-Lösung«, die aus Alkohol, Eisessig und destilliertem Wasser besteht, bei empfindlichen Ohren aber unangenehm brennen kann. Eine mildere Alternative ist ein Gemisch aus Essigsaurer Tonerde (Aluminiumsubacetat), Alkohol und destilliertem Wasser. Unsere persönliche Empfehlung ist eine Lösung aus destilliertem Wasser, dem ein paar Tropfen Teebaumöl zugefügt werden. Nach der Anwendung von alkoholhaltigen Mischungen wird das Einträufeln von Mandel- oder Olivenöl als rückfettende Maßnahme empfohlen. Wenn keine vorbeugenden Mittel zur Verfügung stehen, kann man mit dem kleinen Finger etwas (eigene) Spucke in den äußeren Gehörgang geben. Im Speichel sind natürliche, bakterienfeindliche Substanzen, die den äußeren Gehörgang vor Entzündungen schützen.

Behandlung

Bei einer Entzündung helfen antibiotische Ohrentropfen, die gleichzeitig abschwellend wirken und den entzündeten Bereich lokal betäuben.

Diese Mittel sollten handwarm in den Gehörgang eingebracht werden, der Betroffene sollte sich hinlegen, um das Medikament mindestens 20 min einwirken zu lassen.

Pflege der Tauchausrüstung nach dem Urlaub

Das Beste wäre, einen Tauchgang in klarem Süßwasser zu machen, da bei so einem »Spültauchgang« alle relevanten mechanischen Teile vom Salz befreit werden.

Ist dies nicht möglich, kann man seine Ausrüstung auch in klarem Süßwasser spülen und anschließend an einem trockenen kühlen Ort aufbewahren.

- **Atemregler:** Mit verschlossener Ersten Stufe in klares Süßwasser legen, es darf kein Wasser in die Erste Stufe gelangen. Das Drücken der Luftdusche im drucklosen Zustand führt zu Eindringen von Wasser in den Mitteldruckschlauch.

Nach dem Tauchen sollte nicht vergessen werden die Ausrüstung richtig zu pflegen.

- **Tarierjackets:** Über den Inflator kann klares Süßwasser in das Tarierjacket gefüllt und nach einigem Schwenken wieder abgelassen werden. Verbleibende Salzkristalle können sonst die Innenblase beschädigen. Alle mechanischen Teile wie Inflator und Ablässe sollten mehrmals im klaren Süßwasserbad betätigt werden.
- **Kälteschutzanzug, Kopfhaube, Füßlinge, Handschuhe:** Diese Ausrüstungsgegenstände mit klarem Süßwasser spülen oder im Schonwaschgang (max. bei 30 Grad) in der Waschmaschine waschen. Nicht schleudern! Reißverschlüsse nach dem Trocknen mit Gleitmittel behandeln.
- **Kameragehäuse** verschlossen spülen, O-Ringe leicht mit Silikonfett behandeln und unverschlossen aufbewahren.
- **Tauchcomputer** im Süßwasserbad spülen.

Überprüfung des theoretischen Wissens

Tauchunfälle

1. Welche der nachfolgenden Symptome gehören nicht zur DCI?
a) Müdigkeit, Schlappheit, Schwindel und Übelkeit
b) Einblutungen im Mittelohr
c) fleckige marmorierte Haut

2. Die richtige Lagerung eines bewusstlosen unter Schock leidenden Tauchers ist ...
a) flach auf dem Rücken mit Sauerstoffzufuhr.
b) leicht aufgerichtet mit Sauerstoffzufuhr.
c) flach auf dem Rücken mit leicht angehobenen Beinen.
d) stabile Seitenlage mit überstrecktem Kopf.

3. Wie kann der Taucher einen Tiefenrausch beim Partner erkennen?
a) Das Erkennen von Tiefenrauschsymptomen ist unmöglich.
b) Der Tauchpartner gibt übertriebene oder gar keine Zeichen mehr, er reagiert unlogisch.
c) Wenn ich immer mit dem gleichen Partner tauche, kenne ich die Symptome, da diese immer bei Erreichen einer bestimmten Tiefe auftreten.

4. Die Beatmung und Herzdruckmassage erfolgt immer im Rhythmus:
a) 1 Beatmung zu 5 Herzdruckmassagen
b) 5 Beatmungen zu 1 Herzdruckmassage
c) 2 Beatmungen zu 15 Herzdruckmassagen

5. Wann treten die Symptome eines Lungenüberdruckunfalles auf?
a) Bis zu 48 Stunden nach dem Tauchen.
b) Bei Erreichen der Wasseroberfläche.
c) Sofort, wenn es zu einer Schädigung der Lunge gekommen ist.

6. Wie verläuft die Stickstoffsättigung im Körper unter normalen atmosphärischen Bedingungen?
a) Stickstoff wird in allen Geweben gleich aufgenommen.

b) Stickstoff wird unterschiedlich in den Geweben aufgenommen.
c) Es wird gar kein Stickstoff aufgenommen.
7. **Wie kann eine Unterkühlung beim Tauchen am besten vermieden werden?**
a) Niemals im Winter mit Nasstauchanzug tauchen.
b) Bei Verwendung eines Trockentauchanzugs kommt es zu keiner Unterkühlung.
c) Kälteschutz der jeweiligen Wassertemperatur durch Verwendung von gut sitzenden Kopfhauben, Handschuhen, Füßlingen und Tauchanzügen anpassen. Bei Frösteln den Tauchgang beenden.
8. **Heftig stechende Schmerzen in den Nebenhöhlen beim Auftauchen deuten darauf hin, dass ...**
a) der Druckausgleich beim Abtauchen nicht richtig durchgeführt wurde.
b) es zur Schwellung von Schleimhäuten und zum Verschluss der Nebenhöhlen gekommen ist und eine Umkehrblockierung vorliegt.
c) eine Entzündung der Nasennebenhöhlen vorliegt.
9. **Was ist der Unterschied zwischen neurologischen Symptomen und nicht neurologischen Symptomen bei einem Dekompressionsunfall?**
a) Neurologische Symptome treten erst nach den nicht neurologischen auf.
b) Nicht neurologische Symptome treten nur bei einem Tauchunfall in flachem Wasser auf.
c) Bei neurologischen Symptomen kommt es zum Ausfall von Sinnesorganen, Muskel- und Organfunktionsstörungen, während bei nicht neurologischen Symptomen Schmerz das einzige Leitsymptom bleibt.
10. **Bei der Rettung eines bewusstlosen Tauchers unter Wasser ...**
a) wird dieser durch Aufblasen des Jackets nach oben geschickt.
b) müssen die Atemwege beim Aufstieg durch Überstrecken des Kopfes offen gehalten werden.
c) wird beim Aufstieg nur mit dem Tarierjacket des Retters tariert.

Lösungen
1 b, 2 d, 3 b, 4 c, 5 c, 6 c, 7 c, 8 b, 9 c, 10 b

Ausrüstung

1. **Die richtige Pflege der Tauchausrüstung beinhaltet?**
a) Das Trocknen der Ausrüstung in der Sonne.
b) Die Ausrüstung wird nur gewartet, wenn Fehler auftreten.
c) Die Ausrüstung wird nach Benutzung mit klarem Süßwasser gereinigt und an einem kühlen, trockenen Ort gelagert.
2. **Durch welche Maßnahme werden Erste Stufen für Tauchgänge in kaltem Wasser 100-prozentig vereisungssicher?**
a) Einschlauchatemregler können nicht vereisen, da der Druck langsam über zwei Stufen reduziert wird.
b) durch Glyzerinfüllungen, Gefrierschutzkappen etc.
c) Es gibt keinen 100-prozentigen Schutz gegen Vereisung im kalten Wasser.
3. **Welche Aussage über moderne Tauchcomputer ist falsch?**
a) Tauchcomputer können Rechteck- und Multileveltauchprofile berechnen.

b) Die Stickstoffberechnung findet exakt nach den tatsächlich im menschlichen Körper stattfindenden Sättigungs- und Entsättigungsprozessen statt.
c) Das Auftreten von Dekompressionskrankheiten ist bei der Benutzung von Tauchcomputern keinesfalls ausgeschlossen.

4. **Wie verändert sich das Volumen eines Trockentauchanzuges beim Abtauchen?**
a) Das Volumen wird kleiner.
b) Das Volumen bleibt gleich, da ständig Luft in den Anzug gegeben wird.
c) Die Frage kann mit diesen Angaben nicht sicher beantwortet werden, da die Volumenänderung abhängig vom verwendeten Material ist.

5. **Die Mindestausstattung einer Taucheruhr umfasst ...**
a) gut ablesbare Ziffern, Wasserdichtigkeit bis 40 m, stabiles Armband, Beleuchtung.
b) Stellring mit Zeiteinteilung (der Ring ist nur gegen den Uhrzeigersinn drehbar), kratzfestes Kristallglas, druck- und wasserdicht bis 200 m, verschraubbare Krone, verstellbares Armband, Leuchtziffern, deutlich ablesbare Ziffern und Zeiger.
c) Stellring mit Zeiteinteilung (der Ring ist nur im Uhrzeigersinn drehbar), kratzfestes Kristallglas, druck- und wasserdicht bis 200 m.

6. **Beim Tauchen mit Nitrox-Tauchgeräten ...**
a) kann weltweit bis 40 % Sauerstoffanteil die normale Ausrüstung verwendet werden.
b) müssen die gesetzlichen Bestimmungen des jeweiligen Landes unbedingt eingehalten werden.
c) dürfen Atemregler für Luft nur mit speziellen Adaptern verwendet werden.
d) müssen alle verwendeten Ausrüstungsteile gefettet werden.

7. **Wie wird ein Trockentauchanzug richtig gelagert?**
a) trocken aufhängen ohne Knickstellen
b) Reißverschlüsse mit Wachs behandeln
c) Dichtmanschette mit Talkum einpudern
d) Alle Antworten sind richtig.

8. **Welche Mindestausstattung muss ein Tarierjacket besitzen?**
a) ein Volumen von mindestens 15 l, Signalfarbe, Westentasche, Schnellablass, eine Bebänderung, eine Atemvorrichtung und ein Überdruckventil
b) ein Volumen von mindestens 15 l, Überdruckventil, eine Mundaufblasvorrichtung, Schnellablass, Signalpfeife, Inflator
c) ein Inflator, eine Mundaufblasvorrichtung und eine Signalpfeife

9. **Was bedeutet die Abkürzung SCUBA?**
a) geläufige Abkürzung für Taucher
b) Self contained underwater breathing apparatus
c) Self contained underwater buoyancy apparatus

10. **Wie ist ein Drucklufttauchgerät nach der Druckbehälterverordnung u. a. zu kennzeichnen?**
a) beliebige Lackierung mit der Aufschrift Tauchgerät
b) weiße Lackierung mit eingestanztem Wort Tauchgerät
c) weiße Lackierung mit schwarzem Ring um die Flaschenschulter, Aufschrift Druckluft-TG
d) grauer Flaschenhals mit gelber Schrift PTG

Lösung:
1 c, 2 c, 3 b, 4 c, 5 b, 6 b, 7 d, 8 b, 9 b, 10 c

Tauchpraxis

1. **Ein Taucher löst sich während des Tauchgangs unbemerkt aus der Tauchgruppe, der Zwischenfall wird nicht bemerkt, die Gruppe taucht weiter. Welche Grundregel wurde missachtet?**
a) Der Zusammenhalt der vorher eingeteilten Partnerteams wurde missachtet.
b) Die Übersicht und Kontrolle über die Gruppe wurde vom Gruppenführer vernachlässigt.
c) Die vor dem Tauchgang abgesprochene Verfahrensweise bei Verlust des Tauchpartners wurde nicht durchgeführt.
d) Alles zuvor genannte.
2. **Welche Bleimenge sollte ein Taucher beim Tauchen in Süßwasser mitnehmen?**
a) immer 3 % mehr als im Salzwasser
b) immer 3 % weniger als im Salzwasser
c) gerade so viel, dass er mit voller Flasche und leerem Tarierjacket an der Wasseroberfläche bequem durch den Mund und Schnorchel atmen kann, ohne unterzugehen
d) so viel, dass er nach dem Entlüften des Tarierjackets und halb voller Lunge sofort absinkt
3. **Beim Tauchen mit Nitrox ist die theoretische Einsatztiefe …, als bei Tauchgängen mit Pressluft, weil man einen höheren … -Anteil im Atemgemisch hat**
a) tiefer/Helium
b) flacher/Stickstoff
c) tiefer/Sauerstoff
d) flacher/Sauerstoff
4. **Was gehört zum aktiven Umweltschutz für den Taucher?**
a) jegliches Entfernen von Fremdkörpern, die nicht natürlichen Ursprunges sind
b) eine ständige und kritische Beobachtung des Tauchgewässers hinsichtlich Veränderungen, die nichts mit den jahreszeitlichen Schwankungen zu tun haben
c) Zählungen von ablaichenden Fischen in Biotopen und Schutzzonen
5. **Bei einem Nachttauchgang oder Tauchgang bei schlechter Sicht sollte jeder Taucher …**
a) eine Unterwasserlampe mit sich führen.
b) eine Unterwasserlampe und eine Ersatzleuchte mit sich führen.
c) einen beleuchtbaren Tauchcomputer mit sich führen.
6. **Handzeichen, die unter Wasser verwendet werden, …**
a) sind international gleich.
b) müssen vor dem Tauchgang abgesprochen werden.
c) können nur ohne Handschuhe deutlich gezeigt werden.
7. **Ein Taucher mit einem AMV von 15 l pro min möchte folgenden Tauchgang durchführen: Grundzeit 30 min auf 30 m, Reserve wird mit 50 bar festgelegt. Welches Tauchgerät benötigt er mindestens für diesen Tauchgang, wenn die Tauchgeräte mit 200 bar gefüllt sind?**
a) 10 l
b) 12 l
c) 15 l
d) 8 l

8. Taucher die zusammen einen Tauchgang durchführen, bewegen sich vorzugsweise ...
a) hintereinander und seitlich versetzt.
b) nebeneinander als Paare im Zustand der neutralen Tarierung.
c) nebeneinander möglichst nah am Grund.
d) so, dass der schnellste immer vorn schwimmt.

9. Taucher, die beim Tauchen außer Atem geraten, sollen ...
a) auf eine alternative Luftversorgung wechseln.
b) alle Aktivitäten stoppen und die Atmung unter Kontrolle bringen.
c) sofort, notfalls ohne Partner, auftauchen.

10. Ein Abblasen der Ersten Stufe nach dem Zusammenbau deutet darauf hin, dass ...
a) der O-Ring der DIN-Stufe fehlt oder beschädigt ist.
b) der Ventilsitz der Ersten Stufe defekt ist.
c) der Ventilsitz der Zweiten Stufe blockiert ist.

Lösungen
1 d, 2 c, 3 d, 4 b, 5 b, 6 b, 7 c, 8 b, 9 b, 10 a

Tauchphysik

1. In welcher Wassertiefe, bezogen auf Meereshöhe, hat der Sauerstoff unserer Einatemluft einen Teildruck von 1,6 bar?
a) 16 m
b) 86 m
c) 71 m
d) 46 m

2. Wenn das Gewicht eines Tauchers größer ist als das Gewicht des verdrängten Wassers, ...
a) hat der Taucher Auftrieb.
b) sinkt der Taucher.
c) befindet sich der Taucher im hydrostatischen Gleichgewicht.

3. Was passiert mit dem Licht beim Übergang ins Wasser bzw. im Wasser?
a) Es wird reflektiert, gebrochen, gestreut und absorbiert.
b) Es wird gebrochen, verstärkt und gebündelt.
c) Es wird verstärkt, gestreut und gebrochen.

4. Wie groß ist die Schallgeschwindigkeit unter Wasser im Vergleich zu Luft und welche Folgen ergeben sich daraus für den Taucher?
a) Die Geschwindigkeit ist 0,45fach. Der Schall wird im Wasser so schlecht geleitet, dass der Taucher schlechter hört.
b) Der Schall wird im Wasser geschluckt und gestreut.
c) Die Geschwindigkeit des Schalls ist ca. 4,5-mal schneller, Richtung und Entfernung zur Schallquelle können nicht festgestellt werden.

5. Was geschieht mit dem Volumen einer Gasmenge in einem abgeschlossenen Behälter beim Aufstieg?
a) Das Volumen bleibt konstant.

b) Das Volumen vergrößert sich.
c) Das Volumen verringert sich.

6. **Unter welchen Umständen kann es zur Bildung von gefährlichen Gasblasen im Körpergewebe kommen?**
a) beim Abtauchen, da der Stickstoffpartialdruck im Gewebe mit zunehmender Tiefe über den kritischen Grenzwert steigt
b) beim Auftauchen, wenn der kritische Grenzwert unterschritten wird
c) bei zu langem Aufenthalt in der Tiefe
d) beim Aufstieg, wenn der zulässige Grenzwert überschritten wird und bei zu schneller Druckentlastung

7. **Was ist der wesentliche Unterschied hinsichtlich des Sauerstoffs beim Tauchen mit Nitrox?**
a) Der Sauerstoffanteil ist gleich.
b) Der Sauerstoffanteil ist erhöht.
c) Stickstoff und Sauerstoff sind zu gleichen Teilen vorhanden.

8. **Das Manometer zeigt nach dem Füllen einen Druck von 240 bar an. Die Temperatur der Flasche beträgt zu diesem Zeitpunkt 60 Grad Celsius. Welchen Druck zeigt das Manometer nach dem Abkühlen im 10 Grad kalten Wasser noch an?**
a) 210 bar
b) 292 bar
c) 204 bar

9. **Ein Gegenstand mit 25 kg Abtrieb liegt in 30 m Tiefe in Süßwasser. Wie viel Luft muss in einen Hebeballon gegeben werden, damit dieser Gegenstand neutral tariert ist?**
a) 25 bar/l
b) 50 bar/l
c) 75 bar/l
d) 100 bar/l

10. **Ein Taucher befindet sich neutral tariert mit 4 l Luftmenge im Tarierjacket in 40 m Wassertiefe und steigt ohne das Tarierjacket zu entlüften auf 20 m auf. Wie viel Luftmenge befindet sich nun im Jacket und welche Folgen hat das für den Taucher?**
a) 10 l, der Taucher ist neutral tariert.
b) 4 l, der Taucher sinkt ab.
c) 10 l, der Taucher hat so viel Auftrieb, dass er möglicherweise die Kontrolle über seine Tarierung verliert und nach oben schießt.

Lösungen
1 b, 2 b, 3 a, 4 c, 5 b, 6 d, 7 b, 8 c, 9 d, 10 c

Empfohlene Praxisübungen

Nach längerer Tauchpause empfiehlt es sich, die eine oder andere Übungsstunde damit zu verbringen, Kenntnisse aufzufrischen und zu erweitern.

Tarierungskontrolle
Mit leerem Jacket und Stahltauchgerät sollte der Taucher noch bequem durch den Schnorchel ein- und ausatmen können ohne dabei unterzugehen. Tauchgeräte aus Aluminium bekommen mit abnehmendem Flaschendruck Auftrieb, wir empfehlen deshalb die Mitnahme von mindestens 1 kg Blei.

Wechsel vom Schnorchel auf den Atemregler
Aus der Schwimmlage heraus wird mit dem Schnorchel im Mund auf den Atemregler gewechselt, ohne den Kopf aus dem Wasser zu heben. Vor dem Wechsel atmen Sie kurz durch den Schnorchel ein und nehmen dann das Mundstück des Atemreglers in den Mund. Anschließend wird eingedrungenes Wasser aus dem Atemregler durch einfaches Ausatmen in den Regler verdrängt und normal weiter geatmet.
Nach zwei bis drei Atemzügen wechseln Sie vom Atemregler wieder zurück auf den Schnorchel: in der gleichen Reihenfolge – Einatmen vor dem Wechsel, Wechsel auf den Schnorchel und Ausblasen des eingedrungenen Wassers mit der Ausatemluft.

Kopfüber abtauchen
Geübte und wendige Taucher, die keine Probleme mit dem Druckausgleich haben, können aus der Schwimmlage heraus nach Entleerung des Tarierjackets den Oberkörper um 90 Grad nach unten abwinkeln und abtauchen. Die Beine werden mit Schwung über die Wasseroberfläche in die Senkrechte gebracht. Das Eigengewicht der über Wasser befindlichen Beine drückt den Taucher unter Wasser. Sobald die Flossen vollständig eingetaucht sind, kann mit dem Flossenschlag begonnen werden.

Maske fluten und ausblasen
Der Dichtrand der Tauchmaske wird vorsichtig angehoben und so viel Wasser in die Maske eingelassen, bis sie ganz geflutet ist. Träger von Kontaktlinsen sollten bei dieser Übung die Augen geschlossen halten, um ein Ausspülen der Linsen zu vermeiden.
Ist genug Wasser in die Tauchmaske eingedrungen, kann dieses einfach durch Andrücken der Tauchmaske mit einer oder beiden Händen am oberen Dichtrand und gleichzeitigem Ausatmen durch die Nase entfernt werden.
Wird mit gefüllter Tauchmaske der Kopf in den Nacken gelegt, um sie auszublasen, läuft Wasser durch die Nase in die Nebenhöhlen. Dieses unangenehme Gefühl können Sie vermeiden, wenn Sie den Kopf beim Beginn des Ausblasens nach unten neigen und ihn während der Ausatmung durch die Nase langsam nach oben bewegen. Ist noch Wasser übrig, atmet man einfach durch den Atemregler ein. Das Restwasser wird durch ein erneutes Ausatmen durch die Nase, bei gleichzeitigem Andrücken des oberen Maskenrandes, entfernt. Mögliche Variationen sind komplettes Abnehmen der Tauchmaske, Tauschen der Tauchmaske mit dem Partner, Schwimmen ohne Tauchmaske mit Partnerkontakt.

Atemregler herausnehmen und wiedererlangen
Bei Verlust des Atemreglers, z. B. durch Verfangen und Hängenbleiben, muss der Taucher in der Lage sein, seinen Atemregler wiederzuerlangen und auszublasen.

Das Entfernen des eingedrungenen Wassers aus der Tauchmaske

Achtung: Befindet sich der Atemregler nicht im Mund, müssen die Atemwege durch ständiges Abgeben von feinen Luftbläschen offen gehalten werden, um bei unbeabsichtigtem Aufsteigen keine Lungenüberdruckverletzung zu erleiden.

Das Wiedererlangen des Atemreglers geschieht durch eine Neigung des gesamten Körpers zu der Seite, auf der der Atemregler montiert ist, meistens rechts. Sollte sich der Atemregler hinter dem Körper befinden, pendelt er durch sein Eigengewicht nach vorn. Gleichzeitig führen Sie eine Hand ganz nah an dieser Körperseite nach hinten und anschließend in einer kreisförmigen Bewegung nach vorn. In den meisten Fällen wird durch die Kombination von Neigung des Körpers und kreisförmiger Bewegung des Armes der Mitteldruckschlauch am Arm hängen bleiben.

Sollte dies nicht funktionieren, greift eine Hand unter die Tauchflasche und hebt sie nach oben, während gleichzeitig die andere Hand hinter den Nacken greift, um am Mitteldruckschlauch entlang nach dem Verbleib der Zweiten Stufe zu suchen.

Das Entfernen von Wasser aus dem Atemregler kann auf zweierlei Weise geschehen:
- Vor dem Herausnehmen des Reglers wird eingeatmet und beim Wieder-in-den-Mund-Nehmen in den Regler ausgeatmet, um das eingedrungene Wasser zu entfernen.
- Sollte keine Luft vorhanden sein, um den Atemregler durch Ausatmen ausblasen zu können, wird kurz auf die Luftdusche gedrückt, nachdem das Mundstück in den Mund genommen wurde. Die einströmende Luft verdrängt das Wasser aus dem Atemregler. Um ein Einatmen von Spritzwasser während der Betätigung der Luftdusche zu vermeiden, kann die Zungenspitze in das Mundstück geschoben und dieses verschlossen werden.

Atmen aus alternativer Luftversorgung

Stationär

Nach dem Einatmen und Herausnehmen der eigenen Luftversorgung wird dem Partner durch Handzeichen »Keine Luft« und »Gib mir Luft« signalisiert. Sollte der Tauchpartner auf diese Zeichen nicht sofort reagieren, nimmt sich der Taucher selbst die alternative Luftversorgung des Partners.

Die richtige Reaktion des Tauchpartners wäre, sofort die alternative Luftversorgung zu lösen und dem Partner die Zweite Stufe, am Mitteldruckschlauch haltend, anzubieten. Auf diese Weise kann der Taucher, der keine Luft hat, selbst die Luftdusche betätigen und den Atemregler so in den Mund nehmen, wie er es gewohnt ist. Mit der freien Hand wird der Tauchpartner am Jacket festgehalten.

Schwimmend
Aus der stationären Position geben sich die Tauchpartner das O.K.-Zeichen und schwimmen gemeinsam los. Der Partner »ohne Luft« befindet sich nah an der Seite des Luftspenders. Vorzugsweise ist die alternative Luftversorgung so zu montieren, dass genügend Spielraum für den Mitteldruckschlauch vorhanden ist, damit beide Taucher leicht nebeneinander schwimmen können.

Aufstieg mit alternativer Luftversorgung
Aus der stationären Position wechselt ein Taucher auf die alternative Luftversorgung des Tauchpartners. Beide Taucher befinden sich auf gleicher Höhe und sind einander zugewandt. Aus dieser Position greifen beide jeweils den rechten Unterarm des Tauchpartners auf Ellbogenhöhe und geben sich das O.K.-Signal und das Zeichen zum Aufstieg.
Während des Aufstieges ist so die linke Hand für den Inflator frei und jeder kann seine eigene Tarierung kontrollieren. Unter Einhaltung der Aufstiegsgeschwindigkeit und normaler Atmung wird der Aufstieg bis zur Wasseroberfläche durchgeführt. Nach dem Aufblasen des Tarierjackets wechselt man von der alternativen Luftversorgung auf den eigenen Atemregler oder Schnorchel, ohne den Kopf aus dem Wasser zu heben.

Atmen aus einem abblasenden Lungenautomaten
Diese Übung bereitet den Taucher auf den Fall vor, dass unter Wasser ein Defekt am Atemregler auftritt oder dieser durch Vereisung plötzlich viel zu viel Luft liefert. Der

Das Atmen aus der alternativen Luftversorgung sollte regelmäßig trainiert werden.

Kopf wird nach unten geneigt und seitlich nach rechts gedreht. Gleichzeitig wird eine Beißwarze des Mundstückes mit dem Daumen aus dem Mund genommen und leicht angespreizt, der Rest des Mundstückes verbleibt im Mund. Durch leichtes Drücken der Luftdusche simuliert man ein Abströmen des Atemreglers. Die abströmende Luft schießt größtenteils am Hals und Ohr des nach vorn geneigten Kopfes vorbei, genug Luft für eine normale Atmung kann aufgenommen werden.

Tauchgerät ablegen und wieder anlegen
Sollte es unter Wasser einmal dazu kommen, dass sich das Tauchgerät in Leinen oder Netzen verfängt, muss der Taucher in der Lage sein, das Gerät abzulegen und wieder richtig anzulegen.
Nach Entleeren des Tariermittels nehmen Sie am Grund eine kniende Position an einer Stelle ein, an der keine Beschädigung oder Beeinträchtigung der vorhandenen Fauna und Flora möglich ist.
Sie beginnen in der Regel mit dem Öffnen des Bauchgurtes. Achtung: Nicht versehentlich den Bleigurt öffnen! Nach dem Öffnen des Bauchgurtes folgt das Öffnen oder Weitstellen der Schultergurte. Der linke Arm wird aus dem Schultergurt genommen und greift nach rechts oben an den rechten Schultergurt. Die rechte Hand greift nach hinten unten an den Boden der Tauchflasche. Das Tauchgerät wird über den rechten Arm nach vorn gezogen und vor dem Taucher aufrecht hingestellt bzw. auf den Oberschenkel nah am Körper gezogen.
Das Anlegen erfolgt in umgekehrte Reihenfolge. Nachdem der rechte Arm im Schultergurt sitzt, greift die rechte Hand an den Boden der Tauchflasche und das Tauchgerät wird unter gleichzeitigem Neigen nach vorn auf den Rücken gezogen. Während die rechte Hand die Tauchflasche und das Jacket auf dem Rücken stabilisiert, führen Sie den linken Arm in die zugehörige Armöffnung des Tarierjackets. Nach Schließen und Festziehen aller vorhandenen Verschlüsse und Bebänderungen signalisiert man dem Tauchpartner »O.K.«.

Gewichtssystem ablegen und wiederanlegen
Das Gewichtssystem wird geöffnet und nah vor dem Körper gehalten. Zum Anziehen neigt man sich bei Verwendung eines Bleigurtes nach vorn und zieht den Bleigurt auf den Rücken bzw. zuerst in die Kniekehlen und dann auf den Rücken. Nachdem sichergestellt ist, dass keine Schläuche des Atemreglers oder der alternativen Luftversorgung versehentlich unter den Bleigurt geraten sind und dieser nicht verdreht ist, schließen Sie die Schnellabwurfschnalle.
Achten Sie darauf, dass der Bleigurt immer am offenen Ende festgehalten werden muss, da sonst die Bleistücke herunterrutschen können.
Werden Bleitaschen verwendet, steckt man diese in die dafür vorgesehenen Halterungen und befestigt sie sicher.

Abziehen der Inflatorkupplung
Sollte es durch Eindringen von Sand oder Schmutz zu einem Defekt am Inflator kommen, kann in seltenen Fällen der Inflatorknopf in gedrückter Stellung hängen bleiben und sich das Jacket immer weiter aufblasen. Der Schnellablass muss sofort gezogen werden, um ein Hochschießen an die Oberfläche und daraus resultierende Verletzungen zu vermeiden. Durch eine blitzschnelle Trennung der Inflatorkupplung vom Inflator wird die Luftzufuhr im Jacket sofort unterbrochen.

Empfohlene Praxisübungen 189

Tarieren mit der Mundaufblaseinrichtung
Sollte es zu einem Defekt an der Inflatorkupplung kommen, kann der Tauchgang durch Benutzung der Mundaufblaseinrichtung fortgesetzt werden. Dabei nehmen Sie den Inflator in die linke Hand, so dass das Mundstück des Inflators zu Ihnen zeigt. Mit dem Atemregler in der rechten Hand wird eingeatmet und der Atemregler aus dem Mund genommen. Die Ausatemluft wird in das Tarierjacket eingeblasen und zwar nur so viel, dass noch genug Luft zum Ausblasen des Atemreglers übrig bleibt. Sollten Sie versehentlich zu viel ausatmen, können Sie das in den Atemregler eingedrungene Wasser mit der Luftdusche entfernen.
Wechseln Sie so lange zwischen Atemregler und Mundstück, bis eine neutrale Tarierung erreicht ist.

Tarieren, stationär und schwimmend
Der Taucher positioniert sich mit ausgestreckten Beinen auf dem Grund, die rechte Hand stützt sich am Boden ab, die linke Hand ist am Inflator. Nun wird langsam in kleinen Portionen Luft in das Tarierjacket eingelassen. Nach jedem Luftstoß atmet der Taucher normal ein und wieder aus. Das Jacket ist ideal gefüllt, wenn der Taucher mit normaler Ein- und Ausatmung auf den Flossenspitzen balancieren kann, ohne dass der restliche Körper den Boden berührt oder der Taucher nach oben steigt. Bei Einatmung steigt der Körper leicht an, bei Ausatmung sinkt er wieder ab.

Aus dieser Position schwimmt der Taucher los und hält durch Grobtarierung mit dem Jacket und Feintarierung über die Atmung stets den gleichen Abstand zum Grund.
Als Abwandlung kann man diese Übung auch stehend oder sitzend am Grund durchführen, das Jacket muss so lange mit kleinen Luftstößen befüllt werden, dass mit normaler Atmung ein Schwebezustand kurz über dem Grund erreicht wird.

Tarierkontrolle am Ende des Tauchgangs
Am Ende des Tauchgangs sollte der Taucher unter normaler Atmung in 3 bis 5 m Wassertiefe mit 50 bar Restdruck neutral tariert sein. Befindet sich noch Luft im Tarierjacket, um die Tiefe halten zu können, ist der Taucher überbleit.

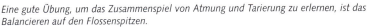
Eine gute Übung, um das Zusammenspiel von Atmung und Tarierung zu erlernen, ist das Balancieren auf den Flossenspitzen.

190 Weiterbildung und Spezialkurse

Beim Betauchen von Höhlen und Spalten sollte immer eine Unterwasser-Lampe mit ausreichender Stärke und Brenndauer mitgeführt werden.

Weiterbildung und Spezialkurse

Nach Beendigung des ersten internationalen Brevets stehen dem Taucher eine Vielzahl von Fort- und Weiterbildungsmöglichkeiten offen. Nur ständiges Anwenden und Verfeinern der im Grundkurs erworbenen Kenntnisse in Verbindung mit regelmäßiger Weiterbildung vermitteln die Sicherheit, die für die Durchführung entspannter Tauchgänge notwendig ist.
Handlungsabläufe werden dadurch so automatisiert und der Taucher kann sich bewusst auf neue Aufgaben konzentrieren.

Fortbildungsmöglichkeiten

Es gibt eine Vielzahl von Möglichkeiten, sich theoretische Kenntnisse durch Bücher etc. anzueignen. Für die Praxis jedoch empfiehlt es sich, Fortbildungskurse unter professioneller Anleitung nach international standardisierten Lehrmethoden zu absolvieren.
Seriöse Tauchcenter machen mit Interessenten eine Eingangsbeurteilung anhand eines kurzen Theorietestes und eines Check-Up-Tauchganges. Grundsätzlich sollte kein Taucher versuchen, Kurse für Fortgeschrittene zu absolvieren, wenn er die im Anfängerkurs verlangten Grundtechniken noch nicht perfekt beherrscht.
Abhängig vom Standort der Tauchbasis finden sich meist eine Vielzahl von Möglichkeiten Spezialkurse zu belegen, die genau auf die örtlichen Bedingungen zugeschnitten sind. Bei kommerziellen Tauchbasen und Tauchschulen finden Weiterbildungskurse das ganze Jahr über zu bestimmten Terminen statt. Erkundigen Sie sich jedoch vorher genau, welche Voraussetzungen Sie erfüllen müssen. Heimische Tauchschulen bieten oft gegen geringe Gebühr ein wöchentliches Schwimmbadtraining an, entweder mit ABC-Ausrüstung oder mit Tauchgerät als Auffrischung nach längerer Tauchpause.
Auch Tauchvereine bieten Weiterbildungskurse an, die meist nur mit geringen Kosten verbunden sind. Da Tauchausbilder in einem Verein meist nicht kommerziell als Tauchlehrer arbeiten, kann sich ein Weiterbildungskurs über einen längeren Zeitraum hinziehen.

Die Spezialkurse

Bestimmte Arten des Tauchens werden als Spezialgebiete bezeichnet, da sie besondere Tauchtechniken bzw. Ausrüstungen verlangen. Da diese Spezialkurse nur eine Einführung in Spezialgebiete darstellen, gilt auch hier, dass nur durch Anwendung des Wissens bei weiteren Tauchgängen Erfahrungen gesammelt werden können.
Ein Teil dieser Spezialkurse ist vorgeschrieben, wenn ein Taucher die nächsthöhere Brevetstufe absolvieren möchte.

Fortbildungskurse für Tauchanfänger

Voraussetzung mindestens CMAS*/ DTSA-Bronze oder Äquivalent
- Tauchen mit Nitrox
- Orientierungstauchen *
- Gruppenführung *
- Tauchsicherheit/Tauchrettung ***
- Nachttauchen ***
- Trockentauchen ****
- Meeresbiologie **
- Süßwasserbiologie **

Fortbildungskurse für erfahrene Taucher

Voraussetzung mindestens CMAS**/DTSA-Silber oder Äquivalent
- Strömungstauchen ****
- Wracktauchen ****
- Tauchen in Meereshöhlen ****
- Eistauchen****
- Tauchen mit Kreislaufgeräten

* Voraussetzung für den Beginn des CMAS**/DTSA-Silber
** Empfohlene Spezialkurse vor Beginn des CMAS**/DTSA-Silber
*** Voraussetzung für den Beginn des CMAS***/DTSA-Gold
**** Empfohlene Spezialkurse vor Beginn des CMAS***/DTSA-Gold

»Trockene« Fortbildungskurse

Für die kalten Monate bieten sich »trockene« Seminare an. Das sind Spezialkurse, bei denen keine Tauchgänge notwendig sind, wie z. B.:
- Kompressorseminar: Aufbau, Funktion, Wartung,
- Ausrüstungsseminar: Aufbau, Funktion, Pflege und Wartung
- Spezialkurs Medizinpraxis oder erste Hilfe mit HLW
- Spezialkurse Umweltschutz, Biologie

Orientierung unter Wasser

Tauchanfänger werden von erfahrenen Tauchbegleitern so lange »geführt«, bis sie die Sicherheit erlangt haben, in unbekanntem Gelände oder bei eingeschränkten Sichtverhältnissen sicher wieder zur Einstiegstelle zurückzufinden oder ein vorher anvisiertes Ziel, z. B. ein Wrack, zu finden. Im Spezialkurs Orientierung lernt der Taucher sich sowohl anhand natürlicher Gegebenheiten wie Riffverlauf oder Sonnenstand als auch anhand eines Kompasses zu orientieren.

Orientierung unter Wasser

Kursziel

- Richtungen genau bestimmen, Entfernungen mit und ohne Hilfsmittel abschätzen oder abmessen können.
- Bei der Tauchgangsplanung effektiver die Entfernungen, Luftverbrauch etc. berücksichtigen können.
- Während des Tauchgangs ständig über die Position und den kürzesten Weg zum Ein- bzw. Ausstieg Bescheid wissen.
- Durch klare Absprachen (Handzeichen, Richtung, was tun, wenn man sich aus den Augen verliert) die Sicherheit des Tauchgangs optimieren.
- Anhand natürlicher Gegebenheiten wie Riffverlauf, Tiefe, verstrichener Zeit, markanter Punkte in Kombination mit technischen Hilfsmitteln wie Kompass unter Wasser navigieren und somit sichere Tauchgänge durchführen können.

Dieser Kurs ist unter anderem Voraussetzung für die Ausbildung zum CMAS**-Taucher bzw. für DSTA-Silber.

Voraussetzungen

- Internationales Brevet Stufe 1 (Open Water Diver oder CMAS*/DSTA-Bronze)
- Mindestalter 14 Jahre bei CMAS

Theorie

- Schätzen und Abmessen von Entfernungen durch Flossenschlag, Armspannen oder technische Hilfsmittel wie Leinen
- Natürliche Orientierung und Orientierungshilfen anhand von Zeit, Tiefe, Bewuchs, Bodenbeschaffenheit und Lichteinfall)
- Kompass (Bauweisen, Funktion, richtige Handhabung)
- Verhalten bei Orientierungsverlust
- Verwendung von natürlichen und technischen Hilfsmitteln zur Navigation

Praxis

Die Praxis ist in Übungen an Land oder auf dem Boot (Trockenübungen), Schnorchelübungen und Übungen mit dem Tauchgerät unterteilt. Es sollten mindestens 4 Tauchgänge durchgeführt werden, wobei die Dauer der Tauchgänge auf 15–20 min limitiert sein sollte. Um den Lerneffekt zu vertiefen, sollten die Schüler die Übungen so oft wie möglich wiederholen.

Trockenübungen
1. Natürliche Navigation vor dem Tauchgang
Anhand von Ufer, Riffverlauf und markanten Punkten an der Wasseroberfläche kann sich der Taucher vor dem Tauchgang einen groben Überblick über den Tauchplatz verschaffen.
2. Kompasshandhabung
Die Teilnehmer lernen anhand verschiedener Kompassmodelle Vor- und Nachteile der unterschiedlichen Modelle kennen wie maximaler Neigungswinkel, Ablesbarkeit und probieren diese aus.

Es wird demonstriert, in wie weit ein Kompass abgelenkt wird, wenn er zu nahe an metallischen Ausrüstungsteilen (oder Tauchlampen) verwendet wird.
Unterschiedliche Peilungen werden auf nahe Fixpunkte unternommen, der Kompass jeweils auf die Peilung eingestellt.
Danach wird die Entfernung in Schritten und die verstrichene Zeit bis zum Erreichen des Objektes gemessen und durch 180-Grad-Drehung der Gegenkurs am Kompass abgelesen und eingestellt.
Nach Einstellen des Kompasses wird das Gesichtsfeld durch eine Decke oder ein großes Handtuch so verdeckt, dass der Kompass unter der Decke noch abgelesen werden kann. Der Teilnehmer versucht nun die eingestellte Richtung und Entfernung genau einzuhalten. Zuerst wird der einfache Direktkurs geübt, bis die richtige Haltung des Kompasses »sitzt« und bei erfolgreichem Gelingen auch noch der Direkt- und Gegenkurs an Land.
Gesteigert werden kann dies, indem die Kursteilnehmer Rechteckkurse (jeweils 90-Grad-Drehung nach festgelegter Schrittzahl) oder Dreieckskurse einhalten müssen.

Schnorchelübungen

In klaren Gewässern kann sich der Taucher einen kurzen Überblick über Bodenbeschaffenheit, Riffverlauf etc. verschaffen, indem er den zu betauchenden Bereich abschnorchelt. An der Wasseroberfläche werden feste Bojen installiert und die Teilnehmer müssen ihre Kompasse auf die jeweilige Peilung einstellen. Danach wird die Entfernung zur Boje mit dem Partner abgeschwommen und die Entfernung in verstrichener Zeit und Flossenzyklen gemessen.
1 Flossenzyklus: Je ein Flossenschlag pro Bein ergibt zusammen einen Zyklus.
Ziel ist, anschließend zur Boje zu gelangen, ohne den Kopf aus dem Wasser zu heben. Gelingt dies, versuchen die Schnorchler ohne zu mogeln nach Erreichen der Boje durch Umstellen des Kompasses (180 Grad) den Gegenkurs zurück zum Einstieg zu schwimmen. Danach erfolgt eine langsame Steigerung mit Rechteck- und Dreieckskursen an der Wasseroberfläche.

Abschätzen von Entfernungen

Durch Abschwimmen einer genau abgemessenen Strecke kann der Taucher und Schnorchler feststellen, welche Entfernung er in etwa in welcher Zeit zurücklegt oder wie viele Flossenzyklen (siehe oben) er benötigt. Weiß er, dass er z. B. für 30 m 60 Flossenzyklen benötigt, kann er relativ genau Entfernungen abschätzen.

Übungen mit dem Tauchgerät
1. und 2. Tauchgang
Die Teilnehmer sollen während des Tauchgangs alleine an natürlichen Gegebenheiten und Daten des Tauchgangs (verstrichene Zeit, Tiefe) navigieren.
Erleichtert wird dies, wenn sich die Taucher während des Tauchgangs öfter umdrehen und sich z. B. den Riffverlauf nicht nur aus der Richtung ansehen, in der sie tauchen, sondern auch aus der Richtung, in die sie zurück müssen.
Manch markanter Felsen sieht plötzlich aus einem anderen Blickwinkel ganz anders aus. Erleichtert wird das Ganze, wenn ein Taucher pro Team diese Fixpunkte und Daten auf einer wasserfesten Schreibtafel einträgt.
Der Tauchpartner sollte anschließend in der Lage sein, aufgrund der aufgezeichneten Daten exakt den gleichen Weg zurückzutauchen und den Einstieg sicher zu finden.

3. und 4. Tauchgang

Alle Teilnehmer, die erfolgreich die Trockenübungen und den Schnorchelteil absolviert haben, können nun demonstrieren, dass sie die richtige Handhabung des Kompasses beherrschen.

Dabei wird großer Wert auf Sicherheit gelegt, d. h., der Teilnehmer muss sich und seinen Tauchpartner unter Berücksichtigung von Zeit, Tiefe, Luftverbrauch und Kompassnavigation sicher und mit genügend Restluft während des Tauchgangs führen.

Unter Einbeziehung der in den ersten Tauchgängen vorgenommenen Aufzeichnungen und einer Kombination von natürlicher und Kompassnavigation lassen sich auch bei schlechten Sichtweiten und bei Nacht beste Ergebnisse erzielen.

Bei Nachttauchgängen empfiehlt es sich in jedem Fall, vorher Orientierungstauchgänge bei Tageslicht durchzuführen, um den Tauchplatz kennen zu lernen.

Tauchmedizin Praxis

Die meisten Taucher verfügen zwar über Kenntnisse in erster Hilfe, die jedoch in regelmäßigen Abständen aufgefrischt werden sollten. Der Spezialkurs Tauchmedizin Praxis besteht jedoch nicht nur aus der Wiederholung von Erster-Hilfe- und Reanimationstechniken, sondern befähigt Laienhelfer, die bei einem Tauchunfall auftretenden Krankheitssymptome zu erkennen. Ebenso gelehrt wird der richtige Umgang mit Sauerstoff.

Kursziel

Am Ende des Kurses werden verschiedene Tauchunfallszenarien durchgespielt. Dabei sollten die Krankheitssymptome richtig diagnostiziert und die richtigen Erste-Hilfe-Maßnahmen (Lagerung, Versorgung mit Sauerstoff etc.) demonstriert werden. Bei einem simulierten Herz-Kreislauf-Stillstand sollte eine erfolgreiche Reanimation eingeleitet und durchgeführt werden können.

Voraussetzungen

- Internationales Brevet Stufe 1 (Open Water Diver oder CMAS*/DSTA-Bronze)
- Mindestalter 14 Jahre
- Mindestens 20 Tauchgänge

Theorie

Der theoretische Teil konzentriert sich hauptsächlich auf die bei Tauchunfällen auftretenden Symptome und Möglichkeiten erste Hilfe zu leisten:
- Anatomie des Menschen, besonders Atmungsorgane und Kreislaufsystem
- Symptome der Dekompressionskrankheit und Arteriellen Gasembolie
- Symptome bei Lungenüberdruckunfällen
- Symptome von Barotraumen

- Notfallkoffer mit Sauerstoff (z. B. DAN), Funktion und Handhabung der verschiedenen Systeme
- Beatmungssysteme (Ambubeutel, Beatmungsmaske mit und ohne Sauerstoffanschluss etc.)
- Möglichkeiten der Herz-Lungen-Wiederbelebung
- Lagerung von Verletzten (Schocklage, stabile Seitenlage etc.)

Praxis

Die Teilnehmer sollen an verschiedenen Übungsstationen erfolgreich demonstrieren, was sie im Theorieunterricht erlernt haben. Jede der Stationen sollte durch einen Ausbilder besetzt sein, der die Übungen kritisch beurteilt und nach erfolgreich absolvierter Übung einen Laufzettel zur nächsten Station ausstellt.
Folgende Übungen müssen demonstriert werden:
- Überprüfen von Vitalfunktionen (Atmung/Kreislauf)
- Erfolgreiche Reanimation an einem Reanimationsmodell (Ein-Helfer-Methode)
- Stabile Seitenlage
- Schocklagerung
- Einfache Diagnose von Krankheitssymptomen (Quick-Neurocheck)
- Gebrauch von Beatmungsmasken mit und ohne Sauerstoffstoffanschluss
- Verwendung einen Notfallkoffers und richtiger Umgang mit verschiedenen Sauerstoffsystemen (Free-Flow- und Demand-Ventil, eventuell Wenoll-System)

Tauchsicherheit und Tauchrettung

Bei strikter Beachtung aller im Tauchkurs erlernten Sicherheitsregeln ist die Gefahr eines Tauchunfalls sehr gering. Welche Probleme aber auftreten können, wie sie im Vorfeld bei der Tauchgangsplanung schon berücksichtigt und durch Prävention verhindert werden können, wird ebenso im Kurs gelehrt wie die verschiedenen Rettungstechniken, die notwendig sind, falls einmal ein Notfall eintritt.

Kursziel

Am Ende des Kurses sollte jeder Teilnehmer zeigen, dass er:
- bereits bei der Tauchgangsplanung einen eventuell eintretenden Notfall zu berücksichtigen und deshalb für jeden Tauchgang einen Notfallplan erstellen kann,
- beim Partner- und Ausrüstungscheck potenzielle Gefahren durch defekte, unvollständige Ausrüstung erkennt,
- Selbstrettungstechniken sicher beherrscht,
- sich mit ungewohnter Ausrüstung des Partners und deren Funktion vor dem Tauchgang vertraut macht,
- während des Tauchgangs ständig in unmittelbarer Nähe seines Tauchpartners bleibt, um Nähe, Sicherheit und Bereitschaft zur Hilfe zu signalisieren,

Tauchsicherheit und Tauchrettung

- bei Auftreten eines Störfalles durch defekte Ausrüstung oder Fehlverhalten des Tauchpartners so schnell und qualifiziert eingreifen kann, dass es erst gar nicht zum Unfall kommt,
- im Falle eines Tauchunfalls alle notwendigen Berge- und Rettungstechniken (Schleppgriffe etc.) beherrscht, um einen verunfallten Taucher an die Wasseroberfläche und von dort weiter aufs Boot oder an Land zu bringen, ohne sich selbst oder den Verunfallten zu gefährden,
- die Maßnahmen zur Überprüfung der Atmung und des Kreislaufs sowie die Herz-Lungen-Wiederbelebung, Maßnahmen bei Schock oder Bewusstlosigkeit einschließlich des richtigen Transports und der Lagerung beherrscht,
- den Umgang mit dem Erste-Hilfe-Koffer für Taucher inklusive Sauerstoffgabe über Konstantflow oder Beatmungsmaske sicher demonstrieren kann.

Voraussetzungen

- Internationales Brevet Stufe 1 (Open Water Diver oder CMAS*/DSTA-Bronze)
- Mindestalter 16 Jahre
- Mindestens 30 Tauchgänge
- Es empfiehlt sich vorher einen Auffrischungskurs erste Hilfe und Herz-Lungen-Wiederbelebung zu besuchen.

Theorie

Die umfangreiche Theorie umfasst:
- Unfallvermeidung durch Prävention. Die wichtigste aller Rettungsgrundlagen ist, Probleme, die zu Tauchunfällen führen können, so rechtzeitig zu erkennen, dass es erst gar nicht zum Unfall kommt.
- Erstellen eines Notfallplanes vor dem Tauchgang
- Richtige Ausrüstungschecks, mögliche Fehlerquellen und deren Beseitigung
- Bereitschaft zur Hilfe, mentale Vorbereitung auf Tauchunfälle (Möglichkeiten, wie sich der Retter vorbereiten kann)
- Erkennen von Stresssituationen, Verhalten bei Stress, Überanstrengung und Situationen, bei denen der Taucher außer Atem geraten kann: Stoppe – atme – denke – handle
- Krampflösetechniken, Hilfestellung bei erschöpften Tauchern an der Wasseroberfläche
- Richtiger Einsatz von Signalmaterial (Hupen, Pfeifen, Bojen)
- Umgang mit panischen Tauchern
- Richtiger Einsatz von verschiedenen Transportgriffen, Schlepp- und Schiebetechniken
- Beatmungsmöglichkeiten im Wasser mit und ohne Hilfsmittel (Beatmungsmaske, Schnorchel)
- Erkennen von Krankheitssymptomen (z. B. DCS), Durchführen eines Neurochecks
- Allgemeine erste Hilfe bei Verletzungen (Techniken, einen Verband anzulegen etc.)
- Herz-Lungen-Wiederbelebungsmaßnahmen
- Lagerung und Transport von Verletzten
- Zusammenstellung und Verwendung eines Notfallkoffers mit Sauerstoff
- Erstellen eines Unfallprotokolls

Praxis

Bei den Praxisübungen werden verschiedene Unfallszenarien durchgespielt, bei denen der Kursteilnehmer richtig agieren und reagieren muss. Ein Teil findet an Land statt, ein Teil an der Wasseroberfläche und ein Teil bei kurzen Tauchgängen.
Als Kursabschluss findet ein komplettes Rettungsszenario statt, bei dem der Kursteilnehmer einen Tauchunfall vom Anfang bis Ende managen muss.

Übungen an Land
- Erstellen eines Notfallplanes
- Durchführung eines ausführlichen Ausrüstungschecks bei sich und beim Partner mit speziell »präparierter« schadhafter Ausrüstung
- Erkennen und diagnostizieren von Krankheitssymptomen, Verletzungen
- Richtiges Anlegen von Verbänden
- Richtige Lagerung bei Schock, Bewusstlosigkeit, Dekompressionsunfall
- Demonstrieren der Herz-Lungen-Wiederbelebung
- Richtiger Umgang mit der Notfallausrüstung
- Auslösen der Rettungskette unter Einhaltung des selbst erstellten Notfallplanes
- Erstellen eines Unfallprotokolls

Übungen an der Wasseroberfläche
- Umgang mit einem »panischen« Taucher und Hilfestellung an der Wasseroberfläche, ohne sich selbst in Gefahr zu begeben
- Krampflösen bei sich oder beim Tauchpartner durch Überstrecken des Beines mit Hilfe der Flosse und gleichzeitiger Massage des Wadenmuskels
- Hilfeleistung bei erschöpftem Taucher, Möglichkeiten des Transportes
- Überprüfung der Vitalfunktionen im Wasser, Erste-Hilfe-Maßnahmen und Beatmung während des Transportes
- Hilfeleistung bei bewusstlosem Taucher an der Wasseroberfläche, Beatmung an der Wasseroberfläche, Transport und Bergetechniken an Ufer, über eine Leiter

Übungen unter Wasser
- Durchspielen von Situationen, in denen der Partner plötzlich keine Luft hat, einen Krampf bekommt, nicht mehr reagiert etc.
- Selbstrettungstechniken, Notaufstiegsmöglichkeiten mit und ohne Tauchpartner
- Hilfeleistung unter Wasser für den bewusstlosen und/oder verletzten Tauchpartner
- Aufstieg mit dem bewusstlosen oder dem nicht reagierenden Taucher an die Wasseroberfläche unter Überstreckung der Atemwege und Einhaltung der Aufstiegsgeschwindigkeit

Gruppenführung

Mit zunehmender Taucherfahrung werden öfter unerfahrene Taucher an Sie herantreten und fragen, ob sie nicht mit Ihnen Tauchen gehen können.
Welche Faktoren sind notwendig, um Tauchgänge in Gruppen zu planen und durchzuführen, welche Kriterien müssen hinsichtlich der Gruppenstärke und des individuel-

len Ausbildungstandes beachtet werden? Die meisten möglichen Probleme und deren Vermeidung, die beim Tauchen in Gruppen auftreten können, werden genau so unterrichtet wie richtiges Führen der Tauchgruppe.
Dieser Kurs ist unter anderem Voraussetzung für die Ausbildung zum CMAS**/DSTA-Silber.

Kursziel

Am Ende des Kurses sollte jeder Teilnehmer die Eignung als Gruppenführer nachweisen, indem er:
- mit den Basiselementen der Gruppenführung vertraut ist (welche Gruppenstärke unter welchen Umständen sinnvoll etc.),
- genug Erfahrung besitzt, um Gruppenmitglieder einschätzen zu können,
- Gruppeneinteilungen abhängig von den Tauchbedingungen und der Erfahrung der Gruppenmitglieder vornehmen kann,
- Erfahrung in der Führung von Tauchgängen hat,
- in der Lage ist, auf individuelle Probleme der Gruppenmitglieder eingehen zu können,
- die Tauchgangsplanung auch für mehrere Tauchgruppen managen kann,
- durch sicheres Auftreten und Tauchtechnik Ruhe und Entspannung ausstrahlt, die sich auf die Gruppenmitglieder überträgt,
- zu jedem Zeitpunkt die Kontrolle über jedes Gruppenmitglied behält und die Gruppe selbst oder mit Hilfe einer Sicherungsgruppe absichern kann.

Voraussetzungen:

- Internationales Brevet Stufe 1 (Open Water Diver oder CMAS*/DSTA-Bronze)
- Mindestalter 15 Jahre
- Mindestens 25 Tauchgänge

Theorie

Im theoretischen Teil lernt der Teilnehmer wie Gruppentauchgänge vorbereitet werden können. Welche Art der Vorbereitungen getroffen werden sollten und müssen, wie man Tauchgänge mit Gruppen richtig plant und durchführt. Das richtige Vorbesprechen mit allen Gruppenmitgliedern gehört ebenso dazu wie eine ausführliche Besprechung nach dem Tauchgang. Manchmal müssen auch Maßnahmen während des Tauchgangs ergriffen werden, weil einzelne Gruppenmitglieder vom vereinbarten Tauchplan abweichen.
Die wichtigsten Punkte sind:
- Organisatorischen Maßnahmen bei der Tauchgangsplanung, die notwendig sind, um Tauchgänge in Gruppen sicher planen zu können
- Organisation und Einteilung einer Tauchgruppe, abhängig von Ausbildungs- und Erfahrungsstand der Mitglieder und der zu erwartenden Tauchbedingungen
- Notwendige Bestandteile eines Briefings (Vorbesprechung vor dem Tauchgang)
- Verschiedene Möglichkeiten Gruppen zu führen und abzusichern
- Einschätzen von Gruppenmitgliedern hinsichtlich ihrer Fähigkeiten
- Vorbild Gruppenführer, was soll er, was darf er und was sollte er auf keinen Fall

- Erkennen von Problemen und Vorgängen innerhalb der Gruppe
- Auch kleinsten Abweichungen in der Tauchgangsroutine Aufmerksamkeit schenken und rechtzeitig eingreifen, falls die Sicherheit der Gruppe gefährdet werden könnte
- Einteilung von Sicherungstauchern und Aufgabenverteilung in der Sicherungsgruppe kennen
- Bestandteile eines Nachbriefings (Nachbesprechung eines Tauchganges)

Praxis

Im Praxisteil muss der Bewerber während mehrerer Tauchgänge (vorgeschrieben sind 4 Praxiseinheiten) zeigen, dass er die in der Theorie gelernten Verfahrensweisen auch in der Praxis anwenden kann. Kontrolliert wird dies durch Tauchlehrer und/oder Assistenten, die den Tauchgang von der Planung bis zum Nachbriefing begleiten und die Aktivitäten des zukünftigen Gruppenführers überwachen:
Für den Bewerber bedeutet dies:
- Der Tauchgang muss optimal vorbereitet sein, so dass der Gruppenführer möglichst viele Informationen über den Tauchplatz und die zu erwartenden Bedingungen, Gefahren sowie Anforderungen an Mensch und Material gesammelt hat
- Die Gruppeneinteilung erfolgt auf der Basis der zu erwartenden Tauchbedingungen UND der Ausbildung- bzw. Erfahrung der Gruppenmitglieder
- Einteilung einer Sicherungsgruppe, die genau über ihre Aufgaben gebrieft wird
- Durchführung eines kompletten Briefings vor dem Tauchgang
- Zusammenhalten der Gruppe und Einhalten des vorher erstellten Tauchplanes
- Richtiges Übertragen von Verantwortung an Assistenten
- Lösen von fiktiven Problemen, die während des Tauchgangs vorkommen können und mit denen einzelne Gruppenmitglieder vom Assistenten oder Tauchlehrer betraut wurden (z. B. nicht Einhalten der Position zum Partner, Überschreitung der Tiefe)
- Exaktes Einhalten des Tauchgangsplanes hinsichtlich, Zeit, Tiefe, Richtung
- Ruhiges, sicheres Führen der Tauchgruppe
- Rechtzeitiges Erkennen und Reagieren bei auftretenden Problemen
- Ausführliches Nachbriefing nach dem Tauchgang, bei dem mit der gesamten Tauchgruppe der komplette Verlauf des Tauchgangs durchgesprochen wird

Nachttauchen

Tauchen bei Nacht und/oder schlechter Sicht erfordert spezielle Tauchpraktiken und Ausrüstung. Der gleiche Tauchplatz, der tagsüber schon viele Male betaucht wurde, sieht nachts völlig anders aus und kann dem Taucher neue Aspekte des Tauchens und der Naturbeobachtung bieten. Im Lichtschein der Lampen sieht man vieles farbiger und das Auge nimmt mehr Details war, weil es nicht von der gesamten Umgebung und deren optischen Reizen überflutet wird.
Dieser Kurs ist unter anderem Voraussetzung für die Ausbildung zum CMAS***/DSTA-Gold.

Nachttauchen

Zusätzliche Empfehlung: Navigation bei Nachttauchgängen ist um einiges schwieriger als bei Tagtauchgängen, deshalb sollte der Teilnehmer vorher den Spezialkurs Orientierung erfolgreich absolviert haben

Kursziel

Für das Tauchen bei Nacht oder schlechter Sicht sollte der Taucher:
- in Theorie und Praxis mit der besonderen Planung von Nachttauchgängen vertraut sein,
- den Tauchplatz richtig auswählen und durch Tauchgänge bei Tag vorher hinsichtlich der dort herrschenden Bedingungen sowie eventuell auftretender Gefahren erforschen,
- als Mitglied einer Gruppe oder eines Buddyteams die richtige Ausrüstung und Zusatzausrüstung und deren Funktion/Handhabung kennen und mit ihnen vertraut sein,
- die Möglichkeiten zum Einsatz technischer Hilfsmittel zur Navigation (Beleuchtung des Ein- und Ausstieges) kennen und diese bei Bedarf einsetzen
- die besonderen Gefahren und Probleme bei Nachttauchgängen (Ausfall der Beleuchtung, Verfangen etc.) und deren Vermeidung kennen,
- die besonderen Kommunikationsmöglichkeiten und speziellen Unterwasserzeichen sicher beherrschen.

Voraussetzungen

- Internationales Brevet Stufe 1 (Open Water Diver oder CMAS*/DSTA-Bronze)
- Mindestalter 16 Jahre
- Mindestens 30 Tauchgänge

Theorie

Um sicher bei Nacht und schlechter Sicht tauchen zu können, muss sich der Taucher folgende theoretische Kenntnisse aneignen:
- Kriterien zur Auswahl eines Nachttauchplatzes (einfacher Ein- und Ausstieg, strömungs- und hindernisfrei etc.)
- Umwelt- und Gewässerschutz bei Nachttauchgängen (z. B. kein Blenden von schlafenden Tieren)
- Ausrüstung und Zusatzausrüstung für das Nachttauchen (Auswahlkriterien, Kaufempfehlungen)
- Handhabung von Tauchlampen, Blitzern und Leuchtstäben
- Spezielle Tauchbedingungen beim Nachttauchen, eventuell auftretende Probleme und deren Lösung durch ausgefallene Lichtquellen etc.
- Gruppeneinteilung für Nachttauchgänge, Anforderungen an die Gruppenmitglieder
- Sicherheits- und spezielle Notfallplanung (z. B. bei Ausfall der Lichtquelle)
- Planung spezieller Nachttauchgänge vom Boot
- Besonderheiten der unterschiedlichen Fauna und Flora bei Nachttauchgängen

Praxis

Bei mindestens zwei Pflichttauchgängen muss der Taucher zeigen, dass er die in der Theorie erlernten Spezialkenntnisse in der Praxis am Gewässer umsetzen kann. Da Nachttauchgänge meistens an Tagen stattfinden, an denen vorher bereits getaucht worden ist, sollten sie als flacher Tauchgang eingeplant und durchgeführt werden. Die Maximaltiefe der vorhergehenden Tauchgänge darf dabei nicht überschritten werden und sollte höchstens 12 bis 15 m betragen. Selbstverständlich verbieten sich Tauchgänge, die keine Nullzeittauchgänge sind.

Es empfiehlt sich den ersten Nachttauchgang in der Dämmerung zu beginnen, so dass sich der Taucher langsam an die zunehmende Dunkelheit gewöhnen kann. Der zweite Tauchgang sollte am gleichen (bereits vertrauten) Tauchplatz stattfinden, diesmal jedoch erst nach Einbruch der Dunkelheit. Die Teilnehmer sollen spätestens den zweiten Tauchgang komplett planen, organisieren und durchführen. Der Tauchplatz sollte einfach zu erreichen und strömungs- sowie hindernisfrei sein.

Im Praxisteil müssen die Teilnehmer ihr Wissen in den folgenden Punkten demonstrieren:
- Die Beurteilung des Tauchplatzes als geeigneter Nachttauchplatz
- Erkennen geeigneter Ein- und Ausstiegstellen und deren Markierung
- Gruppeneinteilung, Überprüfung der gesamten Ausrüstung (auch Zusatzausrüstung) auf Vollständigkeit und Funktion
- Einteilen von Sicherungspersonal, das an Land bleibt (Nichttaucher, der die Leuchtmarkierung am Ufer z. B. vor Diebstahl schützen)
- Absprache der UW-Zeichen einschließlich der speziellen Lichtzeichen
- Was ist zu tun, wenn Lampen ausfallen, wo befinden sich Ersatzlampen?
- Absprache der Sicherheitsvorkehrungen und Erstellen eines Notfallplanes
- Striktes Einhalten der festgelegten Tauchgangsplanung

Strömungstauchen

Tauchen in Strömung ist für unerfahrene untrainierte Taucher meist Stress, da sie mit der Gewalt des Wassers nicht umgehen können und (meist) vergeblich dagegen ankämpfen. Für erfahrene trainierte Taucher jedoch sind Tauchgänge bei Strömung oft besondere Erlebnisse, da an strömungsreichen Plätzen meist Unmengen von Fisch zu sehen sind.

Kursziel

Nach Beendigung des Spezialkurses Strömungstauchen sollte der Teilnehmer:
- wissen, wie Strömungen entstehen und wie sie von Wind, Wetter, Gezeiten beeinflusst werden können,
- das Auftreten von Strömungen erkennen können,
- die verschiedenen Arten von Tauchgängen (Drifttauchgänge, Tauchgänge gegen die Strömung etc.) in Strömung kennen,

Strömungstauchen

- Strömungstauchgänge sicher planen und durchführen können (Boot, Land),
- mit der Handhabung von Zusatzausrüstung (Signalmittel, Strömungsbojen) vertraut sein,
- Strömungsstärke und Geschwindigkeit richtig einschätzen können,
- durch Ausnutzen natürlicher Gegebenheiten (Ausbuchtungen, Strömungsschatten) seine Kräfte richtig einteilen können und wissen, wo er sich eventuell ausruhen und Kräfte sammeln kann,
- auf plötzlich auftretende Änderungen während des Tauchgangs richtig reagieren und im Notfall den Tauchgang abbrechen.

Voraussetzungen

- Internationales Brevet Stufe 2 (CMAS**/DTSA-Silber)
- Mindestalter 16 Jahre
- Mindestens 50 Tauchgänge

Theorie

- Die Entstehung von Strömungen, deren Erkennen und Beurteilen
- Entstehung der Gezeiten und deren Einfluss auf Strömungen
- Gezeitentabelle
- Der Einfluss des Windes auf Strömungen
- Planung von Strömungstauchgängen vom Ufer und Boot
- Spezielle Tauchausrüstung und deren Handhabung (Strömungsbojen, Leinen)
- Sichere Durchführung von Strömungstauchgängen (Dauer, Richtung etc.)
- Spezielle Tauchtechniken (z. B. nah am Grund im Strömungsschatten tauchen)
- Spezielle Sicherheitsvorkehrungen (Sicherungsgruppe, Absprache mit Bootsführer)
- Anforderung an die Mittaucher, Gruppeneinteilungen
- Absprache von Sonderzeichen, exakte Tauchgangsplanung
- Erstellen eines Notfallplanes (was tun bei Partnerverlust, Strömungszunahme etc.)

Praxis

Es sollten mindestens drei Tauchgänge bei leichter Strömung durchgeführt werden. Im Verlauf der Tauchgänge sollten die verschiedenen Arten des Strömungstauchens geplant und geübt werden, wie z. B. ein Tauchgang vom treibenden Boot oder Tauchgänge, die gegen die Strömung begonnen werden, währenddessen der Taucher seine Tauchtechnik so anpassen muss, dass er Energie spart und sich nicht verausgabt.
Des Weiteren muss er in der Lage sein:
- den Tauchplatz hinsichtlich Betauchbarkeit richtig zu beurteilen,
- die Strömungsstärke und -richtung anhand natürlicher Gegebenheiten oder technischer Hilfsmittel (Kompass, Echolot) festzustellen
- durch Anwendung richtiger Tauchtechniken am Grund oder Riff den Strömungsschatten aufzusuchen und für Pausen auszunützen
- die Tauchgangs- und Zeitplanung bei allen Strömungstauchgängen exakt einzuhalten

- die Einstiegstechniken bei Strömung am verankerten oder treibenden Boot zu beherrschen
- mitgeführte Hilfsmittel wie Strömungsbojen über und unter Wasser ihrem Verwendungszweck gemäß anzuwenden und zu benutzen

Trockentauchen

Wer viel und lange in kalten Gewässern taucht, wird über die Anschaffung eines Trockentauchanzuges nachdenken. Durch die im Anzug eingeschlossene Luft, die über spezielle Ein- und Auslassventile geregelt wird, ist der Taucher besser gegen Kälte isoliert.
Um mit einem Trockentauchanzug sicher tauchen zu können, bedarf es besonderer Techniken, die am besten während eines Spezialkurses Trockentauchen erworben werden können.

Kursziel

Nach Abschluss des Kurses sollte der Kursteilnehmer
- den Aufbau und die Materialunterschiede von Trockentauchanzügen kennen,
- die speziellen Tauchtechniken mit dem Trockentauchanzug beherrschen,
- seinen Trockentauchanzug richtig lagern und pflegen können.

Voraussetzungen

- Internationales Brevet Stufe 1 (Open Water Diver oder CMAS*/DSTA-Bronze)
- Mindestalter 16 Jahre
- Mindestens 50 Tauchgänge
- Empfohlener Spezialkurs vor Beginn der Ausbildung zum CMAS**-/DTSA-Silber-Taucher

Theorie

- Unterschied Nass- und Trockentauchen.
- Wärmehaushalt des menschlichen Köpers
- Auswahl des passenden Trockentauchanzuges
- Aufbau, Materialunterschiede von Trockentauchanzügen (Trilaminat, Neopren, Crash-Neopren)
- Heizsysteme für Trockentauchanzüge
- Lage und Funktionsweise der Ein- und Auslassventile
- Richtige Lagerung, Wartung und Pflege des Anzuges und der Manschetten

Praxis

Übungen mit dem Trockentauchanzug sollten zuerst in flachem Wasser so lange geübt werden, bis die Handhabung der Ein- und Auslassventile sowie die speziellen Abtauchtechniken sicher beherrscht werden.

Zu den Übungen gehören:
- Abtauchen fußwärts und kopfwärts unter Einsatz des Einlassventiles
- Tarierübungen im flachen Wasser, Drehungen, Purzelbäume etc.
- Aufstiegsübungen mit kontrolliertem Luftablass über das Auslassventil bei gleichzeitiger Einhaltung der maximalen Aufstiegsgeschwindigkeit UND simuliertem Sicherheitsstopp
- Notfallübungen wie blitzschnelles Umdrehen, falls der Taucher wegen Luft in den Anzugbeinen kopfüber nach oben gezogen wird

Eistauchen

Die Schönheit eines zugefrorenen Sees, die diffusen Lichtstimmungen unter Wasser und das meist kristallklare Wasser während der Wintermonate machen Tauchgänge unter dem Eis zu einem ganz besonderen Erlebnis. Diese Tauchgänge erfordern ein hohes Maß an Disziplin, Spezialausrüstung und Taucherfahrung, da nicht direkt zur Oberfläche aufgestiegen werden kann. Aufgrund der niedrigen Wassertemperaturen wird meist mit Trockentauchanzug getaucht (siehe Spezialkurs Trockentauchen).

Kursziel

Am Ende des Kurses muss der zukünftige Eistaucher:
- Eistauchgänge sicher planen können (einschließlich spezielle Notfallplanung),
- die notwendige Ausrüstung und deren Verwendung kennen,
- mit der Absicherung des Eisloches vor, beim und nach dem Tauchen vertraut sein,

Voraussetzungen

- Internationales Brevet Stufe 2 (Advanced Open Water Diver oder CMAS**/DSTA-Silber)
- Mindestalter 16 Jahre
- Mindestens 50 Tauchgänge
- Der Taucher sollte dem Umgang mit dem Trockentauchanzug gut beherrschen.

Theorie

- Umweltschutz im Lebensraum zugefrorener See (winterstarre Fische etc.)
- Wärmehaushalt des menschlichen Körpers
- Auswahl des richtigen Kälteschutzanzuges
- Heizsysteme
- Auswahl des richtigen Atemreglers
- Zusammenstellen der Ausrüstung, Zusatzausrüstung
- Vorbereiten und absichern eines Einstiegloches vor dem Tauchgang
- Leinensicherung, spezielle Leinensignale

- Orientierung unter dem Eis
- Notfallplanung (vereisen des Atemreglers, Orientierungsverlust)
- Aufgaben der Sicherungsgruppe
- Aufgaben des Personals am Einstieg
- Absichern des Einstieglochs nach dem Tauchgang (damit niemand hineinfallen kann)

Praxis

Bei mindestens zwei Tauchgängen muss der Teilnehmer zeigen, dass er:
- die richtige Auswahl der Ausrüstung und Zusatzausrüstung treffen kann,
- die Erstellung und Absicherung des Einstiegloches beherrscht,
- den Umgang mit Leinen und die Leinensignale sicher demonstrieren kann,
- bei simulierten Störungen des Tauchablaufes (z. B. abblasender Lungenautomat) die richtige Entscheidung hinsichtlich Sicherheit trifft,
- Aufgaben auf Sicherungspersonal und Sicherungstaucher übertragen kann,
- vor, während und nach dem Tauchgang jegliche Störung von Lebewesen vermeidet.

Meeresbiologie

Wer mehr über die ökologischen Zusammenhänge im Lebensraum Meer erfahren will, sollte den Spezialkurs Meeresbiologie besuchen. Oft werden diese Kurse von Tauchbasen angeboten, die sich direkt am Meer befinden. Der Taucher kann so sein neu erworbenes Wissen gleich in der Praxis anwenden und für ihn neue Lebensformen bestaunen und identifizieren. Dieser Kurs ist Voraussetzung für den Besuch des Spezialkurses Ozeanologie.

Eine sehr häufig zu beobachtende Symbiose bildet die Weißkäppchen Partnergrundel mit dem Rotpunkt-Knallkrebs.

Kursziel

Nach Abschluss des Kurses sollte der Taucher
- ökologische Zusammenhänge im Meer verstehen und die Planung und Durchführung der Tauchgänge dahingehend ändern, dass keine negativen Veränderungen durch eigenen Einfluss stattfinden,
- negative Veränderungen wahrnehmen und an die zuständigen Stellen, Behörden weiterleiten,
- durch erweitertes Wissen den Erlebniswert beim Tauchen steigern.

Voraussetzungen

- Internationales Brevet Stufe 1 (Open Water Diver oder CMAS*/DSTA-Bronze)
- Mindestalter 14 Jahre
- Mindestens 20 Tauchgänge, davon mindestens 10 im Meer

Theorie

- Einführung in die Meeresbiologie
- Nahrungsketten im Meer (wer ist oben, wer ganz unten auf dem »Speiseplan«)
- die verschiedenen Lebensräume der vorkommenden Tiere und Pflanzen (Riff, offenes Wasser)
- Symbiosen zwischen Tieren
- Saisonale Besonderheiten, Schwankungen
- Besonderheiten der Meere
- Vorkommende Tier- und Pflanzengruppen und deren Lebensweisen, Ernährung, Paarungs- und Brutpflegeverhalten
- Gedanken zum Umweltschutz und der Umweltverschmutzung
- Wie kann der Taucher vor, während und nach dem Tauchgang den empfindlichen Lebensraum schützen?

Praxis

In kleinen Gruppen sollten mindestens zwei Tauchgänge durchgeführt werden. Dabei sollten die Teilnehmer möglichst viele der vorkommenden Arten bestimmen und im Idealfall ihre Beobachtungen auf Schreibtafeln festhalten. Hilfreich sind Bestimmungstafeln für Fische, Korallen und niedere Tiere aus wasserfestem Material, die während des Tauchgangs mitgeführt werden können.

Mithilfe von Bestimmungsbüchern und Schaubildern werden die Beobachtungen und Aufzeichnungen mit dem Ausbilder besprochen und ausgewertet.

Ozeanologie

Nach der Einführung in die Meeresbiologie kann der Taucher an diesem weiterführenden Kurs teilnehmen, der ihm eine detaillierte Übersicht der in den Ozeanen vorhandenen Lebensräume und deren Bewohner bietet.

Voraussetzungen

- Internationales Brevet Stufe 1 (Open Water Diver oder CMAS*/DSTA-Bronze)
- Mindestalter 16 Jahre
- Vorheriger Besuch des Spezialkurses Meeresbiologie

Kursziel:

Durch Absolvieren des Spezialkurses erwirbt der Interessierte Kenntnisse über:
- die verschiedenen Ozeane,
- die in den Ozeanen vorhandenen Lebensräume,
- Symbiosen und Lebensgemeinschaften,
- die in den Ozeanen vorkommenden Tier- und Pflanzengruppen,
- Möglichkeiten, den sensiblen Lebensraum vor, während und nach dem Tauchgang zu schützen.

Theorie

Da das Gebiet der Ozeanologie sehr umfangreich ist, haben die Kursteilnehmer die Möglichkeit aus einer Reihe von Themen diejenigen auszuwählen, an denen sie am meisten interessiert sind.

Meereskunde
- Verschiedene Klimazonen der Erde und ihre Ozeane
- Die großen Meeresströmungen und ihr Einfluss
- Korallen: Baumeister der größten Bauwerke
- Die verschiedenen Lebensräume und Lebensgemeinschaften
- Nahrungskette im Ozean: vom Plankton bis zum Räuber
- Die Auswirkungen der Naturelemente (Sonne, Wind) auf das Ökosystem Meer
- Umweltschutz im Ökosystem Ozean

Die Bewohner und Besiedler der Ozeane
- Die große Familie der Pflanzen
- Fische

Eidechsenfisch mit erbeutetem Lippfisch

- Korallen und andere Nesseltiere
- Manteltiere: die Kläranlage der Ozeane (Seescheiden)
- Im Meer lebende Säugetiere (Wale, Delphine)
- Reptilien der Ozeane (Seeschlangen, Schildkröten)
- Würmer (Strudel- und Bohrwürmer, Spiralwürmer)
- Schwämme
- Weichtiere (Oktopus, Sepien, Nacktschnecken)
- Familie der Krebstiere (Garnelen und Krebse)
- Familie der Stachelhäuter (Seesterne, Seegurken)

Empfohlen ist das Zeigen eines Videos mit der Thematik »Umweltverträgliches Tauchen«.
Durch die Vorstellung des VDST-Videos »Korallenriffe – ertauchen, erleben und erhalten« können z. B. eigene oder beobachtete Verhaltensweisen beim Tauchen besprochen und diskutiert werden.

Praxis

Mindestens ein Meeresbiologischer Tauchgang sollte durchgeführt werden, bei dem z. B. die in der Theorie erlernten großen Familien der Meeresbewohner identifiziert werden müssen.

Süßwasserbiologie

Nicht nur in tropischen Meeren, auch in heimischen Seen und Flüssen gibt es eine Menge zu bestaunen. Die Vielfalt der in Europa vorkommenden Süßwasserfische, Krebse und Fischnährtiere, von denen es in intakten Gewässern gerade zu wimmelt, bietet ein spannendes und unterhaltsames Thema.

Kursziel

Der Taucher wird nach der Einführung in die Süßwasserbiologie viel mehr Verständnis für den Lebensraum haben, den die heimischen Seen und Flüsse darstellen.
Durch das gesteigerte Verständnis nimmt er schädliche Veränderungen eher war und kann entgegenwirken.
Nach Beendigung des Kurses sollte er:
- die wichtigsten vorkommenden Fischarten, ihre Laichzeiten und Plätze kennen, um diese während der Laichzeit zu meiden,
- die komplexen ökologischen Zusammenhänge der einzelnen Lebensräume in See und Fluss verstehen,
- negative Einflüsse, die nicht in die jahreszeitlichen Schwankungen fallen, erkennen können,
- in der Lage sein, die beim Tauchen verursachten Einflüsse auf das Gewässer so minimal wie möglich zu halten (z. B. Bau von Ausbildungsplattformen).

Voraussetzungen

- Internationales Brevet Stufe 1 (Open Water Diver oder CMAS*/DSTA-Bronze)
- Mindestalter 14 Jahre

Theorie

- Grundlagen der Süßwasserbiologie
- Nahrungsketten im Süßwasser
- Die verschiedenen Lebensräume abhängig von Gewässer und Jahreszeit
- Jahreszeitliche Besonderheiten der Seen und Flüsse
- Vorkommende Tier- und Pflanzenformen, deren Lebensweisen, Ernährung
- Gedanken zum Umweltschutz und der Umweltverschmutzung
- Interessengemeinschaften mit Anglern und Bootsfahrern
- Wie kann der Taucher vor, während und nach dem Tauchgang den empfindlichen Lebensraum schützen?

Praxis

Durch Begehungen an Tauchgewässern kann man schon über Wasser viel über die vorkommenden Tiere und Pflanzen erfahren. Die Tauchgänge sollten in möglichst kleinen Gruppen durchgeführt werden, wobei darauf zu achten ist, dass die Tarierung aller Teilnehmer so gut ist, dass keinerlei Sediment aufgewirbelt wird. Die während des Tauchgangs vorgenommenen Beobachtungen werden anschließend gemeinsam ausgewertet. Dabei sind Bestimmungsbücher und Schautafeln der vorkommenden Fauna und Flora sehr hilfreich, um die beobachteten Lebensformen genau identifizieren zu können.

Gewässeruntersuchung

Zur Leitung einer Umweltgruppe in Tauchverein, -schule oder -basis und um die im Trainingsgewässer auftretenden Veränderungen und Belastungen nicht nur zu erkennen, sondern auch nachweisen zu können, kann der Taucher einen Spezialkurs Gewässeruntersuchung absolvieren.

Kursziel

- Ursachen und Grad einer Umweltbelastung erkennen
- Den Grad der Belastung mittels chemischer und biologischer Analysemethoden nachweisen
- Die fachliche Leitung einer Umweltgruppe

Voraussetzungen

- Internationales Brevet Stufe 1 (Open Water Diver oder CMAS*/DSTA-Bronze)
- Mindestalter 16 Jahre

Theorie

- Gewässerverschmutzung: Entstehung, Ursachen und Wirkung
- Algen und Pflanzenwachstum als Warnzeichen
- Andere sichtbare Anzeichen für Verschmutzungen (z. B. Fischsterben)
- Analysekoffer, Inhalt und Verwendung
- Möglichkeiten, Verschmutzungen chemisch zu analysieren
- Feststellen der Gewässerqualität anhand der Fauna und Flora
- Feststellen des Belastungsgrades
- Rechtliche Grundlagen, Beweissicherung
- Die großen Umweltorganisationen, Möglichkeiten der Zusammenarbeit

Praxis

Für die Praxistauchgänge bietet sich ein Gewässer an, das regelmäßig das ganze Jahr betaucht wird. In kleinen Gruppen sollen die vorkommenden Pflanzen und Tiere (nicht nur unter Wasser) festgestellt und schriftlich festgehalten werden. In verschiedenen Wassertiefen, am Ufer und an Einläufen werden Wasserproben entnommen, die man anschließend analysiert, um den Belastungsrad des Gewässers zu erkennen.

Tauchen in Meereshöhlen

Meereshöhlen bieten einer Vielzahl von Lebewesen Schutz, die sich auf Plätze spezialisiert haben, an denen sie nicht so leicht zu finden und zu entdecken sind. Das Tauchen ohne direkte Möglichkeit eines Aufstieges ist jedoch belastend für die Psyche und sollte nicht ohne Vorbereitung, Spezialausrüstung und Training durchgeführt werden.

Voraussetzungen

- Internationales Brevet Stufe 2 (CMAS**/ DTSA-Silber)
- Mindestalter 16 Jahre
- Mindestens 50 Tauchgänge

Theorie

- Entstehung von Höhlen im Meer, Kriterien zur Auswahl und Betauchbarkeit
- Mögliche Gefahren und Probleme, die beim Betauchen auftreten können
- Spezielle Ausrüstung (Seile, Lampen) und deren Handhabung

- Richtige Planung eines Höhlentauchgangs, Gruppeneinteilung
- Anforderungen an Gruppe und Material, richtige Zusammenstellung
- Spezielle Notfallplanung, da in der Höhle nicht direkt aufgestiegen werden kann
- Empfindliches Ökosystem Höhle: Worauf muss der Taucher besonders hinsichtlich des Umweltschutzes achten?

Praxis

Es werden in der Regel drei Tauchgänge in verschiedenen Höhlen durchgeführt. Dabei muss der Kursteilnehmer zeigen, dass er:
- Höhlen hinsichtlich ihrer Eignung zum Betauchen richtig einschätzen kann,
- den Höhlentauchgang richtig planen und mit der Gruppe sicher durchführen kann,
- die Handhabung der Zusatzausrüstung (Lampen, Seile etc.) sicher beherrscht,
- Gefahren rechtzeitig erkennt und im Zweifelsfall den Tauchgang abbricht,
- ein unbekanntes Höhlensystem akkurat erkundet, bevor eine Gruppe dort hineingeführt wird,
- Sicherheitsvorkehrungen und Gruppeneinteilung beherrscht,
- zu jeder Zeit Vorbild beim Tarieren und Erhalten des empfindlichen Ökosystems Höhle ist.

Wracktauchen

Ob Autowrack oder riesiges Schiffswrack, Wracktauchen hat einen besonderen Reiz, dem sich kaum ein Taucher entziehen kann. Abhängig von der Wassertemperatur und dem Gewässer siedeln sich Lebensformen an und suchen Schutz in den Winkeln, Spalten und Hohlräumen eines Wracks.

Kursziel

In Theorie und Praxis soll der Kursteilnehmer:
- wissen, welche Hilfsmittel er zum Finden von Wracks einsetzen kann,
- diese Hilfsmittel (GPS, SONAR, Seekarten) richtig einsetzen können,
- mit den besonderen Gefahren (Verfangen, keine Möglichkeit zum direkten Aufstieg in Innenräumen etc.) vertraut sein und diese bei der Tauchgangsplanung berücksichtigen,
- mit der Handhabung von Zusatzausrüstung (Lampen, Seilen) vertraut sein,
- den Wracktauchgang richtig planen und absichern können (Einsatz einer Sicherungsgruppe),
- sich der besonderen psychischen Belastung beim Tauchen in geschlossenen Räumen bewusst sein und maximale Sicherheitsvorkehrungen für sich und seine Tauchpartner treffen,
- einen auf den Tauchgang zugeschnittenen Notfallplan erstellen können.

Wracktauchen

Voraussetzungen

- Internationales Brevet Stufe 2 (CMAS**/DTSA-Silber)
- Mindestalter 16 Jahre
- Mindestens 50 Tauchgänge

Theorie

- Schiffswracks, Vorkommen und Entstehung
- Historischer Wert von Wracks
- Denkmalschutz
- Finden von Wracks anhand von Seekarten, Kompass, Landmarken, Echolot und GPS
- Handhabung von Seekarten und technischen Hilfsmitteln (Echolot, GPS)
- Spezielle Tauchgangsvorbereitungen (Sicherungsgruppe)
- Zusatzausrüstung, deren Verwendung und Handhabung (Lampen, Seile etc.)
- Gefahren (alte Munition, Verfangen und Hängenbleiben, Orientierungsverlust durch aufgewirbeltes Sediment)
- Spezielle Notfallplanung bei der Erkundung der Innenräume, eventuell Seilsicherung
- Anforderungen an Tauchteam und Tauchausrüstung, Gruppeneinteilung und Ausrüstungscheck
- Lebensraum Schiffswrack, Besonderheiten und Umweltschutz

Praxis

Um Wracktauchen sicher zu lernen, empfiehlt es sich, die vier vorgeschriebenen Tauchgänge an möglichst vollständig erhaltenen Wracks bei Tageslicht durchzuführen. Diese Wracks sollten möglichst in geringen Tiefen (ausschließlich Nullzeittauchgänge) und frei von Strömung und Schiffsverkehr liegen. Die Sichtweite sollte so gut sein, dass sich die Taucher einen Überblick über das Wrack oder zumindest einen Großteil davon verschaffen können.

Die ersten Tauchgänge sollten ausschließlich der Lage und dem Außenbereich des Wracks gewidmet sein, ein Eindringen in Innenräume sollte nur dann erfolgen, wenn dies mit der notwendigen Absicherung (Seile, Beleuchtung) geschehen kann.

- Planung des Tauchgangs unter Berücksichtigung der vorherrschenden Tauchbedingungen, Einteilung der Partnerteams, Check der Ausrüstung und Zusatzausrüstung
- Erkunden des Außenbereiches, grobe Lagezeichnung auf Schreibtafel, festhalten von markanten Punkten
- Seile für Tauchgänge bei schlechter Sicht oder Nachttauchgänge bereit halten, Beleuchtung anbringen, richtige Handhabung demonstrieren
- Treffen von Vorsichtsmaßnahmen beim Betauchen von Innenräumen ohne Möglichkeit eines direkten Aufstieges
- Nachbesprechung nach dem Tauchgang

CMAS-Nitrox-Bronze, Nitrox User NRC Level 2

Tauchen mit Nitrox ermöglicht jedem Sporttaucher sicherere Tauchgänge durch den in der Atemluft reduzierten Stickstoffgehalt. Durch die von NRC Nitrox und Rebreather College über die ganze Welt verbreiteten angeschlossenen Tauchbasen und deren Slogan »Nitrox for free« hat der Taucher die Möglichkeit, ohne Aufpreis mit einem Gasgemisch zu tauchen, das ihm wesentlich mehr Sicherheitsreserven bietet als normale Pressluft.

International (bis auf Deutschland) kann bis zu einem Sauerstoffgehalt von 40 % mit derselben Ausrüstung getaucht werden wie bei Tauchgängen mit normaler Pressluft.

Kursziel

Der Teilnehmer beherrscht am Ende des Kurses:
- Auswahl der Ausrüstung bei Nitrox-Tauchgängen,
- die gesetzlichen Bestimmungen zum Tauchen mit Nitrox,
- Planung von Nitrox-Tauchgängen mit Luft- und Nitrox-Tauchtabellen,
- Planung von Nitrox-Tauchgängen mit Luft- und/oder Nitrox-Computer,
- Tauchgangsplanung mit dem EAD-Prinzip (Equivalent Air Depth),
- die Berechnung der maximalen Einsatztiefe (MOD) aufgrund des erhöhten Sauerstoffanteiles,
- die Eigenschaften und Wirkung von Sauerstoff unter erhöhtem Partialdruck,
- Symptome und Gefahren, die bei Überschreiten der maximalen Einsatztiefe drohen,
- die Bestimmung des Sauerstoffpartialdrucks in der Tiefe und deren Auswirkungen auf das zentrale Nervensystem,
- das Analysieren des mitgeführten Gasgemisches vor dem Tauchgang und das Ausfüllen des Kontrollblattes.

Voraussetzungen

- Internationales Brevet Stufe 1 (Open Water Diver oder CMAS*/DSTA-Bronze)
- Mindestalter variiert: 18 Jahre CMAS- Germany, 15 Jahre NRC

Theorie

- Eigenschaften, Zusammensetzung von Nitrox
- Geschichte von Nitrox
- Herstellung von Nitrox-Gemischen (Membrananlagen, Partialdruckmethode)
- Vor- und Nachteile gegenüber Lufttauchgängen
- Gesetz von Dalton (Partialdruckberechnung)
- Gesetz von Henry (Löslichkeit von Gasen in Flüssigkeit)
- Wiederholung der Dekompressionstheorie
- Gefahren durch Stickstoff und Stickstoffnarkose (Tiefenrausch)
- Eigenschaften von Sauerstoff

CMAS-Nitrox-Bronze 215

Das Analysieren des Sauerstoffanteils im verwendeten Atemgemisch ist wichtig, um die maximale Einsatztiefe errechnen zu können.

- Wirkung von Sauerstoff auf den menschlichen Organismus
- Sauerstoffunterversorgung
- Sauerstoffüberversorgung
- Lorraine-Smith-Effekt (Ganzkörper-Sauerstoffvergiftung bei Langzeiteinwirkung)
- Paul-Bert-Effekt (Vergiftung des zentralen Nervensystems durch Sauerstoffpartialdruck über 1,6 bar PO_2)
- Tauchgangsplanung mit Nitrox, mit Lufttabellen und Luftcomputer, mit Nitrox-Tabellen und Nitrox-Computer
- Spezielle Notfallplanung mit Nitrox
- Das EAD-Prinzip (Equivalent Air Depth)
- Errechnen der Belastung des zentralen Nervensystems durch erhöhten Sauerstoffpartialdruck
- Kennzeichnung von Nitrox-Tauchgeräten
- Gebrauch und Handhabung (Kalibrierung) eines Sauerstoffanalysegerätes
- Sauerstoffanalyse

Praxis

Es sollten mindestens zwei Tauchgänge mit Nitrox durchgeführt werden, wobei Folgendes besonders beachtet werden muss:

Die Tauchgangsvorbereitung
- Richtiges Verwenden und Kalibrieren eines Sauerstoffanalysegerätes
- Analysieren des Sauerstoffgehaltes
- Ausfüllen eines Tauchgangkontrollblattes mit den ermittelten Werten
- Ermitteln der maximalen Einsatztiefe

Nach dem Tauchgang
- Tauchgangsdaten in Kontrollblatt eintragen
- Ermitteln des maximal erreichten Sauerstoffpartialdrucks

- Berechnung der Belastung des Zentralen Nervensystems durch den erhöhten Sauerstoffpartialdruck
- Tauchgangsplanung für den zweiten Tauchgang unter Berücksichtigung der ZNS-Belastung beim ersten Tauchgang

Unterwasserfotografie

Für viele Fotoapparate gibt es nahezu in jeder Preislage Unterwassergehäuse. Durch den Spezialkurs Unterwasserfotografie lernt der Interessierte nicht nur, wie man seine Fotoausrüstung richtig auswählt, zusammenstellt und pflegt, sondern auch, was hinsichtlich der Motivauswahl, Blende und Verschlusszeiten zu beachten ist.

Kursziel

Am Ende des Kurses kennt der ambitionierte Hobbyfotograf:
- die notwendigen Schritte, um einen Fotoapparat für den Unterwassereinsatz vorzubereiten,
- die Bedeutung des Umweltschutzes beim Fotografieren,
- die Bedeutung des Lichtes beim Fotografieren,
- den Zusammenhang zwischen Blende, Verschlusszeit und Tiefenschärfe,
- die Möglichkeiten, mittels manueller Einstellungen an der Kamera in Grenzbereichen zu fotografieren,

Durch Bildkomposition und Auswählen des richtigen Ausschnitts gelingen auch mit einfachen Unterwasserkameras stimmungsvolle Aufnahmen.

Unterwasserfotografie

- die Grundregeln der Bildkomposition,
- die Vor- und Nachteile der Bildautomatik.

Voraussetzungen

Der Teilnehmer sollte perfekt tarieren können, um sich auf das Fotografieren konzentrieren zu können. Je ruhiger sich der Taucher unter Wasser verhält, umso näher kommt er auch an die begehrten Motive heran.
Empfohlene Qualifikation: CMAS**/DSTA-Silber und mindestens 50 Tauchgänge

Theorie

Der theoretische Teil des Kurses befasst sich hauptsächlich mit:
- dem Unterschied im Vergleich zum Fotografieren an Land (Schwebeteilchen, eingeschränkte Sicht, Feuchtigkeit, Belastung des Materials durch Korrosion etc.),
- Umweltschutz beim Fotografieren (Tiere nicht stören, nicht blenden etc.),
- der Auswahl der Ausrüstung (Kamera, Gehäuse, Blitz),
- dem Unterschied zwischen digitaler und analoger Fotografie,
- den unterschiedlichen Filmtypen (Tageslichtfilm, Diafilm etc.),
- möglicher Zusatzausrüstung (Filter, Blitz, Makro und Weitwinkel),
- den Grundregeln der Fotografie,
- den erweiterten Regeln für die Unterwasserfotografie,
- der Bedeutung von Blende, Verschlusszeit, Tiefenschärfe,
- der Auswahl des Bildausschnittes, Bildkomposition,
- dem richtigen Ausnützen von vorhandenem Licht,
- dem Ausgleichen und Korrigieren des zunehmenden Lichtverlustes in der Tiefe,
- dem Fotografieren mit und ohne Blitz,
- dem richtigen Ausrichten und Einstellen von Lichtquellen oder Unterwasserblitzen,
- dem Vorbereiten der Ausrüstung,
- der Pflege und Wartung der Ausrüstung.

Praxis

Bei den ersten Praxistauchgängen, die meist im Schwimmbad oder flachen warmen Gewässern mit guten Sichtweiten stattfinden sollten, übt der Teilnehmer:
- das richtige Tarieren beim Fotografieren,
- den Umgang mit dem Fotoapparat unter Wasser (Einstellmöglichkeiten, Aufnahmen aus verschiedenen Winkeln),
- Motivwahl und Bildkomposition anhand von fest installierten Gegenständen (Gummifische, versenkte Figuren).

Nach dem Tauchgang werden die Bilder ausgewertet. Die Fehler, die bei den ersten Tauchgängen auftraten (zu weit weg, nicht richtig belichtet, falscher Aufnahmewinkel), sollen mit zunehmender Praxis im Freigewässer nicht mehr gemacht werden. Die Fotoausrüstung wird unter Aufsicht gespült und gepflegt.

Unterwasservideo

Im Gegensatz zur Unterwasserfotografie (mit Ausnahme der Digital-Fotografie) können die Ergebnisse sofort nach dem Tauchgang bestaunt und ausgewertet werden. Moderne Videokameras sind äußerst lichtstark und verfügen über eine ausgezeichnete Bildqualität. Es gibt für nahezu jede Videokamera ein Unterwassergehäuse, die Preise betragen von 300 € bis 5000 €. Beim Videofilmen können im Gegensatz zur Fotografie ganze Bewegungsabläufe in hoher Qualität aufgezeichnet und sofort wiedergegeben werden. Ohne fachkundige Anleitung ist das Ergebnis meist unbefriedigend, das Video ist verwackelt, zu unruhig, etc. Um Enttäuschungen zu vermeiden, empfiehlt sich die Teilnahme an einem Spezialkurs für Unterwasservideo.

Kursziel

Am Ende des Kurses kennt der ambitionierte Videofilmer:
- Funktion und Bauweisen und der unterschiedlichen Kamerasysteme,
- Funktion, Bauweisen, Materialien der Unterwassergehäuse,
- Grundregeln der Unterwasservideoaufnahmen,
- alle Punkte, die hinsichtlich Sicherheit beim Filmen beachtet werden müssen,
- die Vorbereitung der Ausrüstung, die Wartung und Pflege sowie die Lagerung nach dem Tauchgang.

Voraussetzungen

Wie beim Fotografieren sollte der Teilnehmer perfekt tarieren können, um sich auf das Filmen konzentrieren zu können. Der begleitende Tauchpartner bleibt stets in unmittelbarer Nähe und kann so als Model fungieren oder neue Motive entdecken. Je ruhiger sich der Taucher unter Wasser verhält, umso näher kommt er auch an die begehrten Motive heran.
Empfohlene Qualifikation: CMAS**/DSTA-Silber und mindestens 50 Tauchgänge

Theorie

Kursteilnehmer befassen sich mit:
- den verschiedenen Kamerasystemen (HI8, VHS, Digital, DVD),
- den empfohlenen Kameraeigenschaften (Bauart, Größe, Gewicht),
- Vor- und Nachteilen der Automatik (Focus, Weißabgleich),
- Bauweisen, Materialien für Unterwassergehäuse,
- Ausnutzen und Verwenden von natürlichen und künstlichen Lichtquellen
- Unterschieden der Videobeleuchtung (Breitstrahler, Punktstrahler),
- Licht- und Farbtemperatur bei Halogenlampen, Tageslichtbrenner,
- den notwendigen Schritten, um eine Videokamera mit Unterwassergehäuse für den Unterwassereinsatz vorzubereiten,
- Erstellung eines Drehplanes (Storyboard),

Unterwasservideo 219

Den Tanz des Teufelsrochens zu sehen und aufzunehmen, ist der Traum der meisten Unterwasserfilmer.

- der Bedeutung des Umweltschutzes beim Videofilmen,
- der Vorrangigkeit des Buddysystems vor dem Filmen,
- den Grundlagen für Unterwasservideoaufnahmen, Bildschwenks, Szenenlänge, Aufnahmewinkel,
- dem Einsatz des Zoom,
- der Verwendung von Farbfiltern,
- den Grundregeln der Bildkomposition,
- der Pflege und Wartung des Systems,
- dem Notfallverfahren bei Wassereinbruch,
- den Grundlagen der Nachbearbeitung.

Praxis

Bei den ersten Praxistauchgängen, die meist im Schwimmbad oder in flachen warmen Gewässern mit guten Sichtweiten stattfinden sollten, übt der Teilnehmer:
- das richtige Tarieren beim Videofilmen (abhängig von Auf- oder Abtrieb des Systems),
- den Umgang mit der Kamera unter Wasser (ruhige Kameraführung, Kameraschwenks, zoomen, manuelle Einstellmöglichkeiten, Aufnahmen aus verschiedenen Winkeln),
- das Umsetzen des vorher erstellten Drehplanes,
- Motivwahl und Bildkomposition anhand von mitgebrachten oder fest installierten Gegenständen (Gummifische, versenkte Figuren, Tauchpartner).

Nach dem Tauchgang werden die Videofilme ausgewertet. Die Fehler, die bei den ersten Tauchgängen auftraten (verwackelt, zu schnelle Schwenks, zu viel Zoom etc.), sollen mit zunehmender Praxis bei den nachfolgenden Tauchgängen vermieden werden. Die Videoausrüstung wird unter Aufsicht gespült und gepflegt.

Tauchen mit Kreislaufgeräten

Voraussetzung ist der Besitz eines Nitrox-User-Brevets Stufe 2, das das Tauchen mit einem Sauerstoffgehalt bis 40 % erlaubt. Bei den angebotenen Kursen gibt es zwei Grundtypen unterschieden: das Tauchen mit SCR, Semi Closed Circuit (halbgeschlossener Kreislauf), und das Tauchen mit CCR, Complete Closed Circuit (geschlossener Kreislauf).

Kursziel

- Das richtige Vorbereiten des Kreislaufgerätes vor dem Tauchen (Pre-Check)
- Die Tauchgangsplanung anhand des verwendeten Atemgemisches
- Sicheres Tarieren mit dem Kreislaufgerät
- Sicheres Beherrschen der Notfallübungen
- Richtiges Versorgen und Lagern der Ausrüstung nach dem Tauchgang

Apnoetauchen

Dass man auch ohne Tauchgerät auf dem Rücken viel Spaß haben kann, beweist die zunehmende Anzahl der Apnoetaucher. Hier besteht die Möglichkeit verschiedene Leistungsstufen zu absolvieren, die von Apnoe-Bronze-Brevet (Grundlagen des Apnoetauchens) über das Apnoe-Silber-Brevet (fortgeschrittenes Apnoetauchen) bis hin zum Apnoe-Gold-Brevet (Apnoetauchen unter erschwerten Bedingungen) reichen.

Papageifisch mit Putzergarnele

Register

Abtauchen 185
Abtrieb, Berechnung 19
AGE 41 f.
Akustische Signale 129
Alternative Luftversorgung 97
Arterielle Gasembolie 41 f.
Atemgase 44 ff.
– Erkrankungen 44 ff.
– Vergiftungen 44 ff.
Atemgasverbrauch, Berechnung 136
Atemminutenvolumen 24
Atemregler 92 ff., 139
Atemregler, Vereisung 156
Atemzugsvolumen 23
Atmung 21 ff.
Aufstiegsgeschwindigkeit 55
Auftauchen 159
Auftrieb, Berechnung 19
Ausrüstung 180
Ausstieg 159

Barotrauma 34 ff.
– Augen 37
– Haut 38
– Magen-Darm 37
– Nebenhöhlen 36
– Ohr 35
– Zähne 37
Bergseetauchen 167
Bewusstlosigkeit 79
Bleigurt 111 f.
Blut 25
Bootstauchen 164 ff.
Briefing 128

CMAS-Nitrox Bronze 214
CO 47
CO_2 45
DCI 52

Dehydrierung 54
Dekompressionskrankheit 52 ff.
– Behandlung 60 ff.
– Symptome 58 ff.
Dekompressionsphase 34
Dekompressionsregeln 133
Dekompressionsstopps 157
Dekompressionstauchgänge 55
Druck 12
Druckausgleich 28 ff.

Einstieg ins Wasser 146 ff.
Eistauchen 167, 205
Entsättigung 53
Ersatzteile 117
Erste Stufe 93 ff.
Ertrinken 79
Essoufflement 46

Fehlreaktionen des Tauchpartners 158
Finimeter 107, 140
Flachwasserblackout 48
Flaschenventile 103
Flossen 89
Foramen Ovale, offenes 56
Fortbildungsmöglichkeiten 191
Fotografieren und Tauchen 170
Füßlinge 91

Gesamtdruck 13
Gesamtkapazität 23
Gewässeruntersuchung 210
Gewichtssysteme 111
Gezeiten 125
Gruppeneinteilung 131
Gruppenführung 131, 198

Handschuhe 115
Hautemphysem 41
Hebeballons 119
Herzdruckmassage 83
Herz-Kreislauf-System 24
Herz-Lungen-Wiederbelebung 82, 159
Hitzeerschöpfung 68
Hitzschlag 69
Hyperkapnie 45, 46
Hyperoxie 49
Hyperventilation 24, 46
Hypothermie 66
Hypoxie 48

Inertgasnarkose 50
Instrumente 104
Isopressionsphase 33

Jojo-Tauchgänge 55

Karotis-Sinus-Syndrom 69
Kohlendioxyd 45
Kohlenmonoxid 47
Kommerzielle Tauchschulen 172

Kommunikation unter Wasser 129
Kompass 107
Kompressionsphase 33
Kompressoren 116
Konsolen 108
Kopfhauben 115
Krämpfe 80
Kreislauftauchgeräte 102

Lagerung eines Verunfallten 83
Leinen 119
Leinensignale 129
Licht 10
Lorraine-Smith-Effekt 49
Luft 7
Luftdruck 12
Luftgefüllte Hohlräume 26
Luftverbrauchsberechnung 137
Lunge 21, 27
Lungenkapazität 23
Lungenriss 39 f.
Lungenüberdehnung 39 f.

Maske ausblasen 185
Mediastinales Emphysem 41
Meeresbiologie 206
Meereshöhlentauchen 211
Mikrobläschen 54

N_2 50
Nachttauchen 168, 200
Nasse Rekompression 65
Navigation 153 ff.
Nitrox User NRC Level 2 214
Nitrox-Tauchen 169
Nitrox-Tauchgeräte 101
Notaufstieg 157
Notfallmanagement 155 ff.

O_2 48
Ohr 26
Ohreninfektion 177
Optische Signale 120
Orientierung 193

Panik und Stress 30
Panikkreislauf 31
Partnercheck 145
Paul-Bert-Effekt 49

Register

Physikalische Gesetze   13 ff.
– Archimedes-Prinzip   18
– Boyle-Mariotte   15
– Dalton   13
– Gay-Lussac   17
– Henry   16
Physikalische Maßeinheiten und Größen   7
Physiologie   21
Praxisübungen   185

Rebreather   102
Residualvolumen   23

Sättigung   53
Sauerstoff   48
Sauerstoffüberversorgung   49
Sauerstoffunterversorgung   48
Schall   10
Schnorchel   88
Schock   81
Schwindel   80
SCUBA   92
Seekrankheit   78
Sehen unter Wasser   11
Signalmittel   118
Solotauchen   172
Spannungspneumothorax   41
Spezialkurse   191
Stickstoff   50
Stickstoffabgabe   53
Stickstoffaufnahme   53
Stoffwechsel   21
Stress und Panik   30
Strömungen   126
Strömungstauchen   168, 202
Süßwasserbiologie   209

Tariercheck   150
Tarieren   189
Tarierjacket, fertig montiert   141
Tarierjackets   109 ff.
Tarierung   149
Tarierungskontrolle   185
Tauchanzüge   112 f.
Tauchausrüstung   85 ff.
Tauchausrüstung, Pflege   178
Tauchbasen   172, 176
Tauchcomputer   105
Tauchcomputer, Ausfall   157
Tauchen in Höhenlagen   167
Tauchen mit Kindern   160 ff.
Tauchen mit Kreislaufgeräten   220
Tauchen und Fliegen   57 f.
Tauchermesser   118
Taucheruhren   104
Tauchgangsplanung   123 ff.
Tauchgangsvorbereitung   123 ff.
Tauchgerät, Überprüfung   138
Tauchgerät, Zusammenbau   138
Tauchgeräte   99
Tauchlampen   119
Tauchmaske   85 ff.
Tauchmedizin   21
Tauchmedizin Praxis   195
Tauchphysik   7, 183
Tauchpraxis   121 ff., 182
Tauchrettung   196
Tauchsafaris   177
Tauchsicherheit   196
Tauchtabellen   132 ff.
Tauchtaschen   117
Tauchunfälle   33, 179
Tauchurlaub   174 ff.
Tauchvereine   172
Temperaturschäden   66
Tiefenmesser   105
Tiefenrausch   50
Trockentauchen   204

Überhitzung   68
Überprüfung, theoretisches Wissen   179
Umwelteinflüsse   123
Umweltschutz   121
Unterdruckbarotrauma der Lunge   39
Unterkühlung   66
Unterwasserfotografie   216
Unterwasservideo   218

Verletzungen   70 ff.
– Barrakudas   73
– Blauring-Oktopus   75
– Borstenwürmer   75
– Doktorfische   72
– Dornenkrone   75
– Drückerfische   72
– Haie   72
– Kaninchenfische   72
– Konus- oder Kegelschnecke   75
– Korallen   71
– Muränen   73
– Petermännchen   76
– Seeigel   74
– Seeschlangen   77
– Skorpions- und Steinfische   76
– Stachelrochen   76
– Vernesselungen   77
Videofilmen und Tauchen   170
Vitalkapazität   23

Wasser, Eigenschaften   8
Wasserdruck   12
Wechselatmung   157
Weiterbildung   191
Wellen   124
Wenoll-System   63
Wiederholungstauchgänge   55
Wind   123
Wracktauchen   212

Zusatzausrüstung   117
Zweite Stufe   96, 140

Impressum

Bibliographische Information
der Deutschen Bibliothek

Die Deutsche Bibliothek verzeichnet diese Publikation in der Deutschen Nationalbibliographie; detaillierte bibliographische Daten sind im Internet über http://dnb.ddb.de abrufbar.

**BLV Verlagsgesellschaft mbH
München Wien Zürich**
80797 München

© 2004 BLV Verlagsgesellschaft mbH, München

Das Werk einschließlich aller seiner Teile ist urheberrechtlich geschützt. Jede Verwertung außerhalb der engen Grenzen des Urheberrechtsgesetzes ist ohne Zustimmung des Verlags unzulässig und strafbar. Das gilt insbesondere für Vervielfältigungen, Übersetzungen, Mikroverfilmungen und die Einspeicherung und Verarbeitung in elektronischen Systemen.

Umschlaggestaltung: Joko Sander
    Werbeagentur, München
Umschlagfotos: Andrea u. Peter Schinck
Lektorat: Manuela Stern
Herstellung: Angelika Tröger
Layoutkonzept Innenteil: Angelika Tröger
Layout und Satz: Satz + Layout Peter Fruth, München
Reproduktionen: Lithotronic Media GmbH, Frankfurt/M.

Gedruckt auf chlorfrei gebleichtem Papier
Printed in Germany

ISBN 3–405–16615–2

Literaturverzeichnis
Ehm, O.F.: Der neue Ehm. Tauchen noch sicherer, Müller Rüschlikon
Graever, D.: Die moderne Tauchschule, BLV
Holzapfel, R.B.: Richtig Tauchen, BLV
Stibbe, A.: Sporttauchen. Der sichere Weg zum Tauchsport, Nagelschmid
Tauchsportzeitschriften »Tauchen« und »Unterwasser«
Publikationen von DAN Europe: »Alert Diver Magazin« und www.daneurope.de

Die Autoren
Andrea und Peter Schinck sind PADI-, NAUI und VIT/CMAS**-Tauchlehrer, staatlich anerkannte Tauchlehrer ITLA und Dan Oxygen Instructor. Andrea Schinck hat mehr als 5300 geloggte Tauchgänge ausgeführt. Peter Schinck ist NRC- und Nitrox-Instructor, er hat mehr als 4200 geloggte Tauchgänge absolviert.

Bildnachweis
Alle Fotos von den Autoren außer:
AP Valves S. 103 o.
Dan Europe: S. 62, 63
Scubapro: S. 95, 97
SubAqua: S. 73, 164, 176

Grafiken
Jörg Mair

Hinweis
Das vorliegende Buch wurde sorgfältig und nach neuesten Erkenntnissen der Wissenschaft erarbeitet. Dennoch erfolgen alle Angaben ohne Gewähr. Weder Autoren noch Verlag können für eventuelle Nachteile oder Schäden, die aus den im Buch gegebenen Informationen und praktischen Hinweisen resultieren, eine Haftung übernehmen.

Know-how für die Tauchpraxis

Andrea und Peter Schinck
Tauchen
Nach neuesten Erkenntnissen: die Grundausbildung vom Anfänger bis zum Könner; Physik, Tauchmedizin, Taucherkrankheiten, Ausrüstung, Tauchpraxis; mit Wissens-Check am Ende jedes Kapitels.

BLV Sportpraxis Top
Rudolf B. Holzapfel
Richtig Tauchen
Tauchmedizin, Physik, Ausrüstung, Taucherkrankheiten, Tauchpraxis, Tauchtauglichkeit. Empfohlen vom Verband Internationaler Tauchschulen e.V. (VIT) und von Professional Technical Diving (ProTec).

Monika Rahimi
Tauchen ohne Angst
Angst und wie man mit ihr umgeht, Druckausgleich, Atmung, Tarierung und andere wichtige Techniken; Tauchen unter besonderen Bedingungen – z. B. Höhlen-, Nacht- oder Wracktauchen.

BLV Tauchpraxis
Hans-Josef Rütters /
Martin Waldhauser
Orientierung unter Wasser
Orientierung nach natürlichen Gegebenheiten ohne technische Hilfsmittel, Umgang mit dem Kompass, Berechnung der Kurse, Navigationsaufgaben für das praktische Üben.

Im BLV Verlag finden Sie Bücher zu den Themen: Garten und Zimmerpflanzen • Natur • Heimtiere • Jagd und Angeln • Pferde und Reiten • Sport und Fitness • Wandern und Alpinismus • Essen und Trinken

 Ausführliche Informationen erhalten Sie bei:
**BLV Verlagsgesellschaft mbH • Postfach 40 03 20 • 80703 München
Tel. 089 / 127 05-0 • Fax 089 / 127 05-543 • http://www.blv.de**